故宫博物院学术出版项目

谨以此书献给

紫禁城肇建 600 年
故宫博物院成立 95 周年

故宫考古文集

一

故宫博物院考古部
故宫考古研究所 编

故宫出版社

图书在版编目（CIP）数据

故宫考古文集．一 / 故宫博物院考古部，故宫考古研究所编．—北京：故宫出版社，2020.10

ISBN 978-7-5134-1344-2

Ⅰ．①故… Ⅱ．①故… ②故… Ⅲ．①考古学—中国—文集 Ⅳ．① K870.4-53

中国版本图书馆 CIP 数据核字（2020）第 169193 号

故宫考古文集（一）

故宫博物院考古部　故宫考古研究所　编

出 版 人：王亚民

责任编辑：宋小军　梅　婷　骆　艳

装帧设计：王　梓　杨　光

责任印制：常晓辉　顾从辉

出版发行：故宫出版社

地址：北京东城区景山前街4号　邮编：100009

电话：010-85007800　010-85007817

邮箱：ggcb@culturefc.cn

制　　版：北京印艺启航文化发展有限公司

印　　刷：北京启航东方印刷有限公司

开　　本：787毫米 × 1092毫米　1/16

印　　张：16

版　　次：2020年10月第1版

2020年10月第1次印刷

书　　号：ISBN 978-7-5134-1344-2

定　　价：248.00元

故宫博物院与考古学（代序）

李　季

2013年10月，故宫博物院成立研究院，下设考古研究所，张忠培、郑欣淼、单霁翔三任故宫博物院院长出席了成立仪式。这是故宫博物院成立近90年来第一次内设考古研究机构。该所性质由其章程表述为：故宫考古研究所是故宫博物院建立的设在故宫研究院内的学术机构，以相关考古学领域研究为学术方向，具有国家批准的考古发掘资质和若干名具有考古发掘领队资格的人员，可以独立或者合作申报考古调查发掘项目。该所将坚持以课题为导向，以项目为核心，以规范为依循；逐步建成一所符合考古学研究规律和故宫博物院实际，有利于出成果、出人才，学术民主、体制开放、机制灵活、技术精湛、充满生机的新型科研机构。

一座建立在昔日皇家宫殿建筑与宫廷文物旧藏基础之上的博物馆，为什么要在迎接其90年华诞时建立起考古学研究机构？它对所在博物馆的学术研究和事业发展究竟有何裨益？或者说，借助故宫这座特殊博物馆提供的平台，故宫考古对中国考古事业和学科又可能做出什么样的贡献？

循此思路，本文所欲探讨的问题如下：一是一般博物馆与考古学的关系；二是故宫博物院藏品的特点与考古学研究方法的运用；三是故宫博物院考古研究的方向与规划。

一、博物馆与考古学

不只是中国的博物馆、考古学同本土上千年来的收藏传统和金石学有着无法割断的渊源脉络，西方亦是如此，欧洲的王室、教会也拥有悠久的博物收藏历史。本文所讨论的是现代意义的博物馆和考古学，并不涉及19世纪前的收藏与古物研究。

经历文艺复兴与启蒙运动洗礼的欧洲，是现代博物馆与考古学的发祥地，二者自从降世就亲如孪生，血缘密切。1807年，“保护与收藏丹麦古物皇家委员会”（Royal Commission for the Preservation of Antiquities）成立，尼厄鲁普（Rasmus Nyerup，又译作尼勒普，1759~1829）担任秘书长，就在同一年，他着手组建了哥本哈根的丹麦国家博物馆（当时名为哥本哈根北方古物博物馆，the Museum of Northern Antiquities in Copenhagen），随后的许多考古研究成果就是在对博物馆藏品的研究中产生的。1816年汤姆森（Christian J.Thomsen，1788~1865）接任了这一职务，同时担任了刚刚成立的丹麦国家博物馆的馆长[1]。汤姆森对博物馆藏品陈列逻辑进行了梳理，对古代工具与武器材质的演进进行了探索，并尝试把它们划分为石器、青铜器和铁器三组，假设各组代表了依次继承的三个时代。汤姆森1836年在《北方文物陈列指南》[2]（*Ledetraad til Nordisk Oldkyndighed*）一书所提出的三期说，把遗物放进社会历史的框架里进行了科学的解释。其后，三期说被他的学生沃尔森（Jens Jacob Asmussen Worsaae，1821~1885）应用于欧洲等地田野考古的遗迹分期实践。汤姆森的三期说不仅是考古学形成的一个重要标志，同时也是博物馆藏品管理研究一个划时代的成就。博物馆的藏品经过科学的分类和整理后，开始具备以学术阐释为基础的系统，并且更容易被观众理解和记忆。1903年瑞典考古学家蒙特留斯（Oscar Montelius，1843~1921）利用对博物馆藏品的观察与研究，在《先史考古学方法论》[3]（*Die älteren kulturperioden im Orient und in Europa*）中提出了考古学系统的类型学，使这门新兴学科得以进一步完善自身的理论和方法体系。

西方的主要博物馆从充实藏品、丰富陈列出发，多有独立的或与其他学术机构合作的考古活动，并由此奠定了其在世界学术界的地位。大英博物馆从19世纪起便组织和参与考古调查发掘，除了英国本土的考古工地之外，还活跃在世界古代文明的各个中心——埃及、希腊、罗马和两河流域。英国人将在当地获取的重要文物运回伦敦入为馆藏的做法，至今仍备受声讨。在德皇威廉三世的资助下，柏林博物馆埃及部门的负责人列普修斯（Karl Richard Lepsius，1810~1884）于1842~1846年，在埃及王陵谷地主持了许多重要的考古发掘工作。

1863年，埃及国家博物馆由法国考古学家马里埃特（Auguste Mariette，1821~1881）创建，主要目的是防止埃及考古发掘文物的流失。马里埃特还担任过

1 Peter Rowley-Conwy, From Genesis to Prehistory: The Archaeological Three Age System and Its Contested Reception in Denmark, Britain, and Ireland, *Oxford Studies in the History of Archaeology*. Oxford: Oxford University Press, 2007.

2 该书手稿出版于1836年，1846年与之同名的博物馆指南出版，作者Julius Sorterup，是汤姆森的一位助手。

3 *Die älteren kulturperioden im Orient und in Europa*（1903）.Stockholm, Selbstverlag des verfassers. In commission bei A. Asher & c:o, Berlin.

法国卢浮宫博物馆的副馆长。

2013年执掌法国卢浮宫博物馆的新任馆长马尔迪内（Jean-Luc Martinez）同样是一位考古学家，主要研究古代希腊文明，曾经参加过雅典法兰西学院在提洛斯岛和德尔菲的考古发掘。

这些西方博物馆开展的考古活动，不仅满足了博物馆对开拓藏品来源的需求，而且通过对已经获得的藏品的权威阐释，显著提升了自身的社会影响和学术地位，同时还收获了相对稳定的来自王室、政府、社会团体的支持和财政捐助。随着时代变迁，各文明古国对本土文化遗产管理的强度显著提升，控制出土文物和标本出境的规定愈加严格。尽管今日西方的一些博物馆仍然保持了考古机构的设置，但多以学术研究为主，获取藏品的职能已经逐渐式微。

真正意义上的中国现代博物馆的诞生，大体以1905年张謇创办的南通博物苑、1912年在北京国子监成立的国立历史博物馆筹备处、1914年成立的古物陈列所和1925年成立的故宫博物院为主要脉络，文物藏品主要以宫廷与民间的传世收藏为主。而中国现代意义上的考古学，若以田野考古发掘科学方法的建立来衡量，其诞生应该是受到地质学等自然学科的影响，从时任农商部矿政司顾问的瑞典学者安特生（Johan Gunnar Andersson，1874~1960）1921年在河南渑池仰韶村的发掘，中国学者李济1926年在山西夏县西阴村的发掘，到1928年成立的中央研究院历史语言研究所考古组在河南安阳殷墟开始的发掘，代表了当时考古发掘的最高水平和最强实力。

此外，一些地方博物馆也进行过自己的考古活动，主要是对已暴露的古代遗址墓葬的清理。例如，北京国立历史博物馆曾于1921年对河北巨鹿宋城遗址、1924年对河南信阳一批汉墓、1926年对湖北枝江古墓群进行过考古工作，前二者皆发表了发掘纪略[1]。浙江省立西湖博物馆的施昕更1936年发现了浙江余杭良渚文化遗址并进行了考古发掘。其中成立较早的河南、山西、四川等省立博物馆也都参加过一些本省内的考古发掘和清理。

1933年，在中央研究院院长蔡元培的倡议下，教育部指导成立了国立中央博物院筹备处。中央研究院历史语言研究所所长傅斯年兼任筹备处主任，1934年由李济继任筹备处主任、郭宝钧为总干事。他们既参与了博物馆的筹建，也参加了中央研究院历史语言所的考古发掘活动，如对四川彭山汉代崖墓的考古发掘等。博物馆与考古

1 李守义：《民国时期国立历史博物馆藏品概述》，《中国国家博物馆馆刊》2012年第3期。

两方面的工作既有区分也有重叠，在当时就被认为难以完全划分界限[1]。

1949年以后，考古工作与博物馆工作呈现出有分有合、分分合合的态势。如在科学院系统的（后来又拆分出社会科学院）1950年成立的中国科学院考古研究所和古脊椎动物与古人类研究所是中央政府建立的专业考古机构，后来成立的陕西、新疆等考古所也一度归属科学院（社科院）系统。此外地下文物资源较多的地方，如北京、河南、河北、山西等省市的考古工作，则居于当地政府文物管理委员会体制之下，多被称为文物工作队。再有，在一些主要博物馆，如中国历史博物馆（2003年并入中国国家博物馆）、南京博物院、上海博物馆等机构内设立了考古部门，并一直延续发展至今。

1925年故宫博物院成立后，来自北京大学等机构的学者参与了学术研究的架构和创建。后来成为院长的马衡先生虽然是金石学家，但对考古活动一直兴趣盎然，而且于1930年主持了河北易县燕下都的考古发掘，傅振伦先生也参与了工作[2]。

1949年后，因为当时还没有综合类的国家博物馆，中央政府的文物管理机构经常把各地一些由考古发掘或民间征集所获的出土文物拨交故宫博物院收藏。随着以北京大学为代表的高校考古院系及各地考古部门同故宫博物院的交流往来越来越密切，借助考古学方法研究文物藏品的探索也逐渐兴起。多年来，故宫博物院依靠雄厚的文物保护实力和丰富的修复技术，以及对古代藏品的学术研究能力，一直与各地考古机构开展合作，并取得了可观的成果。

1950年国立中央博物院更名为国立南京博物院后，考古学家曾昭燏副院长（1956年任院长）曾兼任华东文物工作队队长，主持了南唐二陵等一系列重大考古调查发掘项目。1958年后，上海博物馆组建了考古部，对福泉山、广富林等遗址的发掘研究取得了显著成果，与其在博物馆建设方面的建树相映生辉。北京国立历史博物馆几经变迁，在1959年建立中国历史博物馆后，其考古部在山西、河南、江苏等地进行的合作考古发掘项目都取得重大收获，特别是承接了国家水下考古和航空遥感考古的创建任务，更成为我国考古史上的重要节点。

20世纪80年代以后，随着我国经济社会的发展，大规模基础建设兴起，考古任务也随之日趋繁重。在国家文物主管部门的倡导、支持下，一些省市陆续把考古职能

---

1 南京博物院编：《南京博物院八十年院史（1933~2013）》，2013年。

2 沈颂金：《传统金石学向近代考古学的转变——以马衡为中心的考察》，《学习与探索》2000年第4期；傅振伦：《燕下都考古系年要录（1921~1987）》，《文物春秋》1990年第3期。

从博物馆机构中分离出来，单独成立了考古机构。

综上，可以看出中国的博物馆与考古的特殊关系：

第一，中国悠久、连绵的历史文化决定了各地综合类博物馆中历史陈列的主角地位。从国家博物馆的“中国通史陈列”“古代中国”陈列，到各地的文明史、地方史陈列，以考古出土文物和研究成果建立的时空框架是不可替代的支撑。一些艺术类、专题类博物馆，无论陶瓷、纺织、茶叶、钱币，还是科技史、体育史、戏曲史等方面，但凡藏品涉及古代文物，其资料整理、研究方法甚至藏品来源都离不开考古发掘及其研究成果。

第二，几十年来，全国各地不断涌现的重大考古新发现，为博物馆提供了大量具有极高科学、历史、艺术、文化价值的精彩展品，它们已然成为各大博物馆新的镇馆之宝和明星陈列，囊括这些藏品的展览构思，也形成了一批最受欢迎的出国（境）文物展览选题。

第三，考古机构是内设于博物馆里还是另行设立？这一问题涉及该区域的博物馆和考古工作的历史沿革，博物馆与考古所本身学术研究与事业发展定位、规模容量，人才的结构、储备与配置，以及当地文物保护研究事业发展的规划思路等。但是博物馆与考古的特殊关系，始终是无法忽视的客观存在。

第四，文物、考古、博物馆，近年又加上文化遗产，这些概念在中国特有的历史背景和社会语境下既相互区别，又紧密联系而界限模糊，难以截然区分。从名称上看，有称为《文物保护法》的法律条文，有称为文物局的行政机关，管辖范围既包括考古、博物馆，又包括可移动文物、不可移动文物和文化遗产。政府设立的事业单位，既有博物馆（院），也有考古所（院），还有些沿用了文物研究所、文物考古研究所、文物工作队等名称。鉴于我国考古与博物馆机构间无所不至的交互渗透、滋养与支撑关系，这个系统只好使用一个拼接而成的新词“文博”来称谓，诸如所谓文博事业、文博学院、文博图书、文博职称系列等，业内专业刊物名称和范围也是在考古、文物、博物馆、文博、文化遗产等概念的分合取舍之间，寻找自身的主流定位和存在特征。

第五，在博物馆的专业人员和管理部门中，由于国家和地方早年举办过多期文物考古干部培训班，高校中的考古专业又都相对较早成立，在近年高校兴办博物馆专业、文物保护专业之前，具有考古专业背景的从业人员在业务骨干和管理层中一直是大宗。改革开放以来，一批考古专家走上了各地博物馆、考古所、文物行政机关的领导岗位。20 世纪 80 年代后期，考古学家张忠培先生出任故宫博物院院长，俞伟超先生出任中国历史博物馆馆长。二位先生当年引进的一批考古专业毕业生，今日大都成为博物馆内各学科领域的学术带头人。张忠培先生在故宫博物院工作近30年，始终在中国考古的前沿耕耘不辍，传道授业，影响深远[1]。例如在他的主持和倡导下，《中国陶鬲谱系研究》一书已经由故宫出版社作为故宫考古所学术著作甲种第一号出版发行[2]。

二、故宫博物院文物藏品的考古学研究

故宫博物院作为博物馆在中国的博物馆里是很特殊的，其馆址所在的明清两代皇宫紫禁城建筑，本身也可以被视为中国官式古建筑最宏大的典藏。

故宫博物院藏品数量达180余万件，约85%为清宫旧藏。在非清宫旧藏中，有些是通过捐赠、征集得以入藏的出土文物，有些是政府拨交的考古发掘品，其中甚至有河南白沙宋墓考古发掘后拆迁转移的一整座墓的墓砖。在这些早年的发掘品中，少数有明确的出土地点甚至有纪年并已发表了的资料，是难得的研究标尺。但很多一直没有被整理发表，其学术价值也因此大打折扣，存在着沦为传世文物的危险。

对于以清宫旧藏为主的、数量巨大的、非田野科学考古发掘所得的藏品，用已有的田野科学考古发掘成果，甚至是新的考古调查与发掘成果来重新检视研究，是对故宫传世文物研究的一条重要途径。其中对古陶瓷的研究，就是比较成功的范例。

故宫博物院拥有32万余件清宫旧藏陶瓷器，还有3万多件由捐赠、收购所得的精品陶瓷器，此外，故宫博物院还曾入藏1949年以后考古发掘出土的若干陶瓷精品，如河北景县封氏墓群出土的北魏青瓷莲花尊、河南濮阳李云墓出土的北齐武平八年（576）白釉绿彩四系罐、南京汪兴祖墓出土的洪武四年（1371）哥窑盘等。但故宫博物院陶瓷藏品的主体毕竟是明清宫廷旧藏，最多的还是清代景德镇御窑厂烧造的产品。从宋元明清到民国，历代对古陶瓷的收藏研究颇有历史传承，其途径，或著书立说，或口耳相传。故宫博物院延聘的孙瀛洲、耿宝昌等古陶瓷鉴定研究名家，就是当代承袭这一丰厚文化传统的佼佼者。他们熟知历代陶瓷的器形、纹饰、款识、材质和工艺技术，有机会对海量的官民收藏密切接触并上手观察揣摩，再加以悉心查阅朝野著录，乃至亲自尝试各种仿烧技艺，解析、反推当年采用的材料和方法，从而丰富、发展了

1　张忠培：《中国古代文明形成的考古学研究》，《故宫博物院院刊》2000年第2期；赵宾福：《学术张忠培：考古人生八十年》，《中国文物报》2014年10月21日。

2　故宫博物院：《中国陶鬲谱系研究》，故宫出版社，2014年。

实物目鉴与文献研究相结合的学术研究体系。

在对大量实物进行归类排比、寻求规律的同时，参照考古发现的新资料，探索出了宋元明清瓷器断代鉴定的新方法，20 世纪 50 年代开始，孙瀛洲先生先后发表了数十篇鉴定、研究文章[1]，代表了一个时代的最高水平。20 世纪 80 年代以后耿宝昌先生则出版了《明清瓷器鉴定》[2]一书，至今仍是瓷器鉴定的经典之作与从业的必备教材。

同时，故宫博物院的陈万里、冯先铭、李辉柄等先生则借助到全国各地进行窑址调查之机，采集标本，确定窑口，校阅文献和其他考古发掘资料，特别注重有纪年古墓葬出土瓷器的采集与整理，开创了一条严谨、系统的陶瓷考古研究之路。

陈万里先生从 1928 年开始就“八去龙泉、七访绍兴”，对浙江的古窑址进行过现场勘查，为中国古代瓷器研究进入田野与窑址之始。根据调查所得资料，陈先生出版了《瓷器与浙江》《中国青瓷史略》等著作，标志着中国古代瓷器研究进入了一个新的时代。从 20 世纪 50 年代起，在陈万里先生的指引下，冯先铭、叶喆民、李辉柄等故宫学者确定了以文献为主线查找窑址所在并到实地求证，进而与传世藏品对比的研究方法，先后对全国 17 个省、自治区、直辖市的 150 多处古瓷窑址进行考古调查，陆续发表了 10 篇窑址调查报告[3]，成为 20 世纪 80 年代以前中国古代陶瓷窑址研究的主流。陈先生采集了 3 万余片瓷片标本，并出版了《中国古代窑址标本》系列著录[4]，时代上起东汉，下至明清，以唐、宋、金、元为大宗。特别是其中相当一部分窑口，现在早已无存，其资料更显得弥足珍贵。在对窑址把握的基础上，参照大量考古新资料，冯先铭先生主编出版了《中国陶瓷史》[5]和《中国陶瓷》[6]，后者是国家文物局主持编撰的教材之一。同时故宫博物院还派李知宴等人参加了浙江龙泉东区窑址的考古发掘工作。耿宝昌先生多年来也一直参与对古窑址发掘现场的指导，包括对水下考古所获的瓷器的鉴定研究。尤其是感于外国人盗捞中国领海内的沉船所载瓷器，冯、耿二位先生大

1 孙瀛洲先生发表的文章可参阅故宫博物院编：《孙瀛洲的陶瓷世界》，紫禁城出版社，2003 年。

2 耿宝昌：《明清瓷器鉴定》，香港两木出版社、紫禁城出版社，1993 年。该书的上、下两册本曾于 1985 年由中国文物商店印刷发行，作为 20 世纪 80 年代国家文物局扬州培训班的教材使用。

3 参阅《陈万里陶瓷考古文集》，紫禁城出版社，1997 年。单独的调查报告主要发表在《文物》上。

4 故宫博物院：《故宫博物院藏中国古代窑址标本（山西、甘肃、内蒙古）》，故宫出版社，2013 年；《故宫博物院藏中国古代窑址标本（河北）》，故宫出版社，2013 年；《故宫博物院藏中国古代窑址标本（北京、山东、陕西、宁夏、辽宁）》，故宫出版社，2013 年；《故宫博物院藏中国古代窑址标本（河南）》，故宫出版社，2013 年。

5 冯先铭：《中国陶瓷史》，文物出版社，1982 年。

6 冯先铭：《中国陶瓷》，上海古籍出版社，1994 年。

力推动我国水下考古学科的创建。故宫博物院2005年在延禧宫举办的“中国古代窑址标本展览”，可以说是对多年来陶瓷考古调查的系统总结与展示[1]。

更直接的考古研究是参与古窑址科学考古发掘。故宫博物院研究员王光尧因为是考古专业毕业，具有田野考古发掘领队资格，参与了多次与当地考古所合作的古窑址发掘工作，如景德镇明清御窑遗址[2]、景德镇丽阳乡元明瓷窑遗址[3]、景德镇观音阁窑址和浙江省德清县火烧山原始青瓷窑址[4]等。这些合作项目不仅使故宫博物院的古陶瓷研究能够及时保持对一线最新资料的跟踪[5]，加强了对考古学术动态的了解，同时也促使故宫博物院的研究人员开始思考古陶瓷考古的局限性并致力于加强方法论的建设[6]。

故宫博物院的古陶瓷检测研究中心通过对各地窑址考古出土瓷片和院藏同类瓷器的检测对比分析，建立和丰富了中国古代陶瓷数据库。尤其是其中对宋代官窑和明清御窑瓷器的化验分析，及将馆藏品与窑址出土标本进行对比研究方面，彰显出本院陶瓷科技所具有的先天优势，取得了丰硕的学术成果[7]。可以说，故宫博物院的古陶瓷研究，由于一直注重传统经验积累与现代考古发掘的结合，始终稳立于学术研究的最前沿。

再例如，故宫博物院收藏有玉器3万余件，主要来自清宫收藏的历代古玉和明清宫廷制作的玉器。其中有些是起初无法被准确辨识的早期玉器，凭借近年的考古发掘成果已经可以确认其分别属于红山文化、良渚文化等。甚至还发现有的良渚文化玉琮被清宫造办处加工改造，镌刻了乾隆题诗。故宫博物院藏品中也有少量玉器发掘品，如安徽长丰县战国墓出土的玉器精品。后来入藏的一百余件安徽含山县凌家滩出土的

---

1 冯小琦:《中国古代窑址标本展览（1）》,《收藏家》2005年第10期;《中国古代窑址标本展览（2）》,《收藏家》2005年第12期；《中国古代窑址标本展览（3）》,《收藏家》2006年第1期。

2 北京大学考古文博学院、江西省考古研究所、景德镇市陶瓷考古研究所:《江西景德镇明清御窑遗址发掘简报》,《文物》2007年第5期。

3 故宫博物院、北京大学考古文博学院、江西省考古研究所、景德镇市陶瓷考古研究所：《江西景德镇丽阳碓臼山元代窑址发掘简报》《江西景德镇丽阳瓷器山明代窑址发掘简报》,《文物》2007年第3期。

4 浙江省文物考古研究所、故宫博物院、德清县博物馆：《德清火烧山：原始瓷窑址发掘报告》，文物出版社，2008年。

5 王光尧：《再论御器厂的建立时间——明代御窑遗址的考古学分期》,《南方文物》2011年第4期。

6 王光尧：《关于陶瓷考古的几个问题——代〈南方文物〉“土与火的艺术”专栏主持辞》,《南方文物》2008年第1期；《对中国古代输出瓷器的一些认识》,《故宫博物院院刊》2011年第3期。

7 李合、徐巍、李卫东、梁国立、苗建民:《EDXRF对故宫博物院藏宋代官窑瓷器的无损分析》,《故宫博物院院刊》2010年5期；李合、丁银忠等：《杭州南宋遗址出土官窑类瓷片的科技研究》,《南方文物》2013年第2期。

玉石器，因为是经过正规考古发掘的出土文物，其学术价值自不待言。故宫博物院的杨伯达先生在玉器研究的著作中除文献考据外，引证了大量考古发掘资料[1]。杨晶研究馆员也一直从事考古学文化领域的相关研究，由于具有考古专业背景和考古发掘领队资格，所以在玉器研究的过程中，无论是运用考古类型学方法排比，运用发掘资料中考古层位学判断年代关系，还是运用考古学文化谱系理论辨识不同脉络器物传承交流关系，都能够得心应手，在前人成就中另辟蹊径[2]。在张忠培先生倡导下，故宫博物院于2011年底与良渚博物院合作共同举办了“玉魂国魄——凌家滩玉器精品展”，反映了博物院对新石器时代玉器进行考古学研究的新成果[3]。

故宫博物院器物类藏品中与考古密切相关的还有很多，除了上述的瓷器、玉器外，还有大家熟知的青铜器。另外雕塑类中也有不少出土文物精品，如陶俑，故宫博物院馆藏陶俑4000余件，自战国至明清几无间断，涉及地域和题材广泛。如1951年出土的河南辉县百泉东汉墓地动物俑、1955年出土的西安东郊韩森寨唐天宝四年（745）雷府君宋氏墓陶俑群、1950年出土的江苏江宁祖堂山南唐升元七年（943）李昪钦陵墓陶俑等。河北曲阳修德寺遗址石造像群的一整批藏品更是一直被作为考古专题研究对象[4]。藏品中铭刻类的有刻石，包括石鼓、经幢、画像石（砖）、黄肠石、井栏、石棺、墓志、玺印、封泥等。另外还有出土的战国、汉代漆器、玻璃器。可以说，若利用故宫所藏历代考古文物策划一个中国古代工艺品专题展览，想必会是很精彩的。故宫博物院从唐兰先生等前辈学者[5]到现在的学者杜廼松、刘雨、王素诸先生对于院藏相关文物的研究，也都有充分利用已有考古成果的范例，不再一一赘述[6]。

至于利用考古成果对古代绘画藏品中建筑、家具、器物、服饰等的断代和分析研究，故宫学人也不乏范例。例如余辉研究馆员多年来致力于书画鉴定与研究，特别是利用民族学、文献学、考古学的研究成果尝试建立一套鉴定早期绘画的基本方法并使之理论化，用逻辑推理的手段解析古画中的图像，探知画史真相，在业内一直受到较

1 杨伯达：《中国玉器全集》，河北美术出版社，2005年。

2 杨晶：《一件刻纹玉饰的辨识》，《故宫博物院院刊》2004年第5期；《中华梳篦六千年》，紫禁城出版社，2007年。

3 杨晶、蒋卫东：《玉魂国魄——中国古代玉器与传统文化学术讨论会文集（五）》，浙江古籍出版社，2012年。

4 杨伯达：《曲阳修德寺出土纪年造像的艺术风格与特征》，《故宫博物院院刊》1960年第6期。

5 李刚：《唐兰的青铜器及铭文研究》，吉林大学博士论文，2010年。

6 杜廼松：《古代青铜器》，文物出版社，2005年；刘雨、卢岩：《近出殷周金文集录》，中华书局，2002年；王素：《汉唐历史与出土文献》，紫禁城出版社，2011年。

高评价。傅东光研究馆员也做过这方面的研究探索[1]。2011年，在故宫博物院以古代书画藏品为主轴策划的“兰亭大展”中，为使观众领略王羲之《兰亭序》中“永和九年”的时代感，特别是对“曲水流觞”中的“觞”有形象、直观的认识，故宫博物院策展人特地借展1997年江西南昌火车站东晋墓葬群考古发掘中M3（雷陔墓）所出土的两件漆耳杯（羽觞），发掘简报显示，在该墓随葬的一件木方上见有“永和八年七月……”墨书纪年[2]。

宗教类，特别是涉及藏传佛教的建筑和藏品，在故宫文物研究中占有重要地位。罗文华等故宫学者多年来与四川、青海、西藏、甘肃等地考古机构合作，对当地的寺庙、壁画、唐卡、摩崖、造像、古道等采用当前标准的田野考古操作规程和设备进行调查与记录，使宗教文物研究提高到了一个新的水平。此外，在考古调查中还发现，大、小金川的实地场景与故宫博物院藏宫廷绘画《平定两金川战图册》山形水系高度吻合，再加以出土遗物、地方史志相佐证，有助于判断金川战役的进军路线。2013年故宫博物院与四川省文物考古院合作的“四川石渠吐蕃时代石刻考古调查”项目，发现了3处早期吐蕃石刻群遗存，总计石刻18幅，填补了青藏高原东部唐蕃古道走向重要环节的资料空白，为研究吐蕃时期佛教史、佛教艺术史、唐和吐蕃关系史、青藏高原早期佛教本土化造像等相关问题提供了珍贵资料，被列入了当年全国考古十大发现[3]。

再回到故宫博物院最大的典藏——紫禁城本身，古建筑研究既是建筑学的一部分，也是考古学的一部分。一般所说的狭义建筑考古学，主要是针对那些地面建筑已不存的地下建筑基础和出土建筑构件的发掘与研究等。紫禁城是世界上规模最大、保存最完整的古代木构建筑群，学者们自然对地上的紫禁城建筑研究着力最多。但是紫禁城建成近600年来，虽然基本格局没有改变，内部各种宫殿、房屋、院落、围墙、道路、集水排水系统等的局部的废弃、重建、改建、迁移等从未停止。故宫博物院的古建筑

---

1 余辉：《〈韩熙载夜宴图〉卷年代考——兼探早期人物画的鉴定方法》，《故宫博物院院刊》1993年第4期；傅东光：《考古学方法、考古出土品与古书画鉴定方法论》，《湖南科技学院学报》2008年第9期。

2 江西省文物考古研究所、南昌市博物馆：《南昌火车站东晋墓葬群发掘简报》，《文物》2001年第2期；故宫博物院：《兰亭展事纪实》，故宫出版社，2012年。

3 故宫博物院、四川省文物考古研究院：《四川石渠县松格嘛呢石经城调查简报》，《文物》2006年第2期；罗文华：《四川甘孜地区民族与考古综合考察综述》，《故宫学刊》第二辑，紫禁城出版社，2005年；罗文华、文明：《甘肃永登连城鲁土司属寺考察报告》，《故宫博物院院刊》2010年第1期；故宫博物院、四川省文物考古研究院：《木雅地区明代藏传佛教经堂碉壁画》，故宫出版社，2012年；四川省文物考古研究院，石渠县文化局《四川石渠县新发现吐蕃石刻群调查简报》，《四川文物》2013年第6期。

专家长期关注相关问题，结合紫禁城内的工程动土，对揭露的房屋基础和设施及时按照建筑与考古的要求测绘、拍照，留取了宝贵的资料并进行了相关研究[1]。近年来，故宫博物院因为要在紫禁城内西河沿区域修建文物保护中心，按规定程序报请事先进行考古发掘。由北京市文物研究所进行的该次发掘是紫禁城内第一次按照现代田野考古要求正式布置探方，结果表明这一区域没有重要建筑遗迹，曾经有过辅助功能的建筑在清道光时期已经塌毁。个别水井、下水道等保存尚好的遗存，将在建设时进行相关规划，以利于长期保护与日后展示[2]。

三、故宫考古的学术方向

在讨论了博物馆与考古学密不可分，对故宫文物藏品研究中考古学手段是不可或缺的途径这两个问题后，接下来的问题就是故宫博物院考古机构的学术方向是什么。

近年来我国考古事业的发展举世瞩目。据国家文物局网站公布，截至2014年7月，全国具有田野考古发掘资质的考古机构有73家，仅在京的就有8家。故宫考古研究所作为老院新所、大院小所，如何发挥优势，突出特色，准确定位问题首当其冲。

故宫考古的学术宗旨可概括为：在研究中国古代文明形成与发展的特点的宏观课题下，致力于与皇权、宫廷相关遗存的考古学研究，包括古陶瓷、青铜器、玉器、宫廷建筑、美术、宗教文物等已经具有一定优势的课题研究。同时，探索在研究院模式下的机制创新，充分利用院内多部门多学科协作，以及与海内外诸多学术机构交流合作的平台优势，并且充分发挥与高校协同培养人才的优势。

秉持这一宗旨，继续运用考古学理论、方法和成果对故宫博物院文物藏品进行整理研究也是故宫考古的重点方向。在考古所涉及的古陶瓷、青铜器、玉器、建筑、古书画、宗教文物等领域，故宫博物院都不乏专家、藏品、文献资料、学术积累和学术梯队。求精不求多，做细不贪大，故宫考古研究所将继续选择合适的课题作为突破口，立足长远，循序渐进。

故宫考古发展的另一优势，是依托故宫博物院内诸多不同专业雄厚、成熟的力量和资源，尽可能应用各种先进且适用的学术与技术成果。在院内，古建筑、古文献、

1 白丽娟、王景福：《故宫建筑基础的调查研究》，《紫禁城建筑研究与保护——故宫博物院建院70周年回顾》，紫禁城出版社，1995年。

2 北京市文物研究所：《故宫西河沿遗址》，《北京皇家建筑遗址发掘报告》，科学出版社，2009年。

文物科技保护、修复、检测、拓印、影像拍摄制作乃至信息技术、虚拟现实技术等方面，各部门都学有所长、术有专攻、成果迭出、人才济济。在院外，一直有规划、建筑、工程、地质、林业、遥感、勘测、地震和北京史地等专业机构参与故宫考古项目合作，相信未来会有更多海内外研究机构和更多领域的专家学者加盟。

总之，由故宫博物院建立的考古学机构和事业，一定是一个开放的平台、创新的平台，会努力探索在博物馆建制中考古发展研究的路径和机制。反过来，故宫考古研究所取得的成果，也会通过故宫博物院的陈列展览、讲坛讲座、学术研讨会、出版物、多媒体、网络、电讯以及观众教育活动等形式，得到更广泛、更精彩地阐释与传播，让更多的人参与和分享。期待再过10年，当故宫博物院建院100周年时，随着故宫博物院年轻一代考古人的成长，故宫考古会呈现出更强更高的生机、活力与价值。

（原载于《故宫博物院院刊》2015年第5期，经作者修改增删代为序）

目　录

紫禁城考古：微创与拼缀

李　季

一、紫禁城考古以往相关工作的回顾

科学意义上的中国古代建筑史研究和对考古学对象中属于建筑性质遗存的研究，在20世纪前半叶就有不同学术背景、不同学术方法的学者和机构进行过初创性、探索性的田野调查、测绘、摄影和研究，一些资料和成果至今对紫禁城考古仍有宝贵的参考借鉴价值（图一）。中华人民共和国成立以后与紫禁城地下建筑基础相关的工作主要集中在20世纪80年代以后，择要举例如下：

1. 1990~1993年故宫建筑基础的随工调查

配合故宫博物院内消防管网和通信主干线工程施工，故宫博物院古建管理部等部

图一　2016年4月25日故宫博物院院长单霁翔（左二）、故宫考古研究所所长李季（右三）陪同谢辰生（左三）、张忠培先生（中）视察故宫

门专家有意识地对施工沟槽内的状况进行记录、拍照。对东华门迤北、皇极殿、十八棵槐、内务府造办处等5个区域沟槽中见到的地下建筑情况，保和殿东庑地基、三台、坤宁宫两侧3处现存基础，按照建筑学的要求，提取了建筑基础的砖、石、土等营造材料，并对故宫内广场地面下的灰土进行化学成分分析。以这些资料为基础提出了三方面认识：一是紫禁城内只是地面上有建筑的地区，才去做建筑基础，而不是紫禁城范围内所有的占地都做了地下基础工程；二是紫禁城建筑对地基土的处理采用了密实加固地基和换土两种做法；三是地面下灰土起着隔水层、加固层的作用[1]。

2. 1994年故宫地基基础综合勘察

北京市勘察设计研究院受故宫委托，经过勘探、测试及有关土水实验和多种手段的地球物理探测手段，对故宫宫殿建筑基础构造、地下遗址、地质、水文等情况进行全面勘察与调查。设钻孔124个，其中深30米的控制孔34个，15米深的探查孔90个；取原状土164块，扰动土样120个。得出的结论主要有：一是紫禁城范围内普遍分布人工构筑的地基垫层，可以说紫禁城建筑在一个完整的人工地基垫层上，埋深最浅处3~3.5米，最深处可达8~8.5米，三大殿及周围地区垫层较厚，其他地段相对较薄。二是以三台为代表的月台，采取砖层与夯土层交互呈层构筑。几个城门均有扩大基础现象，结构与月台相似。城墙基础各不相同。三是紫禁城范围内地下构筑物遗存，主要有宫墙、院墙、殿（房）墙的基部，房基和殿基、地下涵管、桩木构成的桩基、古水井等[2]。

3. 2007年故宫西河沿遗址考古发掘

配合故宫文物科技保护用房建设，经国家文物局批准，2007年10月~2008年1月北京市文物研究所对故宫西河沿遗址进行考古发掘，布设探方73个、探沟2条，发掘面积6500平方米。发现房址12处，特殊遗迹1处，水井4眼，灶34个，灰坑96个，排水沟1条。出土大批陶、瓷、琉璃、石、铜、玉、骨等质地文物，其中以瓷器和琉璃瓦构件数量最大，绝大部分已残损。根据地层关系和遗物年代，确定西河沿

---

1 白丽娟、王景福：《故宫建筑基础的调查研究》，《紫禁城建筑研究与保护——故宫博物院建院70周年回顾》，第286~315页，紫禁城出版社，1995年。

2 故宫博物院古建管理部、北京市勘察设计研究院：《故宫地基基础综合勘查》，《紫禁城建筑研究与保护——故宫博物院建院70周年回顾》，第273~285页，紫禁城出版社，1995年。

遗址年代为明代至清代同治时期。其中最早的一组是大体属明早期与明紫禁城同时始建、毁于明末的“廊下家”；另两组建筑年代早晚有别，都是在早期建筑废墟上建造而成。发掘基本明确了明清时期西河沿地带房屋建筑的布局、规格、用途，基本究明了 3 组不同时代房屋建筑的兴废变迁过程[1]。

4. 2013 年故宫南热力站供热区域考古勘探

2013 年 5~11 月，配合故宫供热区域管线维修改造工程，北京市文物研究所分别对故宫西华门东侧、西河沿东侧、内务府三个区域进行考古勘探，勘探总面积 14340 平方米。在慈宁宫西南角发现残存建筑基础，破坏较为严重，具体结构、布局不明。在熙和门至右翼门段发现三合土基础[2]。

以上前两项工作分别属于建筑基础测绘记录和建筑地质综合勘探，基本目的都是弄清故宫的地下基础状况，可视为与紫禁城考古相关的工作。后两项分别属于建筑基址考古发掘和建筑基址钻探，作为完全意义上的考古工作，属于紫禁城考古的范畴。特别是第三项工作，北京市文物研究所在紫禁城内第一次按照现代田野考古要求布置探方进行发掘，正式发布资料和提出保护建议。

二、关于紫禁城考古定位的理论思考

2013 年故宫考古研究所成立以来，在三年多的工作中，我们对紫禁城考古所涉及的理论与实践问题不断进行深入思考，力求以科学的理念指导实践。

一是从所处时代看，紫禁城考古属于历史时期考古学范畴。中国考古学研究对象的年代范围，在各高校考古专业的课程设置中，过去多从旧石器时代到宋辽金元分为几大段，一般把秦汉以后作为历史时期考古学的范围，目前延伸至宋元明作为压轴。但紫禁城考古则必须延长至清末民初，从这方面说紫禁城考古属于历史时期考古而又拓展了历史时期考古学的下限。中国考古学会下属的宋元明考古专业委员会筹备组在 2015 年正式成立时定名为宋元明清专业委员会，也反映了包括紫禁城考古在内的清代（甚至到民国初年）考古工作的重要性在学界已引起更多关注。

1 北京市文物研究所：《故宫西河沿遗址》，《北京皇家建筑遗址发掘报告》，第 1~57 页，科学出版社，2009 年。

2 北京市文物研究所：《故宫博物院基础设施南热力站供热区域现状管线维修改造工程考古勘探工作报告》，2013 年 11 月 30 日。

二是从空间格局看，紫禁城考古属于城市考古的领域。城市考古主要是以古代都城及各级城市为考古研究对象，旨在掌握城市的范围布局、内部结构的演变发展。明清北京城在元大都基础上缩北展南，修筑外城（都城），皇城、宫城在全城中央，充分体现出皇权至上的城市规划思想。紫禁城是我国现存古代宫城的唯一实例和最高典范，可以说是一座位居核心、规格最高的“城中之城”。20 世纪上半叶侯仁之先生从地理学河湖水系的变迁来考察北京城（包括紫禁城选址等）的历史[1]。清华大学赵正之在 20 世纪 50 年代对元大都城市规划做了全面研究，提出元大都中轴线即明清北京城中轴线的新论点[2]。1964~1974 年徐苹芳先生带领中国科学院考古研究所和北京市文物工作队共同勘探明清北京城偏北的元大都城垣、街道、河湖水系等遗迹，发掘了十余处不同类型的居住遗址和建筑遗存，并且复原了明清北京城图[3]。对于北京城核心的部分，徐苹芳先生除在景山以北区域做了考古钻探以外，在紫禁城内未能开展考古工作[4]。徐苹芳先生在元大都的勘察实践中提出古今重叠的城市考古的意义和特点，即充分利用文献和旧图所提供的资料，以现存建筑遗迹为点，也可以确定的旧街道为线，排除后代改建的变异，基本上可以复原宋元明时代旧城的平面格局，对紫禁城考古同样具有重要的指导意义。

三是从建筑考古的对象来看，紫禁城是世界现存古代宫殿建筑群中建筑基址占地规模最大、保存相当完整者，以其宫殿廊庑、亭台楼阁、宫廷园林等各种品类集成的建筑类型系统展示了中国传统木构建筑体系；以其中国传统礼制文化的典型空间系列以及各类人工建造物与相关建筑历史档案、构件所承载的历史信息，完整传承了古代建筑营造制度与传统技艺。其本身即是建筑学研究的重要内容，也是考古学研究不可或缺的对象。一般所说的狭义建筑考古学，主要是针对那些地面建筑已不存在的地下建筑基础和出土建筑构件的发掘与研究等。紫禁城建成近 600 年来，虽然基本格局没有改变，但内部各种宫殿、房屋、院落、围墙、道路、集水排水系统等的局部重建、改建、迁移、废弃等从未停止。而很多变迁沿革，特别是地下基础、集水排水等系统的详细状况，由于传统文献资料并不重视且不能精确记载，都是研

1 侯仁之：《元大都城与明清北京城》，《故宫博物院院刊》1979 年第 3 期；侯仁之著，邓辉等译：《北平历史地理》，外语教学与研究出版社，2013 年。

2 赵正之：《元大都平面规划复原的研究》，《科技史文集》第 2 辑，上海科学技术出版社，1979 年。

3 徐苹芳：《明清北京城图》，上海古籍出版社，2012 年。

4 徐苹芳：《中国城市考古学论集》，上海古籍出版社，2015 年。

究者、保护者未曾掌握的资料。运用考古学的方法对紫禁城建筑地下基址进行考古发掘获得实物资料，是对古代官式建筑体系开展科学研究和有效保护的重要途径。

四是从宫殿考古的角度来看，紫禁城宫殿建筑无疑是皇权的象征，集中体现了中国古代宗法观念、礼制秩序及文化传统的大成。明清紫禁城之前的秦代阿房宫、汉代未央宫、唐代大明宫、宋代汴京宫殿、元代大内等都是闻名于世的宫殿建筑，全部随着时代的变迁而荡然无存，留下的仅是文献记载，仅能从遗址的发掘中得到一些印证和追溯。辛亥革命清帝退位，皇宫变成故宫以后，虽然作为博物院为保护和展示需求实施了敷设管线等基础设施建设，但局部线状沟槽对还原大尺度地下遗存分布的干扰相对有限，其地下遗存保存大体完好，能够反映近 600 年间宫廷建筑演变的完整过程。因此，紫禁城地下遗址具有较高的完整性和真实性，是研究中国古代宫殿建筑、中国建筑史及中国建筑技术不可多得的珍贵遗产。紫禁城考古发现的新资料将填补元明宫殿建筑研究的一些空白，佐证并补充一些文献的记载，推动宫殿建筑历史复原研究取得新的突破和进展。

五是从"以物证史"的功能来看，紫禁城内考古所揭示的遗存变迁，不仅都是反映明清宫廷史确凿的实物证据，而且对史料会有新的补缺和启示。例如在南三所区域对宫殿基址的发掘，可以看出雍正以后因不再预立太子而发生的政治制度变革，使得曾经的太子居所面积减缩的对应表达。又如隆宗门西元代地层堆积的确认，为元明之际的历史风云变幻提供了新的解读的可能性。而南大库南侧清代御窑瓷器埋藏坑遗迹，则是揭示了皇权制度下对专属物品严格的管理制度。所以，紫禁城内的考古工作无论对"故宫学"还是"学术故宫"的建设发展，都有自己独特贡献的天地。

基于紫禁城考古的以上定位，结合以往相关工作、故宫博物院刚发布的总体规划和正在进行的"平安工程"的实际，以及中国考古学发展的现状和走向，我们对紫禁城考古的理论概念等相关问题有了进一步的认识：

第一，紫禁城考古以紫禁城及其周边相关遗存的宫殿建筑遗址和其他各类地下遗存为主要研究对象。其分布范围既包括目前属于故宫博物院的紫禁城、大高玄殿、皇史宬、内务府稽查御史衙门，也包括皇城内与紫禁城同期建造的太庙、社稷坛、景山、北海、中海、南海等皇家御用建筑与苑囿。这些区域埋藏于地下的元、明、清三代宫廷历代宫殿建筑遗存，可见证 13 世纪中期至 20 世纪初期 600 余年中国皇家宫殿经历的王朝变迁、建制演变和营造沿革之历史，具有特殊的、不可代替的学术研究价值。

第二，紫禁城考古应将紫禁城视为一个整体，同时树立地上故宫与地下故宫一体的立体、全方位空间概念，树立故宫在不同帝王统治期间不断变迁的历时的、动态的时间概念，使考古发掘成果为故宫博物院文化遗产的保护规划制定、实施提供不可或缺的学术支撑和策略分析。

第三，紫禁城考古的长远目标是围绕皇宫格局和沿革两大主题，即空间与时间两个维度的主轴，通过考古发掘和调查，探寻和研究元明清三代宫殿建筑格局、形态及其功能的使用、管理等发展、变迁过程，探讨历代宫殿建筑用材、建筑程序与建筑工艺。进而通过考古资料探讨其在使用过程中所体现的文化演变过程，尽力追寻元大内、明清紫禁城的宫廷历史原貌，逐步厘清其在元大都、明清北京城中的核心地位和重要价值。为此，必须充分认识到这是一项长期、系统的工程，需要全面思考、统筹规划，循序渐进。

第四，紫禁城考古的工作原则是以北京古代都城的城市考古为宏观指导，以逐年配合院内工程进行考古发掘为切入点，探索建立相应的工作程序、科研路径和保护方案。利用故宫博物院多学科的学术平台，全程引入各方面科研力量，深入释读、认识考古发现的各种资料，多方面摄取遗存信息。通过拼图式的城市考古的工作方法，逐步拼缀、完善紫禁城地下文化遗存分布地图，进而解读其格局、结构和关联，为重构紫禁城建筑历史提供不可替代的第一手资料。

第五，紫禁城考古的外延是相关皇家遗存的考古工作。明清紫禁城代表着中国古代农业和手工业文明发展的最后辉煌，只有寻根溯源，才能真正厘清脉络，理顺传承，解析交流与变革。例如都城遗址：内蒙古正蓝旗元上都、河北张北县元中都、北京元大都、安徽凤阳明中都、江苏南京明都城；皇家行宫、苑囿：除了北京的颐和园、圆明园，还有沈阳故宫、承德避暑山庄等；皇家陵寝：明十三陵、清东陵和西陵等；上述文化遗产群与紫禁城及其所处的明清北京城有密切关系，它们共同见证了中国15~20世纪明清两朝的营造法式、宫廷制度、生活方式以及宗教信仰等方方面面。此外，景德镇珠山御窑厂、龙泉枫洞岩瓷窑等与紫禁城实际上是官式手工业的生产端到使用端的联系。北京房山大石窝采石场、门头沟琉璃窑乃至山东临清供砖窑场、苏州金砖御窑场，对研究紫禁城始建、修建的建筑材料产地来源具有很高的参考价值。如果再扩大视野，世界各国现存的都城、宫殿，作为紫禁城考古的参照系，都不乏大量相关的考古研究课题和足以互证、互补的资料。

三、关于紫禁城考古特点的实践探索

2014~2019 年，配合故宫工程建设，故宫考古研究所先后向国家文物局报批开展 7 项抢救性考古发掘项目，完成 19 项随工清理考古调查项目。考古发掘项目按工作时间顺序有：南三所南门外东西两侧明清建筑基址（含南三所东城墙明代墙基、地面、排水沟遗迹、东南角楼明代台基），南大库南侧清代御窑瓷器埋藏坑遗迹，慈宁宫花园东院明清宫殿建筑遗址，宝蕴楼院内清代建筑遗址（含断虹桥头西南侧明代地面、地层遗迹），隆宗门西元明清三代地层堆积，大高玄殿东、西值房清代建筑遗址及南熏殿明清建筑遗址等。考古调查项目有：南三所东墙外明清排水沟，茶膳房南墙内侧明代排水沟、地面遗迹，敛禧门东、十三排南区域清代排水沟，东华门内石桥西南角清代河渠护壁、桥基遗迹，慈宁宫正殿东侧明代建筑基址，慈宁宫徽音左门西南明清地层，文渊阁东北侧清代排水沟，断虹桥北东侧明代建筑遗迹，断虹桥北十八棵槐明代建筑遗迹，端门东西朝房清代建筑遗址，戏衣库南墙南侧明清建筑遗址，仪仗库东西两侧明清建筑遗址，右翼门西北、冰窖东南明宝宁门遗址，北城墙西段以南清代建筑遗址，南三所外影壁西北清代灰坑遗迹，南三所西墙外清代地面遗迹，长信门西北侧明代建筑遗址，永康左门外东南侧明清地层，永康右门外西侧清代御用瓷器残片堆积等。

（一）重要发现

1. 紫禁城建筑基础遗址

在慈宁宫花园东院遗址首次通过考古发掘发现并证明紫禁城建筑区域内的明代早期可早到永乐时期的宫殿建筑基址；利用考古手段科学揭露和记录了明代宫殿建筑在软土地基上的建筑工艺程序：地钉、衬石枋、衬石、砖砌磉墩、碎砖瓦层和黄土层交替夯成的夯土地基（图二、图三）。在隆宗门西遗址发现元代的素土夯筑层和夯土铺砖层基槽，无论层位关系、建筑工艺，还是出土遗物，均是故宫考古的首次重要发现。此处叠压关系清楚的元明清遗迹，堪称故宫“三叠层”，对研究元大内（皇宫）格局、紫禁城历史和中国古代建筑史具有重要价值（图四）。此外，还有考古证据表明紫禁城建筑存在对旧有建筑材料和基础的再利用规律，如在南三所门外东西侧及慈宁花园东院发现的建筑遗迹即有利用早期地基的情况。

图二　慈宁宫花园东院遗址全景照（由北向南摄，2015 年 9 月）

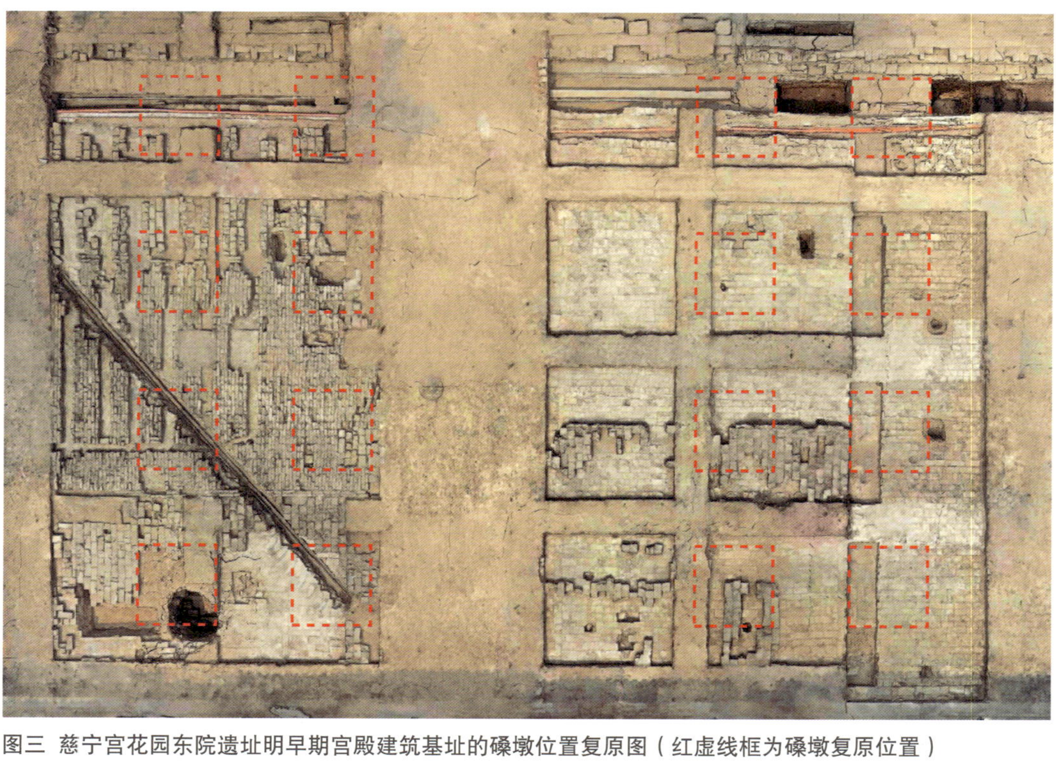

图三　慈宁宫花园东院遗址明早期宫殿建筑基址的磉墩位置复原图（红虚线框为磉墩复原位置）

图四 隆宗门西遗址 T0101 探沟北壁故宫元明清“三叠层”遗迹照

2. 紫禁城内瓷器埋藏坑遗存

在南大库消防管道改线工程工地发掘过程中，发现一处打破库房室外原始地面的瓷片堆积坑，坑内集中出土大量从洪武到光绪时期的御窑瓷器残片。这些迹象表明曾经由皇家使用过的瓷器在破碎后均依规集中掩埋，不可随便处理，与民窑瓷器的随意处置明显不同，充分显示了御用瓷器所蕴含的皇权威严。这与在景德镇御窑遗址发现的御用瓷器落选品或废品打碎瘞埋坑的性质相同，后者是皇帝对御用瓷器垄断以及维护皇家特权的措施。二者相互对应，正表明御用瓷器从生产、甄选、运输、入宫、使用、残破销毁的全部管理制度，即从生产初端到使用末端都处于严苛的管控之下，补证了相关文献记录的缺失。另在南大库及南三所影壁东侧还发现了一类建筑垃圾埋藏坑，说明宫廷对废弃物同样就地掩埋集中处理，有效避免宫内遗物的流出，也是皇权强化的一个反映。

3. 大高玄殿修缮工程“屋顶考古”

大高玄殿首次尝试将考古类型学及地层学的理念运用到古建筑修缮中，对修缮历史过程信息进行记录与研究。借鉴田野考古发掘办法，在屋顶进行解剖、“发掘”记录灰背信息，对灰背进行取样与检测分析，运用类型学方法对瓦泥分类并进行检测，对斗拱进行考古类型的排比、记录与研究，进而指导修缮工艺，达到优化传统修缮工艺的目的，在实践上有效推动了考古学与建筑史研究的密切结合。

目前，根据各类文献记载、以往相关工作和 2014 年以来配合局部基础设施改造进行的考古发掘与调查成果，我们初步认识到紫禁城地下遗存除元大内基址位置尚不确定外，明清两朝近 600 年宫城沿革均在现状紫禁城范围内。其中，建筑等级最高、利用频率最大、遗址叠压最为丰富的区域位于紫禁城内皇家朝、寝活动的区域；而皇家宫廷生活的辅助和服务功能分布区域，建筑等级、建筑密度相对较低，地下遗存埋藏较少，分布稀疏。

（二）紫禁城考古的田野考古工作方法

我们在实践中不断探索总结紫禁城考古的田野考古工作方法，可初步概括为“跟踪调查、微创发掘、精耕细作、拼缀复原”。

1. 跟踪调查，严密监控

在配合故宫博物院实施“平安故宫”工程和各种基础设施建设过程中，故宫考古研究所主动跟踪动土施工工程，提前介入，随工调查，随工记录测绘，视发现遗迹现象不同情况分别进行短期清理调查和长期考古发掘。在短期考古调查中，主要依靠观察、记录各种施工沟的遗迹现象，认真采集出土遗物，将遗迹的位置、范围以全站仪测绘，落在故宫平面图上。对重要遗址进行一定时间段的考古发掘时，主要依靠施工沟发现的遗迹确定布探方、探沟，严格按照《田野考古工作规程》进行考古发掘，针对故宫特有的院落格局，运用RTK进行测绘，完善考古遗址地理信息系统。在隆宗门西遗址考古发掘中，采取围绕探沟布方的方法，首先清理原消防施工沟剖面，发现叠压清楚的三组地层，依靠科学提取的瓷片、琉璃瓦片判断绝对年代，判断最早地层可以早到元代。然后沿消防施工沟北侧布4个5米×5米探方，在消防沟西侧布1条探沟，按探方发掘。在平面上寻找元代夯土层的范围和夯土铺砖层、明早期磉墩基槽的边界，并发现4个明代后期砖砌磉墩、1道明后期门道及墙、1处明后期砖铺地面、1条清中期排水沟、1处清中期砖铺地面等遗迹，从考古学上确认元明清故宫“三叠层”。

2. 微创发掘，见“面”即停

不仅从法律法规上，作为世界文化遗产和全国重点文物保护单位，在紫禁城内考古发掘必须履行严格的报批程序，而且从职业道德和专业素养上，故宫考古人员长期身处宫阙要津，对数百年来极为珍贵的文化遗存心存敬畏，慎之又慎。借用现代医学对人体最小伤害的“微创手术”概念，提倡“最小干预”的田野考古操作方式。充分利用现代管线沟的剖面进行清理，主要利用前代施工形成的各类施工坑（沟）、埋藏坑、废弃坑掌握地层和堆积状况，只在局部开探坑解剖发掘至生土。发现重要砖面、地面、活动面即不再向下清理，即所谓见“面”即停。利用剖面、沟槽弄清层位关系，在周边钻探“找边”。慈宁宫花园东院遗址2014~2016年考古发掘，布方面积近1000平方米，发掘总面积670平方米。除了在T1501探方沿施工沟向下清理1处1.2米 ×1.7米的探坑，在T0103探方南侧布1米 ×1.2米探沟，向下清理至生土层外，所有探方依靠清理晚期形成的灰坑堆积，依靠清理各种自来水管道、暖气管道和消防管施工沟壁的地层，科学划分地层线，判断遗址剖面，区分出明早期、明后期、清中期三个时期的磉墩、砖面、排水沟、灰坑、柱洞等各类遗迹，为寻找明早期大型宫殿建筑基础的范围、结构和营造工艺获得了丰富的考古学资料。

3. 精耕细作，颗粒归仓

在有限的发掘面积内只能实行精耕细作，采用多学科协同采样分析，提高单位面积信息的采集量，努力做到颗粒归仓。例如对建筑遗址采取特有的田野发掘手段、认真提取砖石灰土等各种遗物，同时开展计量考古和数据库建设等。首先，重视出土建筑遗构的堆积，视其为遗址组成部分认真记录层位之后予以原状保留。对于保存倒塌原状的遗址，尤其要将堆积层的情况记录清楚。对于印有木构等痕迹的泥土、炭痕、朽木痕以及砖、瓦、土坯等，准确记录其出土层位、部位等情况和必要的数据，并要保留足够的标本。其次，对遗址出土的砖、瓦以及木构件、金属构件等遗物，采取科学提取和现场保护措施。将建筑材料、构件等所粘的泥土、灰浆、彩画、油漆等“污渍”，作为标本本身组成部分和重要的遗址现象，进行记录、照相和实验室分析化验，为了解古代的结构、构造以及装修工程等情况保存可靠资料。三是把类型学的方法引入到出土遗物的记录中，对灰坑中的建筑材料堆积进行数量、重量统计，夯砖层的各类建筑材料和遗物进行抽样统计，为复原建筑营造工艺、研究人类活动对建筑遗迹的影响提供定性与定量相结合的丰富资料。四是现场提取各类夯土、灰土、石灰、砖瓦等出土遗物，为建立建筑材料产地、成分、工艺等数据库积累资料。

4. 拼缀复原，见微知著

由于紫禁城内的考古发掘地点是被动确定的，面积极为狭小且无扩方余地，揭露的一点遗迹可能做多种推测，有“管中窥豹”“盲人摸象”的困窘。只能靠数据的不断积累和分析，久久为功。一方面，视整个紫禁城为一个整体大遗址，参照《故宫保护总体规划》以历史功能为依据将故宫保护范围内划分为48片相对独立的院区，编制遗址代码和探方、探沟号。已经刊发的南三所东城墙和南大库瓷片埋藏坑发掘简报采取这样的分区编号系统，体现出考古发掘与紫禁城古建筑保护一体化的格局。另一方面，将土质土色、包含物、所用材料、营造方法等作为不同区域遗迹单位的要素，视为类型学资料认真记录不断积累，结合地质勘探、地理信息系统和砖石数据库建设，按照拼图的缀合方法复原某一区域遗存面貌乃至整个紫禁城的沿革与布局，据此总结出不同时期宫殿、墙基、门道、石桥等各类遗迹的建筑基础施工工艺，可为以后考古调查发现遗迹判断其性质功能提供科学参照系统。慈宁宫花园东院区域明早期宫殿建筑基址的范围、规模和周边建筑基槽等附属遗存的发现，是运用拼图的方法结合古代建筑的模数进行科学判断的结果。随着日积月累的资料收集，有意识推进大数据的采集和分析应用，聚沙成塔、集腋成裘，紫禁城的地下图像必将逐渐清晰、连贯，趋向完整。

四、关于紫禁城考古的文物保护思路

紫禁城考古按照地下建筑基址与地上建筑群为一体的保护理念，努力实现故宫建设工程与文物保护的良性结合。2014 年在南三所电力增容管线工地，发现清代康熙时期以前的建筑基址后，原定管线改变设计方案，通过对原电力沟的改建完成，保护并保存了新发现的建筑基址。南大库发现瓷片坑后，消防管线也进行了改道。2015 年慈宁花园东院发现明代早期的建筑基址后，热力管线当即进行改道，并决定对明代早期宫殿建筑基址进行原地保护。2017 年计划在这里建设考古遗址博物馆展示考古发现遗迹，使观众对紫禁城的历史性变迁能够有一个全面、直观的认识。隆宗门遗址发现重要的元明清“三叠层”以后，故宫就遗址保护问题多次召开院内外专家咨询会、论证会，鉴于该区域地处开放范围、地下遗址的脆弱、现代管网的复杂，2016 年下半年对重要的元代地层以套箱提取标本以备异地展示，对遗址进行原状保护性回填，恢复地面保持与整个隆宗门西广场环境一致的景观。

作为世界文化遗产和全国重点文物保护单位，紫禁城考古遗址的保护不同于一般城市考古中发现建筑基址的保护，必须考虑到与故宫整体环境风貌和观众开放参观路线的协调关系。在配合故宫保护工程和基础设施改造等工程的考古勘探和考古发掘过程中，如发现重要遗存，在获取必要的研究资料后，还要采取相应的保护措施或保护性展示。当前，我们考虑从以下方面拓宽紫禁城考古的文物保护思路：

1. 要关注考古遗址的价值挖掘和表达

在注重对重要遗址考古发掘的基础上，更加致力于紫禁城考古遗址整体内涵的阐释和遗址本体的保护。通过一系列的全面考古调查项目对考古遗址形成较为全面的认识，为制定保护规划，统筹考古遗址保护、发掘、展示和利用等各项工作提供科学依据。故宫考古研究所对紫禁城不但要重视考古发掘，而且要加强考古调查。特别是提前开展“平安故宫”工程拟涉及区域的考古调查，使考古工作获得更多充裕的时间，又不影响相关工程的设计和实施。

2. 增强对考古遗址的保护意识

故宫管理用房和设施建设涉及地下部分，在方案编制前开展考古工作，探明地下遗址分布情况，在此基础上充分论证项目建设的必要性和可行性，并评估项目对考古遗址的影响。故宫考古研究所应将保护意识贯穿于紫禁城考古的全过程，根据考古揭露的遗址价值和保存状况，审慎决定相应的保护措施，提出专业的意见和建议。考古工作者要与文物科技保护人员积极配合，将考古发掘过程与遗址保护工作同步进行，相互衔接，让科技保护工作贯穿于考古工作的全过程。

3. 提高考古资料整理和向社会公布的水平

从学术规范和社会责任的高度，做好考古资料的整理和考古报告的撰写，及时编发紫禁城考古简报、报告，多年连续发掘的大型遗址也要发表年度或阶段性的成果报告。不但要公布考古发现成果，而且要公开考古保护方案，编发遗迹保护报告。利用考古成果发布会、考古新闻报道、出土文物展、图片资料展等多种形式，增加社会对考古发现的知情权、参与权、监督权、受益权。建立基于田野考古和资料整理工作的各项文字、影像、测绘记录的电子数据库，便于院内外专家通过检索、查询考古资料开展多学科研究，吸引社会各界人士关心紫禁城考古和保护工作。

4. 增强公众的文化遗产保护观念

考古工作不仅是考古部门的责任，更是全社会的共同事业。考古工作者在做好学术研究的同时，要重视推动公众考古的普及，强调考古工作和考古遗址保护的公众参与，通过现场参观、知识互动、专家讲座，以及微博、微信等新媒体和 VR（虚拟现实）等多媒体形式积极传播紫禁城考古与考古学基本知识，使社会公众特别是青少年学生有更多机会参与考古工作、爱护考古遗址，自觉地参与到保护文化遗产中来。

与近 600 年历史的紫禁城相比，紫禁城考古才刚刚起步。它只是庞大的故宫文化遗产传承、保护与弘扬事业的一个组成部分。它将尽量利用自己的专业特长，从微观切入，向宏观拼缀，对紫禁城这部历史鸿篇巨制的存续、阐释和传播不断有所增益。

附注：本文系故宫考古所集体工作成果综述，承徐华烽起草初稿，王光尧、徐海峰提出修改意见，在此一并致谢。

（原载于《中国文物科学研究》2017 年第 1 期）

良渚文化玉器在中华文明史上的重要贡献

杨 晶 祝 萌

良渚文化是以浙江余杭良渚镇所发现的古代遗存而得名的一支史前时代考古学文化，其年代距今5300~4300年，主要分布于中国长江下游的太湖流域。良渚文化最鲜明的特征就是拥有数量众多、品类丰富、工艺精湛的玉器。这些精美的玉器，其制作水准达到了史前时代的巅峰，其表述的内涵具体地彰显出当时社会的至高权威。良渚文化所创造的玉礼器及其用玉制度，更为后世的中华传统文化所吸纳与弘扬。

良渚文化玉器出土之实例，虽可追溯到20世纪30年代，但良渚文化玉器的辨识则是20世纪70年代才真正发端的。1936年西湖博物馆的施昕更先生在浙江杭州杭县良渚镇一带进行考古调查，搜集到大量石器、黑陶等古物，他认定这里是一处“远古文化遗址”,其年代“可上溯至新石器时代”[1]。他还对良渚镇一带时常出土的玉器给予了较多地关注，在1938年出版的《良渚——杭县第二区黑陶文化遗址初步报告》一书中，公布了1930年于良渚后湖村发现的两件玉璧，并记录了当地有关玉器的出土情况，这应是确知良渚文化玉器出土地点的最早报道。不过，终究囿于传统史学和金石学观念的影响，施昕更先生将这些玉器的年代推定在“周汉之间”。1973年南京博物院对江苏吴县草鞋山遗址进行发掘，在属于良渚文化的M198中发现了琮、璧、钺等玉器与陶器伴出的事实[2]，首次从层位关系上确认了琮、璧、钺等玉器的良渚文化属性和年代问题，从而致使人们彻底地摆脱了传统史学与金石学的观念束缚，拉开了良渚文化玉器研究的帷幕。1986年浙江省文物考古研究所在余杭反山和瑶山两处良渚文化墓地进行发掘，集中地出土了数以千计的大量玉器，超过了以往良渚文化玉器发现数量的总和。这一发现引起了人们的高度重视，自此良渚文化玉器的研究犹如狂飙一般转瞬间席卷了整个学术界。

时至今日良渚文化玉器的研究，在器型、纹样、工艺等方面业已取得了丰硕成果，

---

1 施昕更：《良渚——杭县第二区黑陶文化遗址初步报告》，浙江省教育厅，民国二十七年（1938）。

2 南京博物院：《江苏吴县草鞋山遗址》，《文物资料丛刊（3）》，文物出版社，1980年。

但关于良渚文化玉器地位与作用方面的探究甚少。借此“五帝时代与中华文明学术研讨会”之际，笔者不揣冒昧，拟从器类的传承、纹样的传承、功用的传承三个方面，简要地梳理一下良渚文化玉器对后世玉器的影响及其在中华文明史上的重要贡献。

一、器类的传承：良渚文化玉器的形制构成玉礼器的核心组合

中华民族是世界上最崇尚礼仪的民族。对于禮（礼）字，东汉许慎的《说文解字》有着精辟的解释：“禮，履也，所以事神致福也。”[1] 王国维在《释礼》[2] 中，将豐（豊）字其下半部的结构释读为一个器皿，将豐（豊）字其上半部的结构释读为玉，而豐（豊）字“象二玉在器之形”，当属会意字，为盛玉以奉神人之器。“巫”“灵”等字的结构，也记录了以玉事神或行礼于玉的文化现象，那么古人最早使用的礼器当非玉器莫属。据《周礼·春官·大宗伯》记述：“以玉作六器，以礼天地四方：以苍璧礼天，以黄琮礼地，以青圭礼东方，以赤璋礼南方，以白琥礼西方，以玄璜礼北方。”[3] 可知玉璧、玉琮、玉圭、玉璋、玉琥、玉璜这六种玉器，乃是古代敬神祈福的重器，堪称礼玉六器。而在这六种玉礼器之中，玉璧、玉琮、玉璜的造型，都与良渚文化的同类器渊源甚密。

东汉许慎的《说文解字》记述：“璧，瑞玉，圜也。”玉璧指的是一种中央有穿孔的扁平体圆形玉器。《尔雅·释器》进一步解释：“肉倍好谓之璧，好倍肉谓之瑗，肉好若一谓之环。”[4] 所谓“好”，可理解为中央孔的大小；所谓“肉”，可理解为一边的大小。实际上由于这类器物“肉”与“好”的比例并不一致，很难用整齐划一的标准来界定。不过，参照河北平山战国晚期中山王墓所出的带墨书文字的玉石环及东汉柳敏碑上的“六玉图”，同时兼顾史前玉器的出土情况，笔者曾将中孔直径小于一边宽度及中孔内径与一边宽度相同的扁圆形玉器，即“好”小于“肉”和“好”与“肉”相同的称作玉璧[5]。

根据目前的考古发现，距今 6500~6000 年前，我国东北地区较为普遍地出现了一种璧形玉器，只不过这一时期的璧环形玉器形体较小，形制不甚规整，外缘较尖锐，

1 （汉）许慎撰，（宋）徐铉校定：《说文解字》，中华书局，1963 年。

2 王国维：《释礼》，《观堂集林》（外二种），河北教育出版社，2003 年。

3 （清）孙诒让撰，王文锦、陈玉霞点校：《周礼正义》，中华书局，1987 年。

4 （晋）郭璞注，（宋）邢昺疏：《尔雅注疏》，上海古籍出版社，2010 年。

5 杨晶：《中国史前玉器的考古学探索》，社会科学文献出版社，2011 年。

图一 良渚文化刻符玉璧（良渚博物院藏）

图二 浙江余杭反山 M23 出土玉璧情形

外径多在 5 厘米左右。在距今 6000~5500 年，我国东部地区亦出现了璧形玉器，其形体虽然较小，但有的外缘已近平齐，制作一般较为规范。这些小型的玉璧，多为装饰品，似乎称作系璧更为妥当一些[1]。而形体较大且形制规整的玉璧，最早集中见于长江下游地区的良渚文化。良渚文化的玉璧，形体一般较大，形制相当规整，外缘较为平齐，外径通常在 15~20 厘米。而江苏常州寺墩遗址出土的玉璧，其外径甚至超过了 30 厘米[2]。浙江余杭良渚博物院收藏的一件良渚文化玉璧[3]，其上刻有"鸟立坛柱"的神秘图形符号（图一）。相近的神秘图形符号也见于上海博物馆、"台北故宫博物院"、美国弗利尔艺术馆[4]等处收藏的良渚文化玉璧之上。这些玉璧形体硕大、纹样精美，堪称良渚文化玉璧中的佼佼者。浙江余杭反山墓地 M23 出土玉璧 54 件[5]，可谓目前所知良渚文化中单座墓出土玉璧数量之最（图二）。已有学者注意到，良渚文化的玉璧随着时间的推移，器形愈来愈大，具有追求直径最大化的趋势[6]。

肇启于长江下游地区的良渚文化素面玉璧，不但在本地区发展壮大，还扩散到周邻地区，甚至对于后世亦曾产生过强烈的影响。发现于龙山文化、齐家文化、石家河文化等相当于夏时期遗存之中的素面玉璧，在形制上与良渚文化的玉璧相差无几。素面玉璧在河南安阳殷墟、江西新干大洋洲、四川广汉三星堆等商代遗存之中也较为常

1 《说文解字》载："玤，石之次玉者，以为系璧。" 段玉裁注："系璧，盖小璧，系带间左右佩物也。"（汉）许慎撰，（清）段玉裁注：《说文解字注》，浙江古籍出版社，2006 年。

2 陈丽华：《常州市博物馆收藏的良渚文化玉器》，《东方文明之光——良渚文化发现 60 周年纪念文集（1936~1996）》，南海国际新闻出版中心，1996 年。

3 杨伯达：《中国玉器全集》，河北美术出版社，2005 年。

4 施昕更：《良渚——杭县第二区黑陶文化遗址初步报告》，浙江省教育厅，民国二十七年（1938）。

5 浙江省文物考古研究所：《反山——良渚遗址群考古报告之二》，文物出版社，2005 年。

6 蒋卫东：《神圣与精致：良渚文化玉器研究》，浙江摄影出版社，2007 年。

图三 商代有领玉璧（妇好墓出土）

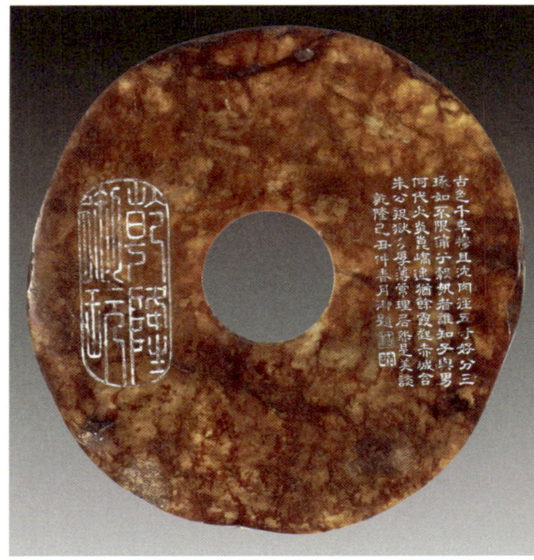

图四 刻御题诗玉璧（故宫博物院藏）

见，只不过商代的素面玉璧内缘凸起从而形成“领”部，故而一般被称作“有领璧”（图三）。两周至两汉时期，素面玉璧走向衰落，琢纹玉璧日益兴盛，这一时期的玉璧上往往琢刻有卷云纹、谷纹、蒲纹、龙纹、凤纹等各种纹样，更出现了周边出廓而内缘镂空的新颖造型。在南北朝时期的遗存中，玉璧的数量明显骤减，尤其是在墓葬中几乎很难见到玉璧的身影。北宋伊始，随着金石学的兴起，好古之风愈演愈烈，各种形态的玉璧再度复兴，这种趋势一直延续到清代。清代的玉璧，从选材到雕刻都十分讲究，大部分为仿古作品，既有谷纹璧、蒲纹璧，又有变形兽面纹璧，还有质朴的素面璧。在北京故宫博物院养心殿前就树立着一块素面玉璧，其形制完全传承了良渚文化时期素面玉璧的造型。诚然，清宫旧藏中亦不乏良渚文化的玉璧，有的其上还琢刻着乾隆皇帝的御题诗（图四），可见帝王对这种玉璧的珍视。

东汉许慎的《说文解字》称：“琮，瑞玉，大八寸，似车釭。”[1] 从东汉经学大师郑玄对于《周礼》“六瑞”的注释以及东汉柳敏碑上所刻的“六器”图形看来，一些汉代人对于玉琮的认知，主要倾向于一种外为多角状内为圆筒状的“八方象地”器形。在宋人龙大渊编纂的《古玉图谱》中，所谓的“黄琮”指的却是一种多角形的扁平体牌状饰，而真正外方内圆的玉琮竟被误称作“辂辋头”[2]，当成了古代抬举车撵时套在横

1 （汉）许慎：《说文解字》，中华书局，1963年。

2 （宋）龙大渊：《古玉图谱》，《说玉》，上海科技教育出版社，1993年。

木两端的一种物件。这种将玉琮视为“辂辋头”的看法影响很广，甚至连清朝乾隆皇帝在所作的御题诗赋中也将宫中收藏的玉琮命名为“釭头”“枫头”“锏头”。直到清光绪十五年（1889），晚清学者吴大澂在《古玉图考》一书中，肯定了清嘉庆年间学者钱坫所谓“釭头”为“黄琮”的说法[1]，并参照《周礼》等典籍的记载，对玉琮进行了周详的考证，才终于使玉琮的名称与实物统一起来了。吴大澂在《古玉图考》中共收录了31件玉琮，分别冠以“大琮”“黄琮”“组琮”“琮”之名。其中一件“黄琮”，与良渚文化的圆身琮较为相近，一件“大琮”，竟与良渚文化的方身琮如出一辙。

关于良渚文化的玉琮，笔者曾经按照形态将其归为圆身琮和方身琮两种类型，前者为内外皆圆的圆柱体（图五），后者为内圆外方的方柱体[2]（图六）。从造型来看，圆身玉琮应是从本地区骨牙材质的筒形器发展而来的，而方身玉琮则是由圆身玉琮演变而来的。这两种类型的玉琮其共同之处就是周身有上下贯通的浅平状间隔，且在间隔的旁侧琢刻有繁简不一的神面纹。显而易见，有间隔且分节、饰纹，可以说是良渚文化玉琮最鲜明的特征。浙江余杭反山墓地出土的编号为M12：98的玉琮，整器呈扁方柱体，内圆外方，高8.9厘米，重约6500克，上射径17.1~17.6、下射径16.5~17.5厘米，内孔径3.8厘米，两节，各节的四角凸面上饰一组繁缛神人和神兽面纹，器体中间的直槽内上下还各雕琢一幅具象的“神徽”。其形体硕大，雕琢精美，被誉为良渚文化的“琮王”[3]（图七）。史前时期的玉琮，在长江下游地区、长江中游地区、黄

图五 良渚文化圆身玉琮（江苏吴县张陵山M4出土）

图六 良渚文化方身玉琮（瑶山M12出土）

1 （清）吴大澂：《古玉图考》，《说玉》，上海科技教育出版社，1993年。

2 杨晶：《中国史前玉器的考古学探索》，社会科学文献出版社，2011年。

3 浙江省文物考古研究所：《反山》，文物出版社，2005年。

图七 良渚文化玉琮王（浙江余杭反山 M12 ： 98）

河上游地区、黄河中游地区、黄河下游地区以及东南沿海地区的相关遗存中均有一定的发现，各地区玉琮的形制亦不尽相同。这些地区的玉琮，大体可归为两大类：一类是以良渚文化为代表的玉琮，可以称作有间隔状的玉琮；另一类是以庙底沟二期文化（或陶寺文化）、齐家文化为代表的玉琮，可以称作无间隔状的玉琮。从目前的考古发现来看，长江下游地区良渚文化的玉琮，出现的时间最早，持续的时间最久，影响的范围最广。在目前发现的史前时代考古遗存中，长江中游地区、黄河下游地区以及东南沿海地区出土的玉琮，皆属于有间隔状的玉琮，其源头应当来自长江下游地区的良渚文化；黄河中游地区和黄河上游地区出土的有间隔状玉琮，其源头亦应当来自长江下游地区的良渚文化，而该地区出土的无间隔状玉琮则可能是本地的创造。同时，良渚文化玉琮的造型，不仅对于殷商时期的同类器产生过影响，还波及宋代的青铜器和瓷器（图八）。通过观察商代的玉器中有间隔状的玉琮（或称玉箍器）不难发现，其上多为瓦楞纹和圆点纹，四角则多为蝉纹。宋代虽不见玉琮，但盛极一时的青铜琮式瓶、青瓷琮式瓶，其造型可以说完全是以良渚文化玉琮为圭臬而制作的。在清宫旧藏中不仅可见良渚文化的玉琮，而且还有良渚文化玉琮的仿制品，其上琢刻着神人和神兽组合纹样，器身带有明显的染色做旧痕迹（图九）。

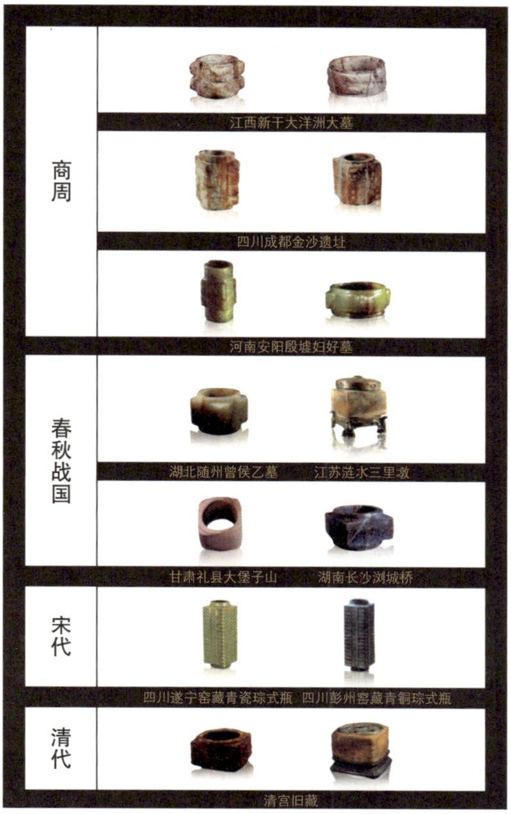

图八 历代琮形器（良渚与古代中国展）

图九 清代仿制玉琮（故宫博物院藏）

东汉许慎的《说文解字》谓："璜，半璧也"，"璧，瑞玉圜也"，而"环，璧也"[1]。按照《说文解字》的说法，璧、环属于同类，无论半璧，还是半环，均可视为璜。从考古发现的实物来看，既有半环形玉璜，又有半璧形玉璜，还有介于两者之间的折角形玉璜，器体的宽窄不尽相同。现阶段的考古发现表明，玉璜最初风行于长江下游地区，然后才扩散到周邻地区。随着时代的推移，玉璜的形态亦不尽相同。在距今 7000~6000 年的马家浜文化时期，器体较窄的半环形玉璜颇为流行；在距今 6000~5300 年的崧泽文化时期，窄体状的半环形玉璜和折角形玉璜较为流行，同时还出现了宽体状的半环形玉璜和半璧形玉璜，只是这些宽体状的玉璜形态不甚规整；进入良渚文化时期，宽体状的半璧形玉璜一跃成为主流，形制渐趋规整起来（图一〇）。发端于长江下游地区的玉璜，在良渚文化时期有了长足的发展，其规矩的造型，不但远播到周边地区，还对后世产生了深远的影响。北京昌平、湖北钟祥、江西南城等地

1 （汉）许慎：《说文解字》，中华书局，1963 年。

图一〇 良渚文化玉璜（浙江余杭反山 M23 ： 67）

图一一 明代玉组佩（北京定陵出土）

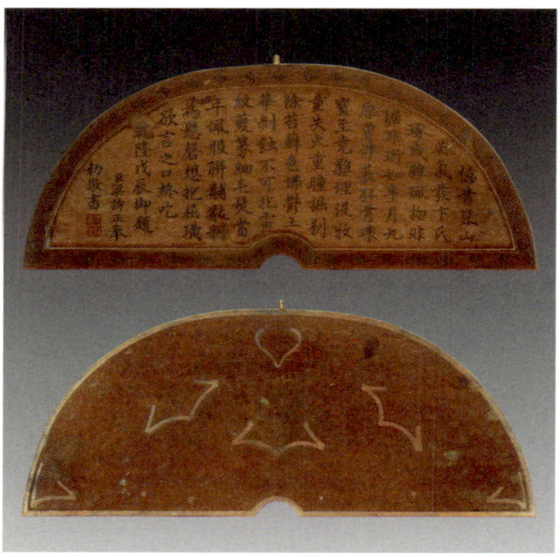

图一二 清代仿玉木璜（清宫旧藏）

明代高等级贵族的墓葬中通常出有玉组佩（图一一），其上大都配有宽体状的半璧形玉璜。明代的玉璜与良渚文化的玉璜，在形制上可以说是如出一辙。清宫旧藏中，不止有仿制良渚文化的玉璜，也有木璜。故宫博物院“良渚与古代中国”展览中所展示的一件木璜，应是根据良渚文化玉璜仿制的，其一面仿刻着细密的神面纹，另一面则琢刻着乾隆皇帝的御题诗（图一二）。

很显然，尽管玉璧、玉琮、玉璜这三种玉器发轫的时间不尽相同，但其形制却无一例外地均是在良渚文化时期成熟，并在良渚文化时期才成为一种固定的玉礼器组合。而《周礼》《仪礼》中所记载的“以玉所作”的“六器”，应是汇集了良渚文化流行的玉璧、玉琮、玉璜，又广纳了商周时期流行的玉圭、玉璋、玉琥，堪称集大成之玉礼器组合。从汉代柳敏碑阴上琢刻的“六玉图”可知，其中的“琥”似乎已经被“瑁”所取代。虽然汉代以后的考古遗存中“以玉所作”的“六器”发现得较少，可是在历代典籍中依旧不乏相关的记载。《新唐书·志第二·礼乐二》记述：“冬至，祀昊天上帝以苍璧。上辛，明堂以四圭有邸，与配帝之币皆以苍，内官以下币如方色。皇地祇以黄琮，与配帝之币皆以黄。青帝以青圭，赤帝以赤璋，黄帝以黄琮，白帝以白琥，黑帝以黑璜；币如其玉。日以圭、璧，币以青；月以圭、璧，币以白。神州、社、稷以两圭有邸，币以黑；岳镇、海渎以两圭有邸，币如其方色。神农之币以赤，伊耆以黑，五星以方色，先农之币以青，先蚕之币以黑，配坐皆如之。它祀币皆以白，其长丈八尺。此玉、币之制也。"[1]《旧五代史·志五·礼志下》记述：后周太祖广顺三年（953）九月，礼仪使奏："郊祀所用珪璧制度，准……祀上帝以苍璧，祀地祇以黄琮；祀五帝以珪、璋、琥、璜、琮，其玉色各依本方正色；祀日月以珪璋，祀神州以两珪有邸。"[2]《宋史·志第五十六·礼六》记述：崇宁三年（1104），太常博士罗畸言："九宫诸神位，无礼神玉，惟有燔玉。窃谓宜用礼神玉，少仿其币之色荐于神坐。"仪礼局言："先王制礼，用圭璧以祀日月星辰，所谓圭璧者，圭，其邸为璧，以取杀于上帝也。今九宫神皆星名，而其玉用两圭有邸。夫两圭有邸，祀地之玉，以祀星辰，非周礼也。乞改用圭璧以应古制。"[3]《明史·志第二十三·礼一》记述："(玉帛牲牢）玉三等：上帝，苍璧；皇地祇，黄琮；太社、太稷，两圭有邸；朝日、夕月，圭璧五寸。"[4]《清史稿·志六十四·礼八》记述："玉、帛、牲牢：玉六等，上帝苍璧，皇地祇黄琮，大社黄珪，大稷青珪，朝日赤璧，夕月白璧。"[5]

毋庸置疑，上起史前时代的良渚文化时期，下至封建时代的清王朝，成组玉礼器被广泛用于埋葬、封禅、郊祀、祭川泽等家国重大礼仪活动之中。玉礼器的使用，可以说贯穿了中国古代文明史的全过程，而良渚文化时期已经定型的玉璧、玉琮、玉璜三种形制，正是构成了中国古代玉礼器的核心组合。

二、纹样的传承：良渚文化玉器的纹样酿成文化符号的古老母题

从器物学的角度而言，纹样应为附属于器物上的一种观念符号。在器物的制作过程中，纹样以特定的方式，记录了人们崇尚的理念和审美的情感。在尊崇神灵的远古时代，祖先和图腾动物均被视为神祇的化身，在一定意义上无论是人格还是兽格归根

1 （宋）欧阳修、宋祁：《新唐书·志第二·礼乐二》，中华书局，1975 年。

2 （宋）薛居正等：《旧五代史·志五·礼志下》，中华书局，1976 年。

3 （元）脱脱等：《宋史·志第五十六·礼六》，中华书局，1985 年。

4 （清）张廷玉等：《明史·志第二十三·礼一》，中华书局，1974 年。

5 赵尔巽等：《清史稿·志六十四·礼八》，中华书局，1977 年。

结底都属于神格，故而笔者将玉器上琢刻的各种动物形和人形的头面状纹样统称作神面纹。运用浮雕、镂孔、阴线细刻等多种技法在玉器上雕琢出神秘的纹样，可以说是良渚文化玉器的突出特征之一。这些特殊的纹样，体现了当时社会生活的风貌，突显出一种无限深邃的原始力量。

在良渚文化玉器上，最流行的纹样当属神面纹。良渚文化的神面纹，广泛见于琮、璜、冠状饰（梳背饰）、三叉形饰、锥形饰、柱状形器、钺等多种造型的器物上，可以说良渚人生活中最重要且最特殊的玉器、象牙器上，几乎都装饰着神面纹，尤以玉琮上的神面纹样最为丰富。良渚文化玉琮上的神面纹，突破了单一的平面构图方式，而是以器体四个转角为中轴对称布局，人和兽的口鼻均在中轴上，而双眼则对称地分布于两侧。按照题材的差异，大体可将玉琮上的神面纹归为三种类型：大眼圈的兽面纹、小眼圈的人面纹、小眼圈 + 大眼圈的人兽组合面纹。相关的研究表明，尽管神面纹的题材不同，但演变轨迹却如出一辙：从复杂的样式，到省略的样式，再到简化的样式。这种由繁复至简化的演化趋势，在玉琮上表现得十分清晰。那么，玉琮上神面纹的原型究竟是什么样的？于是，浙江余杭反山墓地“琮王”上的“神徽”图像成为人们关注的焦点。所谓“神徽”图像，位于“琮王”（浙江余杭反山 M12 ：98）四面中间的浅槽内，上下各琢刻一幅神人兽面图像，共八幅，每一幅图像的细部基本一致，采用浅浮雕和细线两种技法雕琢而成，堪称良渚文化最为繁缛的图像（图一三）。关于良渚文化“神徽”图像所表达的内涵，主要有两种代表性的观点：一种看法认为神徽应分为上下两部分，上面为一位头戴羽状冠的人形，下面为一个长着獠牙的蹲踞兽形，所表达的是神人驾驭神兽的形象；另一种看法认为神徽应为一个整体，上半部为人形，下半部为兽形，即人兽合体，所表达的是半人半兽的神人兽形象。笔者倾向第一种观点，并赞成这种具象的“神徽”应是玉琮上神面纹的蓝本。大眼圈的兽面纹，代表神兽的形象；小眼圈的人面纹，代表神人的形象；小眼圈 + 大眼圈的人兽组合面纹，恰好代表着神人驾驭神兽的形象。良渚文化玉琮上的神面纹，实际上乃是良渚文化神徽的一

图一三　良渚玉琮王是神徽图像（浙江余杭反山 M12 ：98）

种缩略形式。从一定意义上讲，这种简明的神徽纹样构成了良渚文化玉琮的重要因素，堪称良渚文化玉琮的灵魂。而那些琢刻着神面纹的玉器，其拥有者无一例外的都是“王族”或高等级贵族，其标识身份的性质亦是不言而喻的。

长着獠牙的神面纹，目前在华东（长江下游）地区、华中（长江中游）地区、东北地区、西北地区等地的史前时期遗存中皆有发现。华东地区安徽含山凌家滩墓地出土了一件大型玉猪[1]，全长约 72 厘米，重达 88 千克，该玉猪虽然随玉石之形只是雕琢出大致轮廓，但嘴边的一对向上弯曲的獠牙却表现得相当明确，凌家滩墓地的年代在距今 5500~5300 年。华中地区湖南洪江高庙遗址出土的陶器上出现了不少獠牙神面[2]，这种神面以戳印的方式被刻画于陶器的外表与内底之处，通常表现的是上下各一对的四颗獠牙，也有只见一对上牙或一对下牙的两颗獠牙，高庙文化的年代在距今 7000~6000 年。东北地区内蒙古林西白音长汗遗址出土一件神面石饰[3]，其上磨出凹槽，槽内用蚌壳镶嵌着两对四颗獠牙，上方的两道弯月形弧状凹槽表现的似乎是神人的双目，这件镶嵌獠牙的神面石饰属于兴隆洼文化的产物，年代在距今 8000~7000 年。据王仁湘先生披露：近年在属于兴隆洼文化的辽宁阜新他尺遗址出土了一块长方形石雕神像[4]，巴掌大小的磨光石面一端刻画有整齐的菱形纹，这一端的中间位置雕刻着一个神面，有一对圆眼，“山”字形鼻梁，咧开的大嘴中龇出两对四颗獠牙。东北地区红山文化的玉器中有一种被称作“兽面玦形饰”（或称作猪龙）的玉器，有一件其嘴部就琢刻着明确的獠牙[5]。西北地区陕西临潼马陵遗址出土的一件陶瓶上，绘有一个戴着尖顶帽的神面，一双圆圆的大眼在上，下面有一宽大的嘴，嘴角向上龇出一对大獠牙。这一对獠牙为下獠牙，未见上獠牙[6]。该件陶瓶属于半坡文化史家类型的产物，年代在距今 6000~5500 年。

上述各地发现的这些史前时代长着獠牙的神面虽然千姿百态，大体还是可以归为兽面和人面两大类。华东地区凌家滩文化、良渚文化的獠牙神面，表现得应为兽面；华中地区高庙文化的獠牙神面，一般不易区分兽面或人面；东北地区兴隆洼文化的獠

1 安徽省文物考古研究所：《安徽含山县凌家滩遗址第五次发掘的新发现》，《考古》2008 年第 3 期。

2 湖南省文物考古研究所：《湖南黔阳高庙遗址发掘简报》，《文物》2000 年第 4 期。

3 内蒙古自治区文物考古研究所：《白音长汗——新石器时代遗址发掘报告》，科学出版社，2004 年。

4 王仁湘：《武装到牙齿的史前众神》，2019 年郑州“五帝时代与中华文明学术研讨会”上的讲演。

5 郭大顺、洪殿旭：《红山文化玉器鉴赏》，文物出版社，2010 年。

6 何周德：《葫芦形器物与生育崇拜》，《考古与文物》1996 年第 3 期。

图一四 神面纹石雕图像（陕西神木石峁皇城台遗址出土）

牙神面，表现得既有兽面又有人面，而红山文化的獠牙神面则为兽面；西北地区半坡文化的獠牙神面，表现得应为人面。由此可知，神面纹早在距今8000~7000年就已经出现，到距今6000~5000年似乎更加流行了。尤其是良渚文化的神面纹样，还经历了一个由具象到抽象的演化过程。

大约距今4300年之后，分布于长江下游地区的良渚文化陨落了，可是作为良渚文化标识性纹样的神面纹却没有消失，而是在更大范围里被长久地传承并延续下来了。在山东日照两城镇龙山文化遗存出土的玉圭上，一面雕琢有类似“小眼圈”的神人纹样，另一面雕琢有类似“大眼圈”的神兽纹样，其纹饰题材与良渚文化的神面纹相近[1]。河南偃师二里头文化遗存出土的玉柄形器上，采用凹槽和凸棱划分成若干节，并以转角为中轴对称雕琢神人面纹，其纹饰布局与良渚文化的神人面纹雷同[2]。湖北荆州肖家屋脊等遗址出土的石家河文化的玉神人头像[3]，仿佛是融合了良渚文化神人面纹和神兽面纹这两种纹样的基本元素。近年在陕西榆林石峁遗址发现了大量精美的石雕，其中不乏神人和神兽的面纹图像（图一四），其构图往往是中间神面为正视之形而左右两侧的神面为侧视之形[4]。这种“三维”的表现方式，与良渚文化神徽与鸟的构图如出一辙。商周时期风行的饕餮纹，其渊源往往亦被上溯至良渚文化的神徽以及神面纹。

饕餮一词，源自《吕氏春秋·先识览》中的一则神话：“周鼎著饕餮，有首无身，

1 刘敦愿：《记两城镇遗址发现的两件石器》，《考古》1972年第4期。

2 中国社会科学院考古研究所：《二里头（1999~2006）》，文物出版社，2014年。

3 石家河考古队：《肖家屋脊：天门石家河考古发掘报告之一》，文物出版社，1999年。

4 陕西省考古研究院：《陕西神木石峁遗址皇城台地点发掘收获》，《2018中国重要考古发现》，文物出版社，2019年。

图一五 商代青铜器上的饕餮纹（河南安阳殷墟妇好墓出土青铜圆鼎腹部拓片）

食人未咽，害及其身，言报更也。”[1]这里所讲述的应是一种贪食的不善之神。在北宋时期的古器物图录中，饕餮一语始为青铜器纹样的一种称谓。吕大临的《考古图》就将京师所藏“癸鼎”上的纹样描述为“中有兽面，盖饕餮之象”[2]。后来流行的饕餮纹，实为兽面纹的代称。陈公柔、张长寿两位先生在《殷周青铜容器上兽面纹的断代》一文中，给兽面纹（即饕餮纹）下了这样的定义：“其特征是一个正面的兽头，有对称的双角、双眉、双耳以及鼻、口、颌等，有的还在两侧有长条状的躯干、肢、爪和尾等。”[3]马承源先生在《商周青铜器纹饰》的序文中进一步明确地指出了商周时代兽面纹（饕餮纹）的特点：“以中间鼻梁为基准线，两边为对称的目纹，目上往往有眉，其侧有耳，下部两侧为兽口和兽腮，上部为额，额两侧有突出的兽角。”[4]狰狞、神秘的兽面应是殷周青铜器上饕餮纹（兽面纹）的主体，与良渚文化玉器上神面纹（神徽）息息相关。据李学勤先生研究，早在1917年金石学家王崇烈就注意到一件清宫旧藏玉璜上的纹样与青铜器上的饕餮纹饰类似，并据此推定为夏商周三代以前之物[5]。如今看来，该件玉璜的确非良渚文化莫属。商周青铜器上的饕餮纹（图一五），在主体纹样的构图、辅助纹样的配置以及底纹的布局等方面都与良渚文化的神徽和神面纹有着千丝万缕的联系。商周青铜器上所见的饕餮纹（兽面纹），其实就是良渚文化神徽构图方式的一种延续。两者之间的关联，不仅体现在纹样本身的相似性，更折射出人们精神信仰的高度一致性。诚然，良渚文化的神面纹（神徽）与殷商的饕餮纹（兽面纹）之间的这种联系，固然不是彼此

1 （汉）高诱注，（清）毕沅校正：《吕氏春秋》卷第一六，上海古籍出版社，1996年。

2 （宋）吕大临、赵九成：《考古图 续考古图 考古图释文》，中华书局，1987年。

3 陈公柔、张长寿：《殷周青铜器上兽面纹的断代研究》，《考古学报》1990年第2期。

4 上海博物馆青铜器研究组：《商周青铜器纹饰》，文物出版社，1984年。

5 李学勤：《乾隆帝与古玉》，《紫禁城》1989年第3期。

直接的承袭关系，但如此之多的共同点，亦不能用偶然来解释。而陕西神木石峁遗址的神面纹石雕，可以说充当了良渚文化神徽与商代饕餮纹（兽面纹）的媒介，恰好地衔接上了良渚文化与殷商文化之间的缺环。以良渚文化神徽为祖型的饕餮纹（兽面纹），在龙山文化和二里头文化时期有了长足的发展，进入殷商时代，荡漾着神秘的、狞厉之美的饕餮纹(兽面纹)更是达到了空前绝后的鼎盛阶段,几乎遍布各种质地的礼仪用器之上。两周以降,随着鸟纹和龙纹的异军突起,饕餮纹（兽面纹）的主导地位才逐渐被取而代之。植根于原始巫术宗教的饕餮纹(兽面纹),虽然伴随着原始礼俗地位的下降而走下了神坛，不过纹样本身却并没有消失，依然顽强地保留着充满神秘色彩的精神之美。无论是在汉唐时期的画像石、瓦当和金属器上，还是在清代仿古的玉器和青铜器上，甚至在现代的陕西民间剪纸上，都不难发现变形饕餮纹（兽面纹）的身影。

随着时间的推移，尽管历代兽面纹样的载体不断地发生变化，可是纹样所凝聚的神秘力量竟然一直被不间断地传承了下来。饕餮纹（兽面纹）的本质是按照社会的需要被创造出来的一种意识形态，具有威严、威慑的重要意义，象征着战无不胜的强大力量，可作为强权、武力的代用标签。尽管对饕餮纹的名称和内涵，学术界一直存在着诸多分歧,但其所体现的神圣威严的震慑力则是有目共睹的。以良渚文化神面纹（神徽）为祖型的饕餮纹（兽面纹），作为礼仪用器的母题纹样，堪称是一种充满生命力的中华传统文化符号，她既是一种历史文化的积淀，同时亦代表了一个民族意志的共识。

三、功用的传承：良渚文化用玉的制度奠定价值观的雄厚根基

中国玉器的起源至少可以上溯至距今一万年以前。大约距今 7000 年前，中国东部地区已经初步形成了以太湖为重心的南方和以辽河为重心的北方两大玉文化体系。其中以太湖为重心的南方玉文化体系，自马家浜文化，经崧泽文化，至良渚文化，经历了一个由草创、成长、繁荣的连续发展过程。良渚文化的玉器，不但以形制规范的玉器群独领风骚，更以相对严格的用玉制度崭露头角，在中国史前文化格局和古代文明进程中扮演着一个十分特殊的角色。

目前发现的考古资料显示，至迟在距今 6000~5500 年的崧泽文化时期，当时的社会就已经出现了明显的贫富分化，一些制作规整的玉器早就集中于相当富裕的人群。进入良渚文化时期，社会的贫富分化进一步加剧，由广大的平民和少数的贵族所组成的金字塔式的社会结构日益显现，而社会财富的分配却呈现出倒金字塔式的情形，少

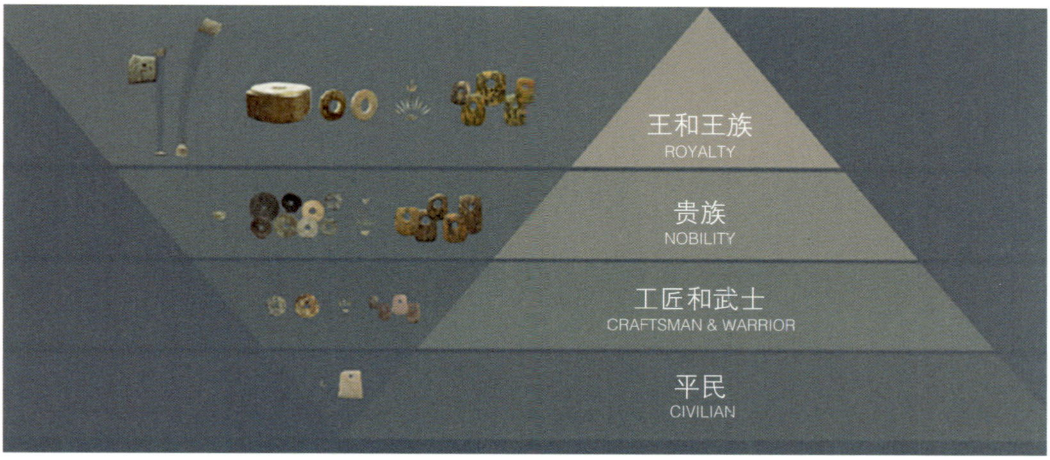

图一六 良渚社会用玉等级示意图（“良渚与古代中国”展览）

数的贵族控制和拥有大量奢侈性物品（尤其是玉器），广大的平民仅拥有少量的必需性物品（主要是陶器）。高等级的大型墓葬，随葬大量精美的玉器，并有固定的器物群；一般等级的中型墓葬，随葬为数不多的玉器，少有固定的器物组合；低等级的小型墓，几乎不见随葬玉器（图一六）。即便是在同一处墓地中，各墓随葬玉器的种类和数量亦存在着明显的差异。以浙江余杭瑶山墓地为例，该墓地位于良渚遗址群（内城）的东北角，其规格仅次于余杭反山墓地，属于良渚文化高等级的墓葬。这里共发现了 13 座墓葬，分为南北两排纵向安置在由三重土色所构成的回字形祭坛上[1]。北列有 6 座墓葬，自东向西依次是 M6、M11、M14、M5、M4 和 Ml。南列有 7 座墓葬，自东向西依次是 M8、M2、M12、M7、M9、Ml0 和 M3，可惜居于祭坛中心南缘的 M12 早年遭到盗掘。由墓地分布图可知，这两排墓葬在随葬玉器的组合上泾渭分明。北列各墓随葬玉璜及系璧，南列各墓随葬三叉形饰、钺或琮。值得注意的是，在北列的墓葬中，位置居中的 M11 拥有 4 件玉璜和 12 件系璧，该墓随葬玉器总计 87 件（组）；位置居于一端最外侧的 M1 拥有 2 件玉璜和 6 件系璧，居于另一端最外侧的 M5 只拥有 1 件玉璜，这两座墓随葬玉器的数量均不足 M11 的三分之一。同样的情况亦见于南列的墓葬，位置居中的 M7 拥有三叉形玉饰、玉琮和带柄饰玉钺，该墓随葬玉器总计 147 件（组）；位置居于两端最外侧的 M3 和 M8 只拥有三叉形玉饰和无柄饰玉钺，这两座随葬玉器的数量均不及 M7 的三分之一。无论是在玉器的种类上，还是在玉器的数量上，南列的墓葬都要高于北列的墓葬。按照已有的认识，随葬玉璜及系璧者，大都应属于女性

1 浙江省文物考古研究所：《瑶山》，文物出版社，2003 年。

墓葬；随葬三叉形饰、琮、钺者，大都应属于男性墓葬。而使用玉琮、玉钺的随葬者，可能是既掌握宗教祭祀权又掌握军权的显贵；仅用玉钺而无琮的随葬者，可能只在军事领域具有一定的权势。很显然，瑶山墓地的布局采用的是定穴安葬的原则，即按照死者生前的尊卑地位进行埋葬，而随葬玉器种类和数量方面的差异，则折射出不同人群使用不同玉器的用玉制度的存在。良渚文化的玉器，不但承担着绝地天通的作用，更承担着名分定位的作用。这大概就是M7那位唯一拥有镶嵌精美玉质带柄饰的豪华玉钺的墓主人在墓地位置居尊且随葬品质量上乘之原因所在吧！而这种以随葬玉器的种类和数量来表述人际关系的用玉习俗，乃是良渚文化最鲜明的特色。

以玉作为人体佩饰的习俗由来已久，早在距今8000~6000年，北方地区以兴隆洼文化为代表的考古学文化和南方地区以马家浜文化为代表的考古学文化，流行以玉玦作耳饰，使用者的身份既有成年人又有儿童；在距今6000~5300年，长江下游地区的崧泽文化、凌家滩文化和长江中游的大溪文化等考古学文化遗存，流行以玉璜作项胸饰，使用者的身份以成年人为主。进入良渚文化时期，玉器的使用更加蔚然成风，不仅出现了以镶嵌着“冠状”玉饰件的梳子和三叉形器所作的发饰，而且出现了以玉璜加系璧和管串所作的项胸饰以及以玉镯所作的臂饰，还出现了带钩一类的腰间饰物，使用者几乎皆为成年人。由浙江余杭瑶山和反山等地良渚文化墓地的随葬情况判断，头上戴着三叉形器、身上佩挂着串管、两臂套有玉镯、手执镶嵌玉质柄形饰的玉钺者，应是当时“王”的用玉标配；而胸前佩挂着玉璜和系璧串饰、两臂套有玉镯者，应是当时“后”的用玉标配。这种男女用玉习惯上的差异，在良渚文化的高等级墓葬中表现得更加突出，良渚文化的玉器俨然成为使用者身份地位的一种重要的标识物。良渚文化的用玉习俗，可以说开启了中国古代用玉制度的先河，从此玉器的使用走上了规范化、等级化的道路。

《周礼》中关于贵族所使用的瑞玉有着明确的记载。《周礼·春官·大宗伯》云：“以玉作六瑞，以等邦国，王执镇圭，公执桓圭，侯执信圭，伯执躬圭，子执谷璧，男执蒲璧。”《周礼·考工记·玉人》又云：“镇圭尺有二寸，天子守之；命圭九寸，谓之桓圭，公守之；命圭七寸，谓之信圭，侯守之；命圭七寸，谓之躬圭，伯守之。”[1]《明史·志·舆服》中对于皇室所使用的玉佩亦有着明确的记述。其中“皇帝冕服”：玉佩二。各用玉珩一、瑀一、琚二、冲牙一、璜二，瑀下垂玉花一、玉滴二。瑑饰云龙文、描金，

1 （汉）郑玄注，（唐）贾公彦疏：《周礼注疏》，北京大学出版社，1999年。

自珩而下，系组五、贯以玉珠、行则冲牙二滴、与璜相触有声。其上金钩二。有二小绶、六采以副之。“皇后冠服”：玉佩二，各用玉珩一、瑀一、琚二、冲牙一、璜二。瑀下有玉花。玉花下又垂二玉滴。瑑饰云龙文、描金。自珩而下，系组五、贯以玉珠。行则冲牙。二滴与二璜相触有声。上有金钩。有小绶五采以副之。“皇太子冠服”：玉佩二，各用玉珩一、瑀一、琚一、冲牙一、璜二；瑀下垂玉花一、玉滴二。瑑饰云龙文、描金。自珩而下，系组五，贯以玉珠。上有金钩。小绶四采赤、白、缥、绿以副之，纁质[1]。不言而喻，无论是瑞玉还是服饰用玉，不同的种类和不同的尺寸以及不同的组合，都昭示着使用者不同的社会等级。而中国古代的用玉制度，完全可以说是用玉规划出来的权力象征体系。这种用玉制度的形成，不但反映出信仰体系的公共性，更反映出价值观的一致性。

在世界文明古国的行列中，中国是唯一一个礼制文化从始至终不绝如线的国度，崇尚礼制堪称中华文明最为显著的特征。《礼记·曲礼》记述：“夫礼者，所以定亲疏、决嫌疑、别同异、明是非也。”《礼记·乐记》记述：“礼义立，则贵贱等矣。”由此可知，礼的基点是生于分别，成之文明。礼的特质，如同《礼记·统祭》所说的“致其诚信，与其忠敬，奉之以物，道之以礼”[2]。礼的基本内容主要体现在“名物”和“度数”两个方面，前者是指举行典礼时所使用的器物，包括服饰、器皿、用具等，称之为“礼器”；后者是指举行典礼所要求的仪容和仪态，所谓“礼仪”。史前时代的“礼仪”，早已湮没在历史的长河之中，而史前时代的“礼器”，最为突出的就是玉器。玉与礼结缘，一方面在于玉的自然属性，另一方面在于玉的社会属性。玉的自然属性指的是玉本身所具备的物理特性，这种特性可以分为内在和外在两个层面。缜密、锐廉、坚刚是玉的内在特性，美艳、清明、光润则是玉的外在特性。在遥远的史前时代，合内在和外在这两种特质为一身的玉石，自然是最能吸引人们眼球的。中国是盛产玉石的地方，又不乏制作玉器的能工巧匠，巧夺天工的玉器理应受到人们的欣赏与推崇。然而古代玉文化形成与发展，则更多地有赖于玉的社会属性。玉的社会属性指的是人们给玉所赋予的一些特殊的文化理念，最具代表性的当数“玉德”之说。关于“玉德”，《荀子》中记有“仁、知、义、行、勇、情、辞”七德；《管子》中记有“仁、知、义、行、洁、勇、精、容、辞”九德；《礼记》中记有“仁、知、义、礼、乐、忠、信、天、地、

1 （清）张廷玉等：《明史·志第四十二·舆服二》卷六十六，中华书局，1974 年。

2 （清）孙希旦：《礼记集解》，中华书局，1989 年。

德”十德;《说文解字》则浓缩为“仁、义、智、勇、洁”五德。这些代表性的“玉德”之说，实际上是将道德、伦理等观念附加于玉的结果，无一不彰显出儒家思想的核心价值以及中国传统文化的精髓。对于中国人而言，玉代表了美好、尊贵、坚贞与不朽，象征着优秀的品德和高尚的情操，可以说是一切美好事物的化身。因此，玉器被作为一种礼器，在祭祀、朝会、交聘、丧葬等重要的礼仪场合中一直担当着十分重要的角色。随着时代的推移，玉器的用途愈来愈广泛，玉的社会属性亦被层层地叠加起来。在全世界产玉、用玉的国度里，这种不断地给玉器赋予各种特殊内涵的文化现象可谓中国持续五千年文明的独有特质。正是这种稳固的思想基础和特殊的文化属性，根植了中国人崇玉、爱玉的心理，铸就了中华民族的玉魂国魄。

在人类文化的长河中，没有一种器类能像中国古代玉器那样，寄托着如此多的浓厚之情感与深邃之理念。从根本上说，玉器，尤其是玉礼器，应属于“形而上”的观念形态或精神文明的产物。玉礼器的产生不可能是偶然的，必然有着深刻而悠久的历史文化渊源，并经历了数千年漫长的过程。目前的考古研究表明，良渚遗址群是中国史前时代规模最大的“古国”，堪称中华五千年文明的里程碑。这一个文明“古国”正是通过玉器来彰显社会权力、信仰及人际关系的。而良渚文化玉器的形制，构成古代瑞玉的核心组合；良渚文化玉器的纹样，成为古代礼器纹样的古老母体；良渚文化的用玉制度，奠定古代价值观的雄厚根基。良渚文化的玉器曾经石破惊天，在中国文明史上具有不可磨灭的贡献。

海外实地调查资料与中国文献之对比

——海外考古调查札记（一）

王光尧

自汉代开始，中国已从海上交通南洋和西洋诸国。最早记述南洋和西洋各国的文献为《汉书・地理志》，所列之国有都元国、邑卢没国、谌离国、夫甘都卢国、黄支国、已程不国等[1]，即现在的苏门答腊岛、缅甸、印度和斯里兰卡等地[2]；而陆上丝绸之路的经营，使得中西亚和欧洲的一些国家也见诸文献记载。到唐代，非洲已进入中国文献，宋元以后记述海外者越来越多。毫无疑问，这些记载是研究海外交通史和进行丝绸之路考古时非常重要的参考资料。但是，中国古代对海外各国的记载多为文人对入华外国使臣或胡商口述的归纳，真正记述实地见闻者极为稀少，这些记述的可信度或真实性如何，是值得思考的。本文根据近几年在海外考古调查中获得的资料，对文献记载中的文郎马神国风俗和真假忽鲁谟斯的标示略加考证，以期还原历史真相。

一、以蕉叶为盘的史实

文郎马神国位于今印度尼西亚加里曼丹岛，《东西洋考》卷四《西洋列国考》记载：“（文郎马神国）初盛食，以蕉叶为盘。及通中国，乃渐用磁器。又好市华人磁瓮，画龙其外，人死贮瓮中以葬。”[3]《明史》记文郎马神国“初用蕉叶为食器，后与华人市，

* 本研究为国家社会科学基金重大项目“非洲出土中国古代外销瓷与海上丝绸之路研究”（项目批准号：15ZDB057）的成果之一。

1 （汉）班固：《汉书・地理志》，第1571页，中华书局，1962年。

2 章巽：《我国古代的海上交通》，第13、14页，新知识出版社，1956年。

3 （明）张燮：《东西洋考》卷四《西洋列国考》“文郎马神国”条，万历四十六年（1618）王起宗刊本。此书的作者张燮并无出海经历，著书时多参阅旧史及前贤新书，以及《明一统志》、官报等资料，故《东西洋考》虽较一般文人笔记考据更深，但讹错也在所难免。

渐用磁器。尤好磁瓮，画龙其外，死则贮瓮中以葬”[1]。两书所记略同，或许反映了晚明和清代前期中国知识阶层对文郎马神国的共同认知。正是在这些记载的引导下，一些研究者认为中国瓷器的输入改变了当地人的生活习俗并提高了当地人的生活质量[2]。

然而从考古发现和文献资料来看，中国瓷器最早于唐代输入当地。而在此之前，东南亚、南亚各地已开始使用陶器（包括釉陶器）、椰壳器、木器、石器、金属器，甚至还有来自罗马的玻璃器，可见文郎马神国所在的加里曼丹岛也不是《东西洋考》和《明史》所记的无碗盘等器具可用的蛮荒之地。瓷器的输入不过是丰富了当地人民的用具、美化了当地民众的生活而已。获取生活必需的食品以及追寻可以美化和提高生活质量的其他物品，既是古往今来人们交往的最主要目的之一，也是促进社会发展的原始动力。我们今天所说的丝绸之路（包括陆上和海上丝绸之路）之所以能够在数千年间沟通亚非欧三大洲，并长期通畅，也正是源于这种需要。人们交往的目的在本质上不过是要从对方处获取能提高自己生活质量的丰富物资，而不是借由域外文明的输入改变自己野蛮和不文明的状态。具体到中国瓷器输入到包括文郎马神国在内的南洋和西洋各国，情况也不例外。那么，真实情况和中国史料的记载何以有如此大的偏差？答案应从当地的生活习俗中寻找。笔者近年来参与在肯尼亚、印度和阿联酋的考古调查工作，对此体会颇深。

2013 年开始，故宫博物院与印度喀拉拉邦历史文化委员会合作，在该邦进行考古发掘与区域调查研究。在当地接触和发现的一些生活细节与场景，让我们对文献中的记载有了新的感悟。在考古工地庆祝完工的篝火晚会上，该所负责人 P.J.Cherian 博士细心安排，为每位队员准备了芭蕉叶作为盘子，将所有食品都分放在每个人面前的芭蕉叶上。这是我第一次见到以蕉叶为盘子的习俗，惊诧之际立即想到《东西洋考》和《明史》中关于文郎马神国以蕉叶为盘的记载。通过询问 P.J.Cherian 博士，得知使用蕉叶为盘进食是当地招待尊贵客人、庆祝礼仪的传统风俗。

正巧，考古队在当地雇佣的一个女技工举办婚礼，邀请全体考古队的同人参加。该技工是印度教徒，礼仪皆从旧俗，这无疑为我们了解南印度当地人民的礼仪生活提供了机会。在婚礼上，由印度教牧师主持的相关仪式中，白海螺、净瓶、雀尾炉等法器和供品都摆放在经过剪裁的芭蕉叶上（图一），而在稍后的婚宴中，所有宾客的席

1 （清）张廷玉等：《明史 · 列传二百十一 · 外国四》“文郎马神国”条，第 8380 页，中华书局，1974 年。

2 王光尧：《对中国古代输出瓷器的一些认识》，《故宫博物院院刊》2011 年第 3 期。

图一 印度教人家婚礼宗教仪式和用器情况

位上均有一片经过剪裁的芭蕉叶，食品均放置在芭蕉叶上，新郎、新娘和所有客人均以芭蕉叶为盘而食（图二）。

我们知道，喀拉拉邦的人虽然有自己的一些传统习俗，但是他们和世界各地一样处于21世纪，日常生活和世界各地无异，餐具基本使用不锈钢、塑料、陶瓷等质地的器物。在仪式和正式宴会上使用芭蕉叶盛装食物，显然不是因为没有餐具，而是为了彰显神圣感、仪式感并表达对宾客的尊重。

再回到《东西洋考》和《明史》载文郎马神国初用芭蕉叶为盘之语，我们虽不敢遽定其妄，但两书所记颇值思考：该地是否同喀拉拉邦一样，仅在正式场合以蕉叶为盘呢？文郎马神国所在的印度尼西亚加里曼丹岛和印度西南海岸的喀拉拉邦相距数千里之遥，喀拉拉邦的风俗并不一定在文郎马神国流行。但加

图二 印度教人家婚宴上以蕉叶为盘的场景

里曼丹确实受到强盛时期的南印度 Chola 王国（中国称之为注辇王国）的直接影响。而从考古出土资料看，早在公元前 3 世纪印度教已经影响到马来群岛各地，使用芭蕉叶的礼仪或许因此于加里曼丹岛和南印度之间流传。诚若是，上述文献的原始记述者，或许是将在当地所见的礼仪性场景视为当地日常生活的通例，且在言语中带有恶意贬低和歧视对方之意。

二、忽鲁谟斯与假忽鲁谟斯

《武备志》所录《自宝船厂开船从龙江关出水直抵外国诸番图》(也就是今天习称的《郑和航海图》）中标记相邻的两个岛为“忽鲁谟斯”和“假忽鲁谟斯”(图三)。何以如此，颇令人费解。

忽鲁谟斯国即今伊朗霍尔木兹岛，此地和古里国一样，是郑和下西洋的重要目的

图三《郑和航海图》所记“忽鲁谟斯”和“假忽鲁谟斯”图

图四 阿尔马塔夫北区采集的景德镇御窑青花瓷标本

图五 阿尔马塔夫北区采集的龙泉窑青瓷标本 MN19–014

地。自永乐十年（1412）开始，双方互有使团往来，永乐十年至宣德八年（1412~1433），郑和两次前往忽鲁谟斯，该国也两次遣使附船来贡[1]。考古调查中发现的实物材料，更丰富了文献中的记载。英国人威廉姆森在伊朗南部米纳布地区和霍尔木兹岛上进行考古调查时，发现了 3000 余件中国陶瓷标本[2]；故宫考古研究所等于 2019 年冬在阿联酋拉斯海马酋长国朱尔法遗址发现了永乐、宣德时期两片景德镇御窑青花瓷（图四）、多片官样龙泉窑青瓷（图五）和大量的元到明初的龙泉青瓷标本（图六），这些考古实物资料均可证明：明代早期，从波斯湾北岸的米纳布地区，到霍尔木兹岛，再到南岸的拉斯海马酋长国，皆处在当时东西方贸易航线的节点上，商贸较为发达，而且都和明朝有过官方互动，具有优越的军事、商贸和政治地位[3]。

由于双方曾多次往来，明朝官方关于忽鲁谟斯的记载应该是可信的。郑和使团成员马欢《瀛涯胜览》记载：忽鲁谟斯国“自古里开船投西北好风二十五日可到。其国边海倚山各处番船并旱番客商都到此处赶集买卖，所以国民皆富”[4]。费信《星槎胜览》载：“自古里国十昼夜可至。其国傍海居，聚民为市，地无草木，牛羊马驼皆食海鱼之干。”[5]《明史》所载：“其国居西海之极，自东南诸蛮邦及大西洋商舶、西域贾人，皆来贸易，故宝物填溢”[6]之言，或本自《瀛涯胜览》。然而上述三书均无“忽鲁谟斯”和“假

1 （清）张廷玉等：《明史·列传第二百十四·外国七》“忽鲁谟斯”条，第 8452 页，中华书局，1974 年。

2 故宫博物院考古研究所、杜伦大学考古系：《英藏威廉姆森波斯湾北岸调查所获的中国古代瓷片》，图 28~ 图 31，《文物》2019 年第 5 期。Lin, M. & Zhang, R（林梅村、张然），“Zheng He's Voyages to Hormuz Island: the Archaeological Evidence,” *Antiquity*, No.89（2015），pp.417–432.

3 故宫博物院等：《拉斯海马阿尔马塔夫遗址 2019 年考古收获》，《故宫博物院院刊》2020 年第 5 期。

4 （明）马欢：《瀛涯胜览》“忽鲁谟斯”条，第 80 页，《丛书集成初编》，中华书局，1985 年。

5 （明）费信：《星槎胜览》卷四“忽鲁谟斯”条，载（清）曹溶辑，（清）陶越增订：《学海类编》第 119 册，第 6 页，民国九年上海涵芬楼据六安晁氏木活字本影印，1920 年。

6 （清）张廷玉等：《明史·列传第二百十四·外国七》“忽鲁谟斯”条，第 8452 页，中华书局，1974 年。

图六 阿尔马塔夫遗址出土龙泉青瓷标本

忽鲁谟斯”之分。如果《自宝船厂开船从龙江关出水直抵外国诸番图》的相关记载非后人篡加，那么其中对于这两个岛屿的标记，则有可能是使团船队到达当地后，对两个都称“忽鲁谟斯”的岛屿所作的区分和标注。再考，郑和船队首次抵达忽鲁谟斯国的时间为永乐十年，最后一次到达该地应在宣德八年。据研究，此时忽鲁谟斯国正饱受北面强敌之压迫，在 1430 年前从伊朗南部米纳布地区先后迁移至格什姆岛（Qeshm）和霍尔木兹岛[1]（图七）。《自宝船厂开船从龙江关出水直抵外国诸番图》用“忽鲁谟斯”和“假忽鲁谟斯”分别标记两个岛，极有可能正是郑和团队在永乐十年和宣德八年两次访问忽鲁谟斯国之时，该国王廷所在发生了迁移，故而以这种方式在航海线路图中对两次所见该国方位不同做出了真实记录。若此，该图所记也为研究忽鲁谟斯王廷的迁移时间提供了重要的证据。

丝绸之路是不同族群、国家、文明之间的交流大道，是东西方各主要文明体之间了解外部世界和文化交流、融合的通道。唐代以前的交流主要经由陆上丝绸之路，所以造就了天山南北众多绿洲小国的发展；而同一时期的中南半岛和南洋群岛则在主要交通线之外。唐以后交流通道改为海上丝绸之路，南洋随之发展，伴随而来的是陆上

1 葡萄牙探险家佩德罗·特谢拉（Pedro Teixeira）在17世纪翻译了霍尔木兹国王Turan Shah I（根据Henry Yule的考证，他于1346年初成为新霍尔木兹王国国王，并成功地使霍尔木兹王国摆脱大陆伊儿汗国、法尔斯、设拉子、基什等三国的控制，并将霍尔木兹王国的控制范围扩大到了阿曼卡尔哈特到巴林岛地区）亲自撰写的《霍尔木兹列王书（Kings of Hormuz）》（该书波斯语本已经佚失），19世纪该书又被翻译成了英语。书中提到，公元1302年（伊斯兰历700年），旧霍尔木兹王国遭受鞑靼入侵（应该是蒙古西征），领地被夷为焦土，王室不堪侵扰，决定将王廷转移到海上。最初他们到达了格什姆岛，但只是稍做休整，不几日便派人探查附近其他岛屿（但没有说明为什么不在格什姆岛长居）。很快王国大臣阿亚兹（Ayaz）就发现了哲伦岛。哲伦（Gerun，现在写作Jarun）为这个岛屿上一位土著老者的名字，他一家以捕鱼为生，将捕获的鱼卖给往来于印度与基什岛之间的船只，以换取日用品。哲伦老人听说霍尔木兹王国已经走投无路，便建议他们到此处定居。阿亚兹于是调查了一番，认为此地的确适合居住。但当时包括哲伦岛在内的许多波斯湾岛屿，都在基什王国的管辖下，而此时基什王国自身也受到多方侵扰，政局不稳，对辖区内岛屿的管理十分松懈，仅向各岛派驻了一名神职人员（Muhal）。这位神职人员名叫伊思麦尔长老（Xeque Ismael，又称谢赫），来自大陆Lara城附近的村子，他并非常驻各岛，而是四处巡视并为自己化缘。阿亚兹在哲伦岛遇到了伊思麦尔长老，认为他精明能干，就拜托他询问基什国王，希望能以进贡或购买的方式取得哲伦岛的所有权。对于给伊思麦尔长老带来的麻烦，阿亚兹也承诺给他一笔钱作为补偿。而伊思麦尔长老虽然同意帮助霍尔木兹王室得到哲伦岛，但却提出了条件：霍尔木兹王室每年要给伊思麦尔长老和他的后人一笔钱，这随后成为新霍尔木兹王国的习俗。之后，购买哲伦岛的过程十分顺利，王室迁移之后，为了纪念旧霍尔木兹王国，便将哲伦岛改称为霍尔木兹岛。但是无论是波斯人还是阿拉伯人，都不愿承认霍尔木兹岛这个名字，所以依然有很多史料称此地为哲伦岛。以上关于霍尔木兹王国迁移的相关文献的整理，得到英国杜伦大学张然博士、北京大学陈彬彬博士和故宫博物院翟毅博士的帮助，特此致谢！

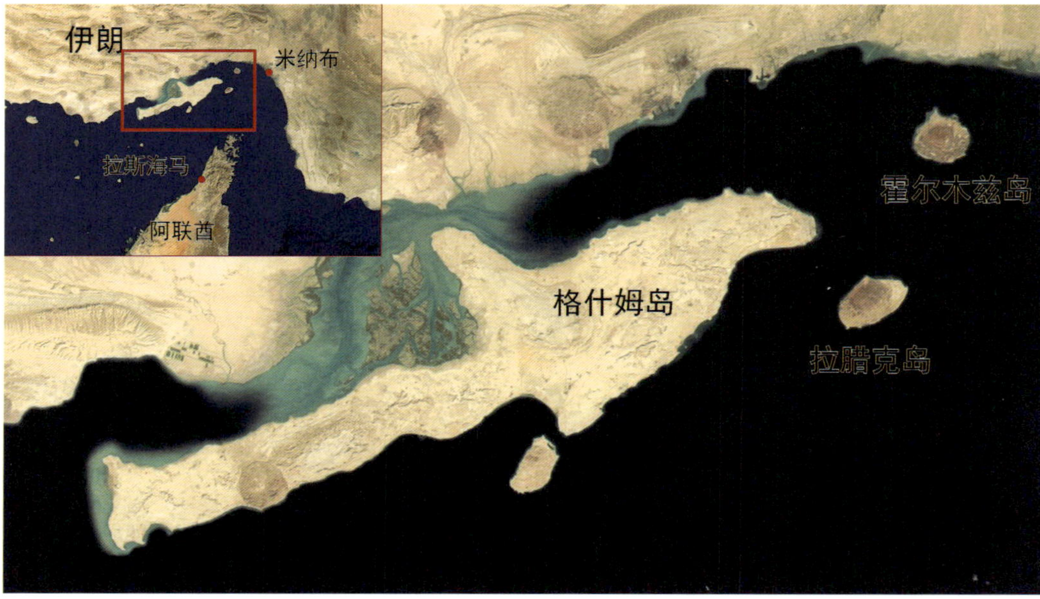

图七 霍尔木兹岛与格什姆岛地理图

丝绸之路沿线绿洲小国的衰弱。无论是陆上还是海上，丝绸之路都是以中国及其周边和地中海周边地区为东西两个中心，因为它们既是古代世界最主要的两个文明中心，也是两个强大的经济区域。丝绸之路考古，并不是要以考古资料证明文献的可靠，更重要的是要通过考古资料揭示这一绵延上万里、跨时数千年的文化交流大通道在世界文明交融和发展过程中的作用，以及这种交流作用的双向性。同时，考古研究还以实物资料提醒研究者一定要客观公正地对待所有资料，而且要排除一切可能有的历史沙文主义和民族沙文主义。

（原载于《故宫博物院院刊》2020年第7期）

山东威海成山头始皇庙庙志

王　睿

引子

成山又称召石山，位于山东半岛的最东端，现属山东省威海市荣成市辖区。成山入海岬角称为成山头，三面环海，南北长 2、东西宽 1.5 千米。成山头地形崎岖，上有三座小山峰，称为三山。岸边礁石壁立，浪花拍岸（图一）。

成山头为逼仄的临海礁滩，远离属地治所，附近少有大型聚落。汉代的成山头属东莱郡不夜县[1]，后曾分属过昌阳、牟平、文登等。明代所设成山卫是历史上距离成山头最近的行政中心，清雍正十二年（1734）裁卫设荣成县，治所为原成山卫城。1948 年县治迁至崖头镇（图二）。

成山头是秦汉时期“八主”祭祀中日主的祭祀地。八主是指天、地、兵、阴、阳、月、日、四时八种祭祀对象，最早见于《史记·封禅书》[2]，“日主，祠成山。成山斗入海，最居齐东北隅，以迎日出云”，其下按语“斗入海，谓斗绝曲入海也”属于望文生义，“头”“斗”当地语音相同，“成山斗”即为“成山头”。

---

* 本文是 2006~2011 年李零老师指导完成的博士论文《八主祭祀研究》的延伸。在论文写作期间，与山东大学历史文化学院的栾丰实教授、烟台市博物馆的林仙庭研究员合作开展了“山东八主祠遗址的调查与研究”项目，项目进入尾声后，笔者开始对八主祠遗址上的现代景观进行调查和研究。本文即以上述三项工作成果为基础写作而成，在此感谢三位老师的指导。

1 “东莱郡”下注：“有成山日祠。”（汉）班固《汉书·地理志》，第 1585 页，中华书局，1964 年。

2 “八神将自古而有之，或曰太公以来作之。齐所以为齐，以天齐也。其祀绝莫知起时。八神：一曰天主，祠天齐。天齐渊水。居临菑南郊山下者。二曰地主，祠泰山梁父。盖天好阴，祠之必于高山之下，小山之上，命曰‘畤’；地贵阳，祭之必于泽中圜丘云。三曰兵主，祠蚩尤。蚩尤在东平陆监乡，齐之西境也。四曰阴主，祠三山。五曰阳主，祠之罘。六曰月主，祠之莱山。皆在齐北，并勃海。七曰日主，祠成山。成山斗入海，最居齐东北隅，以迎日出云。八曰四时主，祠琅邪。琅邪在齐东方，盖岁之所始。皆各用一牢具祠，而巫祝所损益，珪币杂异焉。”（汉）司马迁：《史记·封禅书》，第 1367、1368 页，中华书局，1959 年。

图一 山东省威海市成山头地理位置

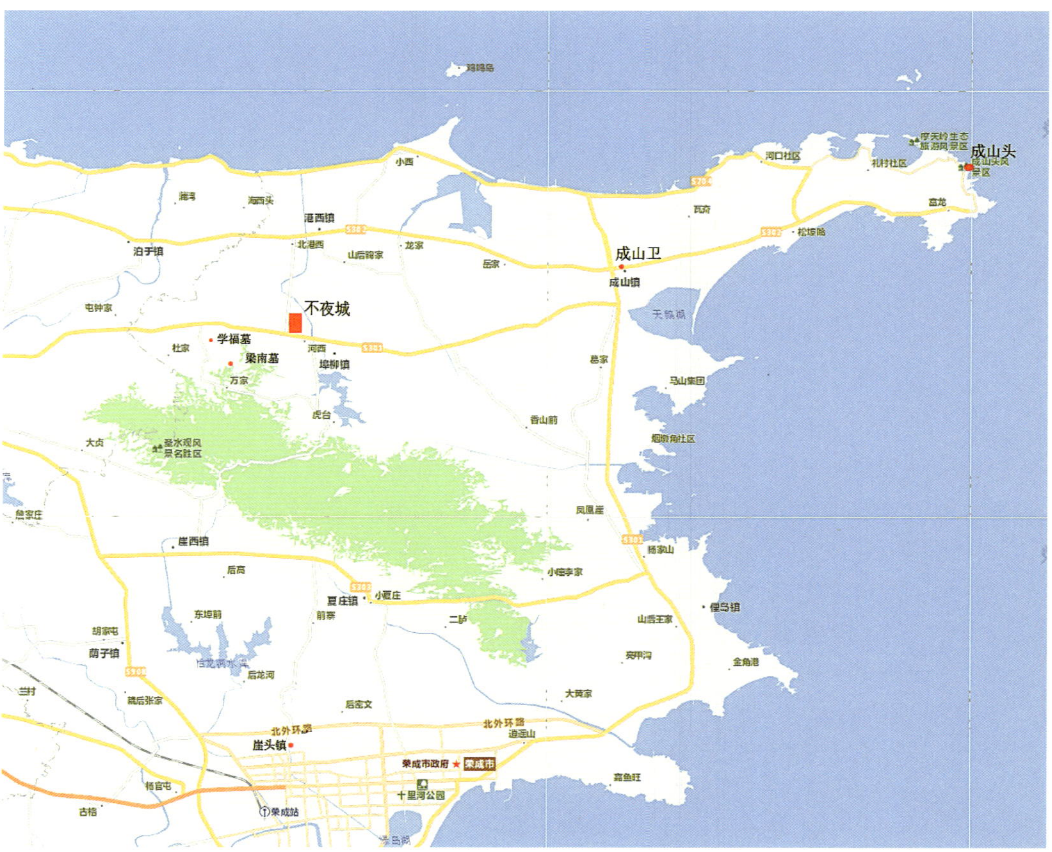

图二 成山头所在区域行政区划图

八主祭祀的地点在战国晚期以前曾分属不同国家，天主属齐、地主和兵主属鲁、阳主属己、四时主属莒、余者属莱。“天齐”是齐国原有的祭祀对象，齐国都城临淄南的泉水“天齐渊”借喻为天之腹脐。在古代人的地理概念中，把自身之所处作为天下的中心来推知四域，这种观念也见于古希腊，德尔菲被认为是大地的肚脐，其神庙前有作为地球“肚脐”标志的立石[1]。梁父是封禅礼中禅地的地点之一，由此梁父成为地主的祠祀地点。月主祠位于龙口市莱山环抱的“C”形低地中间，中秋时节一轮满月会从莱山中部一个陡直的窄缝中冉冉升起，堪称人间奇观，精妙的自然景观被赋予神圣的意涵，成为祭祀月亮的地方。古人往往选择海天之交的孤绝岛屿或临海绝壁作为神人相通的祭祀之地，如山东长岛县位于北长山岛西北端山坡顶部的珍珠门遗址[2]、长岛县砣矶岛大口遗址[3]等，阴主、阳主、日主、四时主的祠祀地点均在大海岸边，这些祭祀地点经考古调查和试掘证明早在战国时期就已存在[4]（图三）。

胡适认为八主是齐地宗教经过整理，把各地的拜物拜自然的迷信，加上一点系统，便成了天、地、日、月、阴、阳、兵与四时的系统宗教了，在初期只有拜天脐，拜某山而已[5]。而这一系统是齐地思想家通过把宇宙生成论的诸要素升格为神祇并确立人在自然要素中的地位而形成的。

战国晚期，思想家们热衷讨论宇宙生成论，各种思潮多样[6]，以八主中的天、地、

1 ［古希腊］斯特拉博著，李铁匠译：《地理学》，第620页，上海三联书店，2014年。

2 关于珍珠门文化的分布和时代参见刘延常：《珍珠门文化初探》，《华夏考古》2001年第4期。珍珠门遗址的发掘者认为“遗址面积较小，又无任何遮挡，山顶风高，崖下浪急，完全不适于古人居住。只能是一处祭海遗址”，参见张江凯：《长岛县珍珠门遗址》，《中国考古学年鉴》（1984），第119页，文物出版社，1984年。

3 遗址位于砣矶岛穷人顶山的南麓，距海岸270米，遗迹分龙山和岳石文化两个时代。参见李振光、刘晓燕：《海岱地区古代山地祭祀初探》，《齐鲁文博：山东省首届文物科学报告月文集》，第358页，齐鲁书社，2002年。

4 山东大学历史文化学院、山东省文物考古研究院、故宫博物院考古部：《八主祭祀与研究》，第365~367页，文物出版社，2020年。

5 胡适：《中国中古思想史长编》，第147页，上海世纪出版集团，2014年。

6 战国时期宇宙论的思想纷繁多样，就宇宙起源而言，有神明类造物主“太一”，参见湖北省荆沙铁路考古队：《包山楚简》，图版九五，文物出版社，1991年。也有认为世界由“无”而生，如《老子》《恒先》，参见李零：《恒先》，马承源主编：《上海博物馆藏战国楚竹书》（三），第287~299页，上海古籍出版社，2003年。就宇宙构成要素而言，既有五行学说，也有八主。就宇宙生成模式而言，既有五行学说类的循环论，也有线性生成模式如《恒先》《太一生水》。《太一生水》参见荆门市博物馆编：《郭店楚墓竹简》，第125页，文物出版社，2005年。

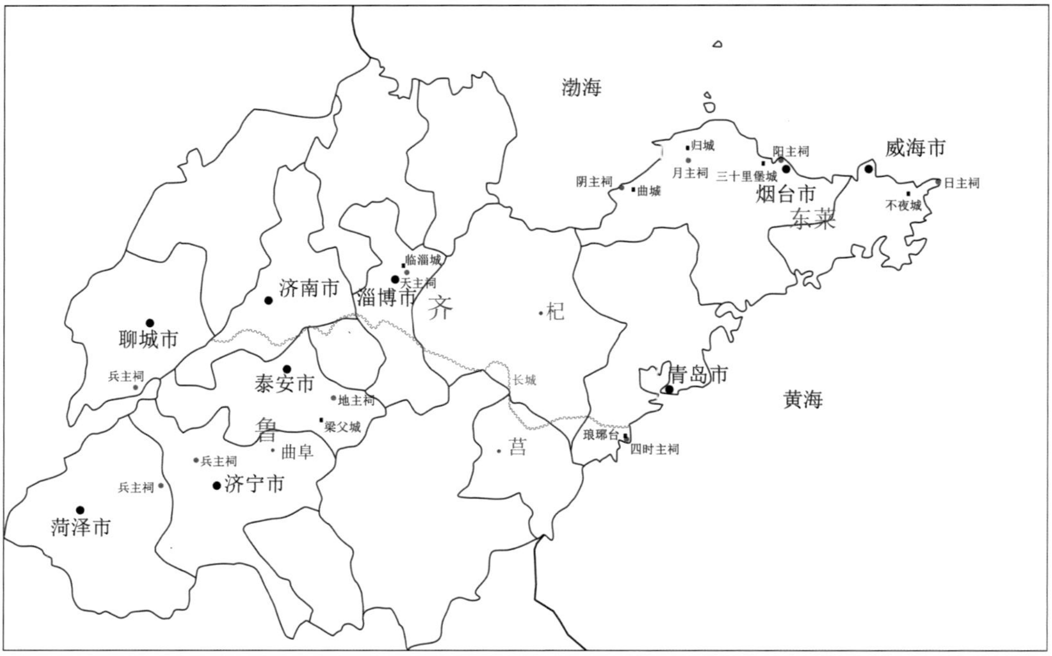

图三 八主祠遗址分布图（图引自山东大学历史文化学院、山东省文物考古研究院、故宫博物院考古部：《八主祭祀研究》，第 23 页：图 0–1，文物出版社，2020 年）

日、月、阴、阳、四时为构成要素的宇宙生成论在战国、秦汉时期非常盛行，可参见传世文献《吕氏春秋》[1]《易传》[2]《礼记》[3]等，出土文献《太一生水》[4]、马王堆帛书中《十

1 《吕氏春秋·仲夏纪·大乐》："音乐之所由来者远矣。生于度量，本于太一。太一出两仪，两仪出阴阳。……四时代兴，或暑或寒，或短或长，或柔或刚。万物所出，造于太一，化于阴阳。"参见（战国）吕不韦著，陈奇猷校释：《吕氏春秋新校释》，第 258、259 页，上海古籍出版社，2002 年。

2 《周易·系辞上》："是故《易》有太极。是生两仪。两仪生四象。四象生八卦。八卦定吉凶。吉凶生大业。是故，法象莫大乎天地。变通莫大乎四时。悬象著明莫大乎日月。"《周易·系辞下》："日往则月来，月往则日来，日月相推而明生焉；寒往则暑来，暑往则寒来，寒暑相推而岁成焉。"参见（魏）王弼等注，（唐）孔颖达等正义：《周易正义》，《十三经注疏》，第 82、87 页，上海古籍出版社，1997 年。

3 《礼记·礼运》："是故夫礼，必本于大一，分而为天地，转而为阴阳，变而为四时，列而为鬼神。"《礼记》卷七，四部丛刊景宋本。

4 《太一生水》："大一生水，水反辅大一，是以成天。天反辅大一，是以成地。天地（复相辅）也，是以成神明。神明复相辅也，是以成阴阳。阴阳复相辅也，是以成四时。四时复（相）辅也，是以成寒热。寒热复相辅也，是以成湿燥。湿燥复相辅也，成岁而止。故岁者，湿燥之所生也。湿燥者，寒热之所生也。寒热者，（四时之所生也）。四时者，阴阳之所生（也）。阴阳者，神明之所生也。神明者，天地之所生也。天地，大一之所生也。是故大一藏于水，行于时，周而又（始，以己为）万物母；一缺一盈，以己为万物经。此天之所不能杀，地之所不能埋，阴阳之所不能成。君子知此之谓（□，不知者谓□）。"参见荆门市博物馆：《郭店楚墓竹简》，第 125 页，文物出版社，2005 年。

大经·观》[1]等也有记载。用兵起事前祭祀战神是古老传统，即“禡”祭[2]。由于蚩尤胆敢和黄帝作对，在战国晚期和汉初与指代兵器和战争的“兵”密切联系起来，成为战神[3]。

八主祭祀不再同于先前的自然神祭祀，而是与战国时期思想家所认同的宇宙生成论中的基本要素相对应的系统化祭祀。兵主用来代表人在这一系统中的位置。“国之大事，在祀与戎”[4]，军事是立国治民之本，人道依存于兵道。兵主祠，祭战神蚩尤，相当于人主祠[5]。八主宗教理念中有强烈的阴阳思想，它首先表现出一个“天”与“地”，“日”与“月”，“阴”与“阳”的对等模式，利用齐地各国早已存在的祭祀地点来重新规划布局，祠祀地点的选择也暗含着对方位和祭祀对象的阴阳划分，“日主”“阳主”祠在东，“月主”“阴主”祠在西，东方、日为阳，西方、月为阴[6]。

西周以来诸侯国之间的疆域分明[7]，诸侯间疆域的划分，除了对领土的占有，还

1 陈鼓应：《黄帝四经今注今译》，第210页，商务印书馆，2007年。

2 《诗经·小雅·吉日》：“吉日维戊，既伯既祷”，毛传：“伯，马祖也。重物慎微，将用马力，必先为之祷其祖。”见（汉）郑玄笺，（唐）孔颖达等正义：《毛诗正义》，《十三经注疏》，第429页，上海古籍出版社，1997年；《说文解字系传》引此作：“既禡既禂”，《说文》“禡”字下云：“师行所止，恐有慢其神，下而祀之曰禡。”又曰：“禂，祷牲，马祭也。”参见（南唐）徐锴撰：《说文解字系传》，第4页，中华书局，1987年；《尔雅·释天》：“是类是禡，师祭也。”参见（晋）郭璞注，（宋）邢昺疏：《尔雅注疏》，《十三经注疏》，第2609页，上海古籍出版社，1997年；《礼记·王制》：“天子将出，类乎上帝，宜乎社，造乎祢，禡于所征之地。”参见（汉）郑玄笺，（唐）孔颖达等正义：《礼记正义》，《十三经注疏》，第1333页，上海古籍出版社，1997年。

3 关于蚩尤的记载出现很早，如“蚩尤惟始作乱”，参见（汉）孔安国传，（唐）孔颖达等正义：《尚书正义》，《十三经注疏》，第247页，上海古籍出版社，1997年；“蚩尤，庶人之贪者也”，参见（清）王聘珍：《大戴礼记解诂》，第209页，中华书局，1983年；“昔天之初，□作二后，乃设建典，命赤帝分正二卿，命蚩尤于宇少昊，以临四方，司□□上天末成之庆。蚩尤乃逐帝，争于涿鹿之河，九隅无遗。赤帝大慑，乃说于黄帝，执蚩尤，杀之于中冀。”参见黄怀信、张懋镕、田旭东撰，李学勤审定：《逸周书汇校集注》，第781~783页，上海古籍出版社，1995年；“（黄帝）与蚩尤战于涿鹿之野”，参见（清）王先谦集解：《庄子集解》，第262页，中华书局，1987年；“蚩尤作兵伐黄帝”，参见袁珂校注：《山海经校注》，第430页，上海古籍出版社，1980年。

4 杨伯峻：《春秋左传注》（修订本），第861页，中华书局，1990年。

5 李零：《战争启示录》，《花间一壶酒》，第114页，山西人民出版社，2010年。

6 李零：《秦汉祠畤通考》（补记四），《中国方术续考》，第203页，东方出版社，2000年。

7 此类例证很多，《左传·庄公二十七年》：“天子非展义不巡守，诸侯非民事不举，卿非君命不越竟。”参见杨伯峻：《春秋左传注》（修订本），第235、236页，中华书局，1990年；《史记·齐太公世家》：“桓公二十三年，山戎伐燕，燕告急于齐。齐桓公救燕，遂伐山戎，至于孤竹而还。燕庄公遂送桓公入齐境。桓公曰：‘非天子，诸侯相送不出境，吾不可以无礼于燕。’于是分沟割燕君所至与燕。”参见（汉）司马迁：《史记》，第1488页，中华书局，1959年；《左传·庄公二十三年》：“二十三年夏，公如齐观社，非礼也。”参见杨伯峻：《春秋左传注》（修订本），第225、226页，中华书局，1990年。

有对疆域内神祇护佑权的专属[1]。八主的各个祭祀地点所在区域到战国晚期才约略归于齐，属于秦统一后的东土，八主祭祀在秦汉时期以前未必真正实施过，只是思想层面的祭祀体系。

秦汉时期处于国家政治制度由血缘制为基础的分封制向以地缘制为基础的郡县制的转变过程中，国家宗教由以祖先祭祀为主转向了宇宙论式祭祀体系与祖先祭祀并重的形式[2]，八主在秦汉时期得到皇帝的祭祀并列入国家祀典，祭祀时间不定，皇帝至则祠[3]。汉成帝时随着郊祀制的确立，八主祭祀从皇家祀典中被废除[4]，但它是延续中国两千年郊祀制的思想源头[5]。

秦汉时期，秦始皇曾两次亲临成山头祭祀日主，秦二世也曾从游到此[6]，汉武帝[7]、

---

1 “（楚）昭王有疾，卜曰：‘河为祟。’王弗祭。大夫请祭于郊。王曰：‘三代命祀，祭不越望。江、汉、睢、漳，楚之望也。祸福之至，不是过也。不谷虽不德，河非所获罪也。’”参见杨伯峻：《春秋左传注》（修订本），第1636页，中华书局，1990年。同事见于周王，“（夷）王愆于厥身，诸侯莫不并走其望，以祈王身”。参见《春秋左传注》（修订本），第1475、1476页，中华书局，1990年。

2 王睿：《八主祭祀研究》，北京大学博士论文，2011年。

3 八主在秦代国家祭祀体系中的地位，“诸此祠（指雍地诸祠）皆太祝常主，以岁时奉祠之。至如他名山川诸鬼及八神之属，上过则祠，去则已”。参见（汉）司马迁：《史记·封禅书》，第1377页，中华书局，1959年；亦见于（汉）班固:《汉书·郊祀志》，第1209页，中华书局，1964年。八主在汉代国家祭祀体系中的地位，“至如八神诸神，明年、凡山他名祠，行过则祠，行去则已”。参见（汉）司马迁：《史记·封禅书》，第1403页，中华书局，1959年；（汉）司马迁：《史记·孝武本纪》，第485页，中华书局，1959年；亦见于（汉）班固：《汉书·郊祀志》，第1248页，中华书局，1964年。

4 （汉）班固：《汉书·郊祀志》，第1257、1258页，中华书局，1964年。

5 八主的宇宙构成物质可与《太一生水》进行比较，但后者宇宙起源于太一，目前两者的关系尚不明确。汉初流行的太一神统领众神的祭祀体系后被汉成帝时期确立的郊祀制代替，郊祀制是以国都长安为中心，以天、地等祭祀对象和方位的分配来模拟宇宙构成形式，理念与八主祭祀一致。参见王睿：《八主祭祀研究》，北京大学博士论文，2011年。

6 《封禅书》：“（公元前219年）于是始皇遂东游海上，行礼祠名山大川及八神，求仙人羡门之属。”参见（汉）司马迁:《史记》，第1367页，中华书局，1959年;《秦始皇本纪》的记载更为详细:“于是乃并勃海以东，过黄、腄，穷成山，登之罘，立石颂秦德焉而去。南登琅邪，大乐之，留三月。乃徙黔首三万户琅邪台下，复十二岁。作琅邪台，立石刻，颂秦德，明得意。”参见（汉）司马迁:《史记》，第244页，中华书局，1959年;《秦始皇本纪》：“三十七年（公元前210年）十月癸丑，始皇出游。……少子胡亥爱慕请从，上许之。……还过吴，从江乘渡。并海上，北至琅邪。……自琅邪北至荣成山，弗见。至之罘，见巨鱼，射杀一鱼。”参见（汉）司马迁：《史记》，第260、263页，中华书局，1959年。

7 《武帝纪》：“（太始三年，公元前94年）二月，令天下大酺五日。行幸东海，获赤雁，作《朱雁之歌》。幸琅邪，礼日成山。登之罘，浮大海。山称万岁。”参见（汉）班固:《汉书》，第206、207页，中华书局，1964年；同事也见于《郊祀志》:“东幸琅邪，礼日成山，登之罘，浮大海，用事八神延年。”参见（汉）班固:《汉书》，第1247页，中华书局，1964年。

汉宣帝均亲临施祭[1]。

通过考古调查和发掘发现，成山头秦汉时期的祭祀遗迹共有六处，彼此间的距离在数百米之内：成山中峰的亭阁遗址，成山南峰的秦刻石遗迹，酒棚祭祀遗址，南马台、灯塔地和校场沟的祠庙类建筑遗存等[2]，当时的成山头应是亭台楼阁鳞次栉比（图四）。

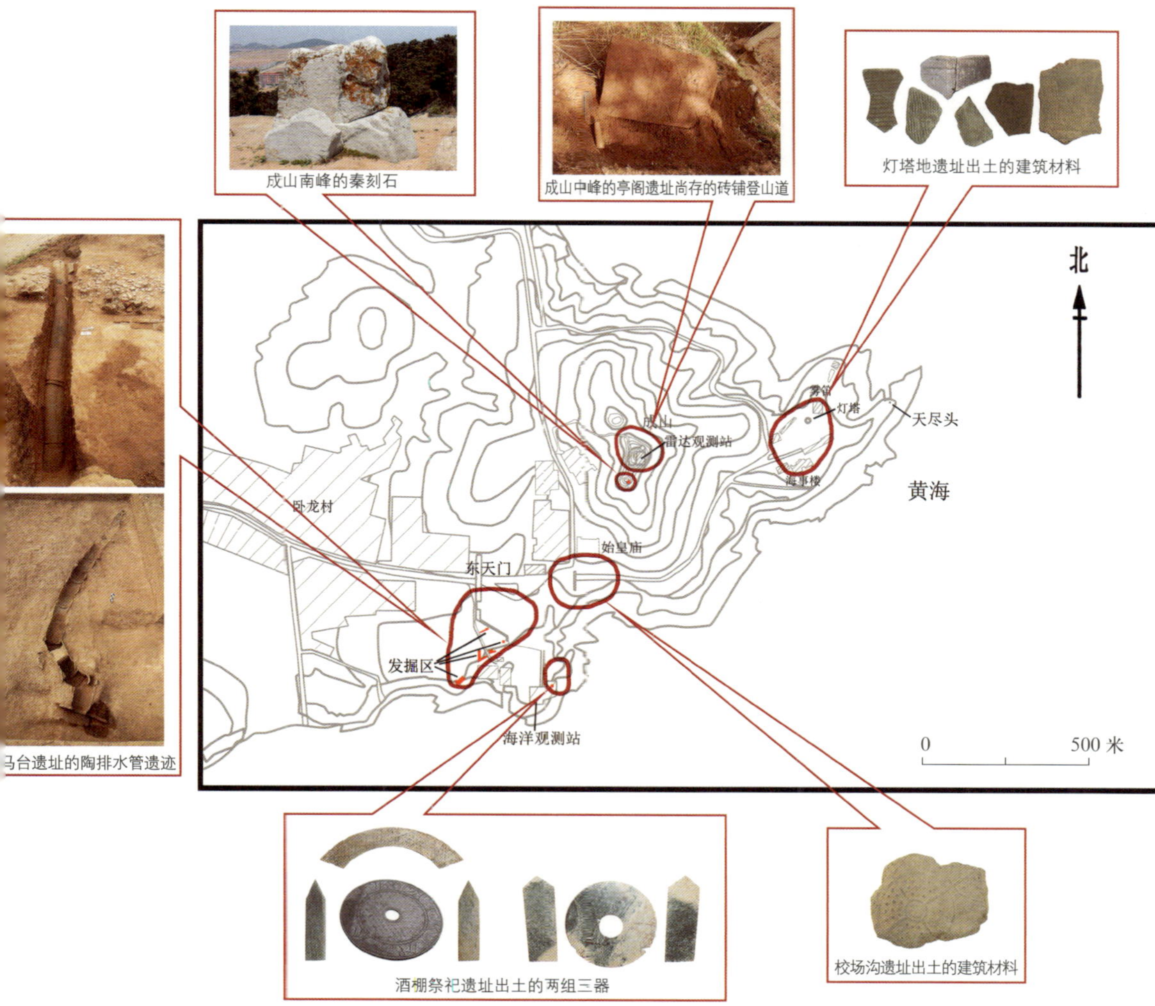

图四 成山头秦汉时期遗迹分布图

1 《郊祀志》："甘露四年（公元前 50 年）又祠参山八神于曲城，蓬山石社石鼓于临朐，之罘山于腄，成山于不夜，莱山于黄。成山祠日，莱山祠月。又祠四时于琅邪，蚩尤于寿良。"参见（汉）班固：《汉书》，第 1250 页，中华书局，1964 年。

2 山东大学历史文化学院、山东省文物考古研究院、故宫博物院考古部：《八主祭祀研究》，第 226~282 页，文物出版社，2020 年。

图五 宋代“秦皇祠”碑刻拓片

一、成山头的史迹与秦始皇的传说

八主祭祀从秦汉时期的国家祀典中废除后，正史失载。

三国时期，成山头的楼台尚存。太和六年（232）魏国大将田豫“自入成山，登汉武之观”[1]。成山头上发现了宋宝元二年（1039）刻有“秦皇祠”的石碑一通（图五），题诗为：“迹古祠荒倚翠峰，海天空阔仰灵风。人祈人祷常年内，潮去潮来每日中。云触楼摧难泛蚁，石沉桥断隐垂虹。岗峦远属高高势，船不齐驱更向东。”

日主祭祀作为历史记忆一直在留存，在清代诗人王苹《秦桥行》的诗序中：“日主祠在海东岸尽处，过祠不复有岸矣。”[2]王士正诗：“汉家祠日主，遗迹成山中。”[3]亲临吊古的文人墨客常把种种遗迹、传说嵌缀于诗词之中。

王苹：“日主祠荒扶桑偏，饮马池宽石桥前，东门天近丞相镌，潮汐喧逐祖龙鞭，徐市大去空楼船，秦与汉与求神仙，但穷成山事绵绵，好续海市东坡篇。”[4]

丛大为：“召士台连饮马池，苍茫云物古秦遗，阿房已逐青灯冷，行殿空余碧草滋，天外霞明徐福岛，滩头水没李斯碑。即今桥石参差见，雄略千秋笑虎痴。”[5]

李天骘：“鞭石血痕宛中沚，嗟乎祖龙勤远巡，不守中原守海滨，蓬岛神仙无药饵，东门严峻亡齿唇。焚书煨烬灰犹热，斯相篆刻磨痕新，至今日主祠边望，只有荒桥属嬴秦。”[6]

---

1 陈寿：《三国志·魏书·田豫传》，第 728 页，中华书局，1959 年。

2 王苹：《秦桥行》，《文登县志》卷九《艺文》（下），第 7 页，清道光十九年（1839）刻本。

3 王士正：《送董樵归成山兼寄宋澄岚先生林寺孝廉》，《荣成县志》卷九《艺文·诗》，第 68 页，道光二十年（1840）刻本。

4 王苹：《七古》，《荣成县志》卷九《艺文·诗》，第 64、65 页，道光二十年（1840）刻本。

5 丛大为：《秦宫遗址》，《文登县志》卷九《艺文》（下），第 24 页，道光十九年（1839）刻本。

6 李天骘：《偕冯芝圃成山观日出》，《荣成县志》卷九《艺文·诗》，第 68 页，道光二十年（1840）刻本。

清道光年间的方志对相关遗迹、记述进行了总结和辨识。

秦皇宫，在成山上，始皇东游时筑，后人即其遗址为始皇庙。明正德七年毁于火，土人为立小庙一间。国朝道光元年，道人徐复昌改筑大殿三间，祀滕将军国祥。天尽头碑，始皇东游，立石成山，又有诉讼公所四字，皆李斯传。相传明季以上，官拓索不胜其扰，因沉于海。旧志又云有秦东门三字，误。《史记》明云在东海上朐界中。饮马池，在成山东北方，广十余里。相传始皇饮马处。秦皇桥，在成山下大海中，怪石嵯峨如人力为之，设施者有石柱二，随波出没，桥名则后人所加耳。望海台，城东相传始皇筑以望海，今废。日主祠，汉孝武八祠之一，在成山下，海岸尽处，过祠不复有岸矣。成山观，汉武帝筑，司马相如赋所谓观乎成山者也，《三辅黄图》二十二观之一，旧志以为即秦皇宫，误。今久废。[1]

文中虽已辨识成山观非秦皇宫，但也非汉武帝所筑《三辅黄图》二十二观之一的成山观，成山观应在陕西省眉县，与此成山无关[2]。

在成山头最为繁盛和生生不息的传说是关于秦始皇的，对秦始皇在此间的活动充满了想象并衍化纷纭。

1. 造桥

（晋）《三齐略记》：

秦始皇于海中作石桥，海神为之竖柱。始皇求为相见，神云："我形丑，莫图我形，当与帝与相见。"乃入海四十里见海神。左右莫动手，工人潜以脚画其状。神怒曰："帝负约，速去！"始皇转马还，前脚尤立，后脚遂崩，仅得登岸。[3]

1 李天骘修，岳赓廷纂：《荣成县志》卷一《古迹》，第9、10页，道光二十年（1840）刻本。

2 《三辅黄图》卷之五"观"："成山观，成山在东莱不夜县，于其上筑宫阙以为观"，何清谷认为："《三辅黄图》的原本可能就有成山观名，唐人重新整理时已不知其所在，而以不夜县成山附会。"参见何清谷：《三辅黄图校释》，第335、336页，中华书局，2005年。考古材料证实《三辅黄图》所指成山观在陕西眉县，参见宝鸡市考古工作队、眉县文化馆：《陕西眉县成山宫遗址试掘简报》，《文博》2001年第6期。

3 （晋）伏琛：《三齐略记》，《钦定四库全书·子部·杂家类·杂纂之属·说郛》卷六十一下，第18页。

（宋）《太平寰宇记》载：“县东北海中有秦始皇石桥。”[1]

（清）《秦桥行》：“……须以匏尊浇作桥，未几祠日主，秦时汉时何劳劳。”[2]

（清）《秦桥赋》：

桥在大海中，巨石参差，忽断忽连，乍出乍没，乃成山之余气结而为礁石者也，谓之秦桥者，以始皇既登成山观日出，以连弩射大鱼，于此或尝入海，亲履其上，故名。又《三齐记》始皇东巡过秦桥之水，率百官以下，人提一石以填之，俄而桥成如履平地，且所累石无造作之迹，则秦桥自在岸上，久之乃指海中巨石为秦桥耳。至云始皇造桥观日，海神为之驱石、竖柱，荒唐甚矣。但此说相沿日久，故篇中约略述之，疑以传疑云。[3]

2. 饮马池

（清）《荣成县志》：“饮马池，在成山东北方，广十余里。相传始皇饮马处。”[4]

（清）《始皇饮马池》：“数顷菱丝几曲烟，鸡鹊飞去鹭鸶眠。野风乱放秋菡萏，都近秦皇驰道边。”[5]

3. 望海台

（宋）《太平寰宇记》：“望海台，县东北一百八十里。古老相传，始皇在成山垒石造此台望海。”[6]

（清）《荣成县志》：“望海台，城东，相传始皇筑以望海。今废。”[7]

（清）《登成山》：“望海台空在，长生览古愁。”[8]

（民国）《山东通志·疆域》：“望海台，在县东召石山下，相传秦始皇筑以望海。”[9]

---

1 （宋）乐史：《太平寰宇记》卷二十《河南道·登州·文登县》，第409、410页，中华书局，2007年。

2 李天骘修，岳赓廷纂：《荣成县志》卷九《艺文·诗》，第63页，道光二十年（1840）刻本。

3 张本大：《秦桥赋》，《荣成县志》卷九《艺文·诗》，第81页，道光二十年（1840）刻本。

4 李天骘修，岳赓廷纂：《荣成县志》卷一《古迹》，第9页，道光二十年（1840）刻本。

5 王苹：《始皇饮马池》，《荣成县志》卷九《艺文·诗》，第77页，道光二十年（1840）刻本。

6 （宋）乐史：《太平寰宇记》，第411页，中华书局，2007年。

7 李天骘修，岳赓廷纂：《荣成县志》卷一《古迹》，第9页，道光二十年（1840）刻本。

8 沈廷芳：《登成山》，《荣成县志》卷九《艺文·诗》，第69页，道光二十年（1840）刻本。

9 孙葆田纂：《山东通志·古迹》卷二十三，第1440页，商务印书馆，1915年。

（当代）《荣成市志》："成山头三山子中峰，据考证在秦代为望海台。"[1]

4. 秦鞭石

（晋）《三齐略记》："始皇造石桥渡海观日出处，有神人召石下，城阳一十三山石遣东下，岌岌相随如行状，石去不驶，神人鞭之皆见血。今验召石山之色，其下石色尽赤焉。"[2]

（清）王阮亭诗云："鞭石为桥事有无，至今辇路小松扶。"[3]

（清）《秦桥行》："于乎祖龙临渤海，百神秘怪纷来朝。神人鞭石恐不速，徐市入海甘逋逃。"[4]

（清）《晓登成山望海》："东望朝鲜隔一苇，鞭石成桥障狂澜。"[5]

唐武宗时期，日本和尚圆仁路过赤山，在其游记中记录："赤山东北隔海去百里，遥见山，唤为青山，三峰并连。遥交炳然，此乃秦始皇于海上修桥之处。……其时麻鞋今见在矣。见旧老说，便得知之。"[6]可见有关秦始皇传说的影响之大。

相关的传说和附会至今仍在繁衍，姜宗怀先生是当地的中学历史老师，热爱家乡风物，倾十年之功写就《天尽成山头》，书中除记述已有的圣迹外，又辨识采录了当今新的传说。饮马池：

成山东北方，波涛万顷，没有广十余里的陆地，更谈不上会有始皇饮马池。据考证，饮马池在成山西北、泊南崖村北。

驹龙岗位于成山北2千米处，是成山正北方的最高峰。驹龙岗原名叫"居龙岗"，相传始皇东巡至此而得名。今驹龙岗山脊有一山路，南北走向，相传是始皇东巡成山的御道。也有说始皇在此行马走过，又称之为"跑马道"。

神雕山位于成山西北的西霞口村东北处。……传说：始皇东巡成山的御道在成山西的北海边。秦始皇是沿北海边寻找大鲛东行至成山的。西行也是沿原路而走。神雕

1 山东省荣成市地方史志编撰委员会：《荣成市志》，第976页，齐鲁书社，1999年。

2 （晋）伏琛：《三齐略记》，《太平寰宇记》，第409页，中华书局，2007年。

3 李天骘修，岳赓廷纂：《荣成县志》卷十《外志杂记》，第13页，道光二十年（1840）刻本。

4 李天骘修，岳赓廷纂：《荣成县志》卷九《艺文·诗》，第63页，道光二十年（1840）刻本。

5 李天骘修，岳赓廷纂：《荣成县志》卷九《艺文·诗》，第67页，道光二十年（1840）刻本。

6 从与赤山的距离和方位以及三峰和相关传说来看，"青山"当为成山之误写，参见［日］圆仁：《入唐求法巡礼行记》，第54页，广西师范大学出版社，2007年。

山就位于巡行的路上。相传秦始皇行此射过大雕。……峰顶塑有“秦始皇射神雕”的雕像。

马栏顶位于成山西北部，礼村东 0.5 千米处。荣成地名办公室资料：“马栏顶……南北走向，长 150 米，宽 50 米，海拔 19.7 米。因秦始皇东巡成山时在此练兵，马就喂养在山顶上，故名马栏顶。”[1]

这些史迹与传说以建筑、碑刻、诗文和民间传说等形式流传下来。重大历史事件发生后，围绕事件本身想象出的各种情景，被文字记述时或重复或添枝加叶，经文人的吟咏、创作，再通过文集的印刷传播和方志的全面采录，相关口述和文字记录连绵不断，日益繁复。

二、始皇庙的前世与今生

前引碑文说明，成山头上至迟宋代就建有秦皇祠。元代“（召石山）山下有海神庙、望海台、始皇庙”[2]。明代延续下来，《明史·五行志》：“正德七年三月……庚申，成山卫秦皇庙火，屋宇尽毁，像设如故。”[3]清收录于县志中，“秦皇宫，在成山上，始皇东游时筑，后人即其遗址为始皇庙。明正德七年毁于火，土人为立小庙一间”[4]。从诗文的内容看，始皇庙为一时存时荒的野庙，“蚕食雄风逐逝波，荒祠寂寂寄岩阿”[5]“碑沈蛟窟寒涛涌，庙对鲸波落照间”[6]“自从直指题诗后，古殿无人蔓草荒”。[7]

秦始皇有神奇灵验之事，他能保佑海事安全，“山上旧有始皇庙，石室石尊，凡闽广巨船至止则登山焚香祈佑称之曰‘始皇老爷’”[8]。秦始皇也是祈雨的对象，“秦皇庙

1 姜宗怀：《天尽成山头》，第 30~32 页，解放军文艺出版社，2002 年。

2 《山川·宁海山》召石山条下。参见（元）于钦撰，刘敦愿、宋百川、刘伯勤校释：《齐乘》，第 56 页，中华书局，2012 年。

3 （清）张廷玉等：《明史》，第 465 页，中华书局，1974 年。

4 李天骘修，岳赓廷纂：《荣成县志》卷一《古迹》，第 9 页，道光二十年（1840）刻本。

5 （明）林弼：《秦皇庙》，《荣成县志》卷九《艺文·诗》，第 73 页，道光二十年（1840）刻本。

6 宋绳先：《秦皇庙》，《荣成县志》卷九《艺文·诗》，第 76 页，道光二十年（1840）刻本。

7 李天骘修，岳赓廷纂：《荣成县志》卷十《外志杂记》，第 12 页，道光二十年（1840）刻本。

8 威海市文登区地方史志办公室：《〈废铎呓〉点校译释》，第 286 页，天津古籍出版社，2014 年。

图六 徐复昌坐化后所用瓮棺（杨机臣摄）

图七 始皇庙灯楼

在城东三十里，土人遇亢旱祷雨辄应”[1]。

成山头上，始皇庙的大规模营建源于一次海难。清嘉庆二十一年（1817）秋，崇明人徐复昌乘坐的货船在成山海域触礁，生还后认定是秦始皇在冥冥之中救其于危难，许愿要在成山建一座始皇庙。清初，在成山头上建有将军庙。据《荣成县志》：“滕国祥，蓬莱人，官登州水师营游击。”[2]陈尚义和蔡牵等起兵反清至鸡鸣岛，滕国祥战败身亡。清廷褒奖滕国祥，准其“建祠荫子”，在登州府治的昭忠祠[3]、荣成县城里的“名宦祠”中，供其牌位，并在成山和鸡鸣岛上，分别建造了祠奉滕国祥的将军庙[4]，规模“仅一斗室”[5]。

道光元年（1821），徐复昌从江南回来，在成山将军庙的旧址上改建始皇庙。在大殿中祠始皇，始皇塑像上方挂有“德被成山”木制镏金横匾，徐复昌成为道士（图六）。在大殿的西、西南建伙房和居室，用剩余木料修建了一座木质结构两层的灯楼，上层置铜盆燃火，下层悬有一口铁钟以示船行（图七）。

姜宗怀《天尽成山头》中的文字和图示可参照来复原此后至21世纪初始皇庙的变迁情况[6]。

1 李天骘修，岳赓廷纂：《荣成县志》卷十《外志杂记》，第11页，道光二十年（1840）刻本。

2 李天骘修，岳赓廷纂：《荣成县志》卷一《职官志》，第28页，道光二十年（1840）刻本。

3 《增修登州府志》卷十一《庙坛》，第14页，清光绪七年（1881）刻本。

4 姜宗怀：《天尽成山头》，第7页，解放军文艺出版社，2002年。

5 威海市文登区地方史志办公室：《〈废铎呓〉点校译释》，第286页，天津古籍出版社，2014年。

6 姜宗怀：《天尽成山头》，第1~4页，解放军文艺出版社，2002年。

徐复昌又筹资在始皇庙前建了一座将军庙，几年后落成，祠滕国祥。在建将军庙的同时，徐根据当地信仰，建了八尺见方的龙王庙，根据当地有山会的习俗，建戏台一座，圈建始皇庙的内圩墙，道光末年竣工（图八，1）。

中日甲午海战中（1894），邓世昌殉节。光绪皇帝谥以“壮节”，木主运往成山头始皇庙奉祀。御赐 317 字碑文，碑高 1.69、宽 0.67 米，主要颂扬邓世昌在黄海海战中的英勇事迹。

20 世纪 20 年代初，福建、浙江及当地渔民在始皇殿东，建娘娘庙一座，主祠林默娘。又在娘娘庙南建了东厢和倒座房，用以存放杂物和招待客人，将东院圩墙圈起，20 世纪 30 年代圈围南圩墙。始皇庙改为成山庙（图八，2）。

1949 年后，中国开始奉行无神论，道士还俗，成山庙无人管理。20 世纪 50 年代，庙内塑像被毁，供驻军使用直至 80 年代，其间拆毁东厢和倒座房改建为驻军伙房。

1985 年，在改革开放的政策下，大力发展旅游经济，上级主管部门为甲午海战中的英烈邓世昌塑像。20 世纪 90 年代初，旅游部门重修了始皇庙内的塑像，原用来祭祀清代镇压农民起义的滕国祥将军庙改为日主祠，祠日主。原娘娘庙仍祠林默娘，称“天后宫”。复建了东厢和倒房，东厢改为“邓公祠”（图八，3）。

1998 年，西霞口集团接管成山头，圈建成山庙于成山头风景区之中。根据庙内诸殿所祠神祇过分拥挤的现实，特别是大名鼎鼎的邓世昌祠于东厢，经审批扩建了成山庙。1999 年开工，将东厢和倒座房拆除，在天后宫之东，建与始皇殿规模相当的“邓公祠”。在“邓公祠”南，建与日主祠相当的“玉皇殿”。2001 年初春完工，圈围扩建部分的圩墙，建成南大门（图八，4）。

今天的始皇庙（图九），庙墙内的各大殿打包出租，几经转手，2009年8月至2014年8月，承租者为青岛聚福源文化传播有限公司，租期五年，每年上缴景区管理费100万元。

现在景区内广置与始皇有关的塑像，有指点江山图、车马出行图、祭祀图、兵马俑等各种形象（图一〇）。2003~2004 年，在景区内设置佛教题材塑像，成山庙东圩墙外立有汉白玉大佛并于像前散置十八罗汉像，在三山的山腰处立佛像，观海长廊处置弥勒佛像（图一一）。还有历史题材和文学作品中的塑像，如康熙、明珠、郎世宁、高士奇等人塑像（图一二），在拜日台下塑有《封神榜》中的云霄、比干、姜太公、赵公明、黄飞虎、伯邑考、柏鉴、闻太师（图一三），在新修建的祈运台上有各种祈福用具和符号（图一四）。

成山头成为史迹与现代建筑并存、各种宗教兼容的场所。

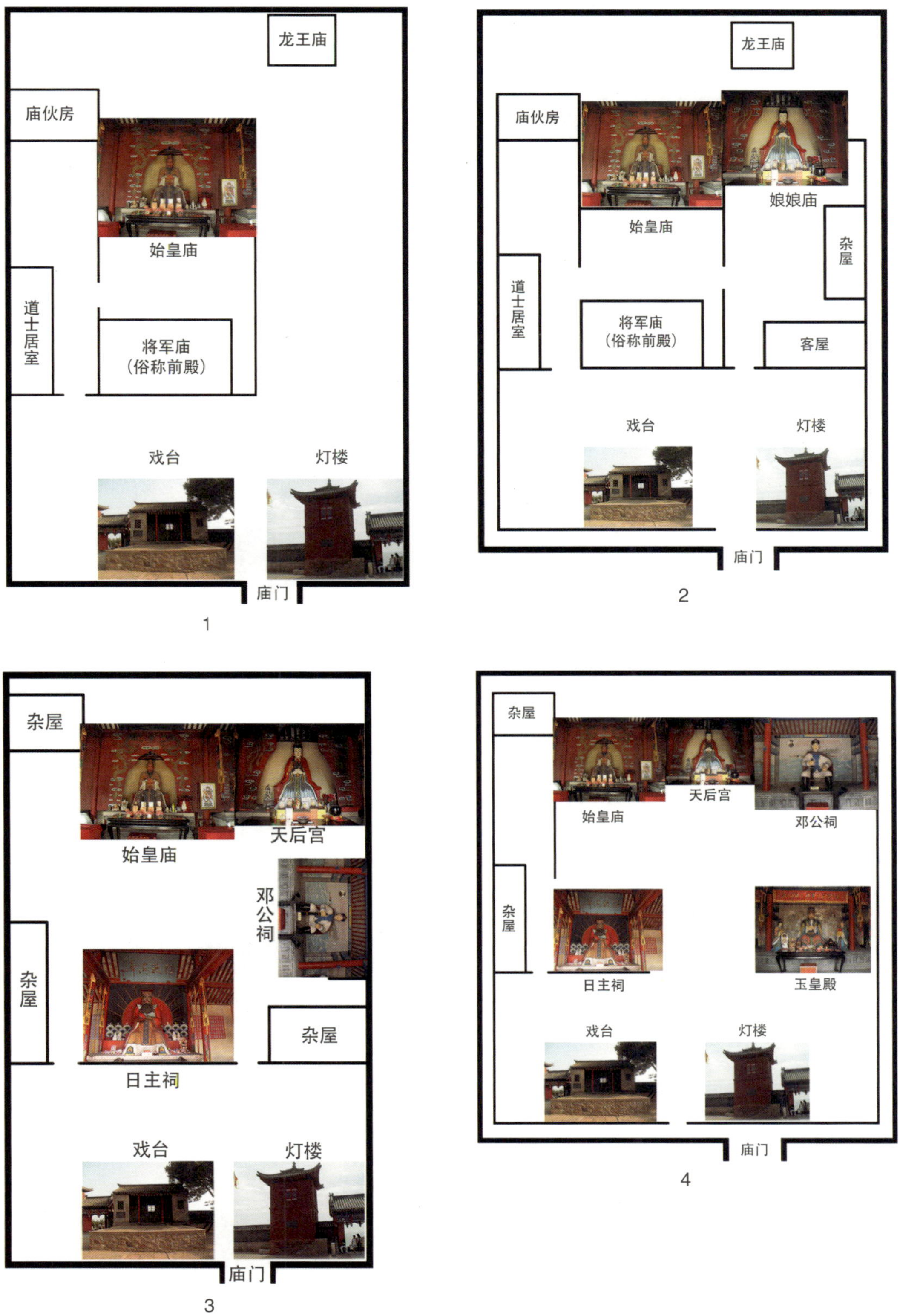

图八 始皇庙各个时期的庙貌

图九 今日始皇庙远景（王睿摄）

始皇出行图

始皇指点江山图

始皇车马出行图

始皇祭祀图

兵马俑

图一〇 成山头景区内与秦始皇有关的塑像

成山庙东圩墙外汉白玉大佛和像前散置十八罗汉像

三山山腰处的佛像

观海长廊处的弥勒佛

图一一 成山头景区内佛教题材塑像

图一二 成山头景区内康熙、明珠、郎世宁、高士奇等人塑像（王睿摄）

图一三 成山头景区内《封神榜》中人物塑像（王睿摄）

图一四　成山头景区内祈运台上有各种祈福用具和符号（王睿摄）

三、问题的讨论

宗教问题从来都不只是信仰问题，宗教是政治、经济和文化等各种因素都参与其中重塑的结果。我们借成山头始皇庙前世今生的不断变迁来讨论国家宗教与民间宗教的关系，从发展过程中窥见各种影响因素的消长。

国家宗教是指与国家政体相结合，体现国家意识形态的宗教制度和活动。而民间宗教是指以追求一己之福为目的，无须国家或政府正式认可或默许的宗教活动。

在成山头始皇庙的发展过程中，我们可以看到国家或政府在宗教发展中的干预力量最为强大，日主祠、将军庙、邓公祠都是政府直接干涉的结果。对于国家宗教，民众是由之顺之的态度，滕国祥、邓世昌都是当世为民保全福祉之人，他们的祠庙也得到民众认同，他们参拜始皇庙、娘娘庙等与他们生活密切相关的神祇后，也顺便到各祠行礼，目的当然也是祈福。

政治的作用虽然强大但也是暂时的，由于政权更替导致意识形态转向或政府只是设置祠祀而不设专人管理，祭祀很快就会湮灭。日主祠、将军庙都是如此下场。有长久生命力的祭祀都是与百姓生活密切相关的，如保佑出海安全的龙王、妈祖等神祇。

民间宗教由于影响的扩大并有利于国家利益时，民间宗教可以上升为国家宗教。战国晚期的思想家在宇宙生成论的影响下把齐地的原有神祠系统化形成宇宙论式宗教体系，本为当地居邑人群祭祀地的成山头被指认为八主中日主祭祀地，出于国家政治制度由血缘制向地缘制转型的需要，八主得到秦汉皇帝的祭祀，从而忝列于国家祀典之中。

民间祭祀由于影响的扩大升格为国家祭祀的情况也见于妈祖祭祀。在宋代尚为民间神祇的林夫人[1]，《妃庙记》记录了妈祖从民间神祇成为国家祭祀对象的过程：

神姓林氏，兴化莆田都巡君之季女。生时神异，能力拯人患难。室居未三十而卒。宋元祐间，邑人祠之。水，旱，疠疫，舟航危急，有祷辄应。宣和五年，给事中路允迪以八舟使高丽，风溺其七，独允迪舟见神女降于樯而免。事闻于朝，赐庙额曰“顺济”。绍兴二十六年，封“灵惠夫人”……[2]

顾颉刚曾根据《妃庙记》并参以他条整理过妈祖历代加封的情况[3]。成山头建娘娘庙和天后宫就是妈祖崇拜影响不断扩大的结果。

民间宗教有时是反国家意识形态的，始皇庙就是很好的一个例证。刘邦、项羽都是打着推翻暴君秦始皇的旗号而起兵，贾谊的《过秦论》[4]定论的秦始皇为暴君、名教罪人的历史评价从汉初开始成为两千年来的统一口径。随着国家大一统的需要，秦始皇的地位有所回升，始皇庙中秦始皇塑像上方的木制镏金匾额由“德被成山”变成了现在的“威震华夏”[5]。

徐复昌本建始皇庙于将军庙旧址之上，对于徐复昌大建始皇庙一事，当地有儒生认为不合法理，告于官府，双方争讼[6]。

---

1 “兴化军境内地名海口，有林夫人庙，莫知何年所立。”参见（宋）洪迈撰，何卓点校：《夷坚志》，第950页，中华书局，1981年；“神为五代时闽王统军兵马使林愿第六女，能乘席渡海，人称龙女。宋太宗雍熙四年升化湄州。常衣朱衣飞翻海上，土人祀之。”参见《通俗编》卷十九，清乾隆十六年（1751）翟氏无不宜斋刻本。

2 程端学：《妃庙记》，《鄞县志》卷七，第34页，清乾隆五十三年（1788）刻本。

3 顾颉刚：《顾颉刚全集·顾颉刚民俗论文集·天后》，第511、512页，中华书局，2011年。

4 贾谊《过秦论》，参见（汉）贾谊撰，阎振益、钟夏校注：《新书校注》，第1~25页，中华书局，2000年。

5 姜宗怀：《天尽成山头》，第6页，解放军文艺出版社，2002年。

6 威海市文登区地方史志办公室：《〈废铎呓〉点校译释》，第286~287页，天津古籍出版社，2014年。

徐复昌“拟合二祠（原有的将军庙和始皇祠）为一庙，始皇居中，将军旁坐以侍”，遭到成山卫儒生数人的强烈反对，曰：“始皇焚书坑儒，千古名教罪人；将军捐躯御敌，本朝忠臣义士，宜以将军居中，始皇侍焉。”

徐复昌：“始皇虽虐，君也；将军虽贤，臣也，子虽齐圣不可先父食，将军胡可以临始皇？”

众人曰：“始皇虽君，去今已十余代。将军乃昭代人杰，始皇焉得而臣之？”必以将军居正。

相争数日不决，后由于神奇异象的发生，君臣之位始定矣，但道士常遭骚扰，不得不暂时祠滕将军于始皇庙西间，分而祀之。后出于无奈在始皇庙前另修将军庙。

有一则政府官员至始皇庙拜谒的记载也反映了国家意识形态的代表对待始皇祭祀的态度与普通民众相去甚远。“有直指使行部至此，欲入庙，忽有风将庙门掩闭，因题诗云：‘偶来东海谒秦君，一阵狂风昼掩门，想是当年焚典籍，而今无面见斯文。’自后，祷雨不应，庙寻圮。”[1]

那么，政府对与国家意识形态背离的民间宗教的容忍程度如何？历史上，对于济于苍生从而维护了王朝秩序的民间信仰，通常会以加封或官员亲祀来提倡或任其自处[2]；而对影响到王朝统治秩序的民间信仰，则定之为“淫祀”而加以取缔，不同时期对“淫祀”的认定标准也不尽相同[3]。

在成山头始皇庙发展历程中，我们看到政治力量对宗教的绝对控制，而隐匿于政治背后的是意识形态，它通过政治力量来施加影响。思想界对国家宗教和民间宗教的影响巨大，除在政治制度转型的过程中为决策者提供理论依据，也为政策的贯彻实施奔走。八主祭祀就是东方思想家在经历了东周时期血缘分封制毁坏崩塌的离变之痛后，对于人与人所依赖的自然环境又一神明体系的创造，是思想界在以血缘关系为基础的祖先祭祀之外寻求新的宗教力量支持的结果。由于八主祭祀的思想内涵符合了政治制度转变的需求，随侍帝王左右的东方思想家使八主祭祀得到了秦汉皇帝认同。

即使是位居思想界下层的文人墨客在宗教发展中也发挥着重大作用，既能把民众的想象和衍生用文字固定下来，通过诗文唱诵和方志的撰写成为保存历史记忆的媒介。1985年，在改革开放、大力发展旅游经济政策导向下，当地的知识分子溯源成山头历

1 李天骘修，岳赓廷纂：《荣成县志》卷十《外志杂记》，第22页，道光二十年（1840）刻本。

2 雷闻：《郊庙之外：隋唐国家祭祀与宗教》，第220~250页，生活·读书·新知三联书店，2009年。

3 朱海滨：《民间信仰——中国最重要的宗教传统》，《江汉论坛》2009年第3期。

史并梳理当地的文化遗产，使隐匿于历史背景之中的日主重新位列始皇庙的众神之中。

经济总是与政治如影相随，既然重建始皇庙是为发展旅游经济，那么利润就是第一考量标准，景区管理者为了吸引各方游客，致使始皇庙乃至整个成山头成了各类信仰的大杂烩。

在宗教的发展中，政治和经济的力量是强大和蛮荒的，思想界虽无力博弈但却是政策的真正制定者，而民众的力量虽微弱但确有顽强的生命力。民众所衍生的想象，成为各种政治力量、思想流派利用的材料，这些想象和传说潜伏于民间，等待重新包装和阐释的机会。

图一五 始皇庙王道士

民间宗教与民众的日常生活息息相关，如始皇庙在肩负祭祀功能外也满足了实际生活的需要，建有航海需要的灯楼和供民众集会娱乐的戏楼，宗教场所也成为日常生活的一部分。

附记：

2013 年 7 月 26 日栾丰实、王睿等采访了在世的始皇庙最后一位道士。王道士时年 83 岁（图一五），个人的生活轨迹与地方宗教发展的交集过程为中国民间宗教的发展提供生动样态。以下为采访笔录：

幼年流浪，无处安身，14 岁出家，为始皇庙第七代传人。当时香火旺，共有 4 位道士，3 位挂单。五十多亩庙产分布在庙周围。道士们管吃喝，无工资。

1947 年土改，道长成为地主，大师兄成为富农。王道士定为贫农，分得始皇庙东厢房四间，八亩地。1958 年军队占领成山，王道长还俗，离开成山头到山下的卧龙村安家，娶妻生子。

1978 年，被当地文化部门请去看庙，一天工资四毛五。当时一斤大米两毛八，一天的工资可换得一斤六两大米，仅够夫妻两人口粮。1992 年，旅游部门发给道帽、道袍，成为早出晚归的上班道士，月工资 100 元。

试析元大内考古的理念、方法与手段

徐海峰

元大内即元大都之宫城，地处太液池（今北海与中海）东南。“大内”之名起于文献。《旧唐书·本纪第十二·德宗上》载：“德宗神武孝文皇帝讳适，代宗长子，母曰睿真皇后沈氏。天宝元年四月癸巳（742）生于长安大内之东宫。”[1]《宋史·志第一百七·舆服六》载：“宫室。皇帝之居曰殿，总曰大内，又曰南内，本杭州治也。”[2]《宋会要辑稿》载：“今大内，即宣武军节度使治所。”[3]由此可知，唐末始有“大内”指代宫城的叫法，及至五代、两宋时期，皇宫称为“大内”遂定。

历史文献记载结合考古材料可知，元大内位于大都城皇城东部，其北为御苑，西为太液池和太子宫、隆福宫、兴圣宫等宫殿建筑；大内四面有宫墙，墙中部各设一门，正南门为崇天门，北门为厚载门，西门为西华门，东门为东华门；大内为前殿（大明殿）后阁（延春阁）格局，也称大内前位（大明殿）和大内后位（延春阁）。20世纪六七十年代，元大都考古队勘探发现，在今景山公园寿皇殿以南发现有夯土建筑遗迹，推断为厚载门遗址；在景山北麓发现一段东西宽28米的大道，同时在景山北墙外也发现一段东西宽18米的大道，由此推断此南北大街即为贯穿大内中央的中轴线大道[4]。关于元大内中轴线及与明清北京城中轴线的关系，学者从文献、建筑平面形制布局、规划理念等方面进行了论证，大体有三种不同的看法：①元大内中轴线即为元大都中轴线，且为明清紫禁城及北京城相沿，这是多数学者所认同的一种看法[5]；②元大内中轴线并非元大都之规划中轴线，元大都东西中分线为全城规划之中轴线，元大内中轴线在东西中分线以东129米，明清紫禁城中轴线仅与元大内中轴线相合，进而向南延

1 （后晋）刘昫等：《旧唐书·本纪第十二·德宗上》，第319页，中华书局，1975年。

2 （元）脱脱等：《宋史·志第一百七·舆服六·宫室》，第3598页，中华书局，1977年。

3 刘琳、刁忠民、舒大刚、尹波等校点：《宋会要辑稿》，第9266页，上海古籍出版社，2014年。

4 元大都考古队：《元大都的勘查和发掘》，《中国城市考古学论集》，第107~122页，上海古籍出版社，2015年。

5 赵正之：《元大都平面规划复原的研究》，《科技史文集》第二辑，上海科学技术出版社，1979年；元大都考古队：《元大都的勘查和发掘》，《中国城市考古学论集》，第107~122页，上海古籍出版社，2015年。

伸至永定门，成为纵贯内外城的大中轴，也是明北京城规划之中轴线[1]；③元大都只有大内中轴线而无纵贯全城的大中轴，进而推定元大内位置偏西，也即在现明清宫城之西[2]。学者也根据文献记载复原了元大内建筑布局、形制等[3]。明永乐四年（1406）紫禁城肇建于元大内旧址，清沿明制，紫禁城宫殿建筑群成为留存至今的中国古代宫城的唯一实例，也是元明清层叠型城址的一个例证。而以完整的地上建筑群延续至今的城中之城，我们无法充分运用考古手段揭示元大内的位置、空间布局、建筑形制等，同时又由于历史文献的详备，相较其他宫城类考古，元大内在文献史学的话语体系中得到较为充分的展示，但由于缺乏考古的实证，迄今并未取得令人信服或较为一致的认识。随着明清紫禁城考古的开展，获得了一系列重要发现，特别是明早期遗存的发现，我们或可由晚及早、由已知推定未知，元大内考古也成为可能。因此，探索元大内考古的思路、方法与手段是必要的和有意义的。作为紫禁城考古的参与者，兹略陈管见以求教于方家。

一、古代北京城市规制演变视野下的元大内考古

北京城较为明确的城市规制肇始于辽南京城。辽太宗会同元年（938）升唐幽州为南京，是辽朝五京中规模最大者。学者通过梳理文献可知，城平面近正方形，共开八个城门，大内位于城内西南隅，每个城门均有一条主干道，城市平面呈“井”字形布局；全城分为九个区，每区大体为一个坊，每坊内再开“十”字形街，“市”位于城内北部。其规制源自唐长安城东市、西市，基本上是唐幽州城的格局，是唐代地方城市规制的延续，但其城垣、皇城（子城）、街、坊、水系等则成为金中都扩建、改修、增筑的基础。因此，辽南京城可以说是金中都城的前身。

金中都正式开启北京城作为都城的新纪元。北宋宣和七年（1125），金攻占宋燕山府，改燕京为南京；金海陵王完颜亮天德三年（1151）下诏“广燕城，建宫室”；贞元元年（1153）海陵王完颜亮正式下诏迁都，改南京为中都，改析津府为大兴府。

关于金中都城，早在清末同治光绪之际，震钧即绘有《辽金元明都城合图》；俄

1　孟凡人：《元大都的城建规划与元大都和明北京城的中轴线问题》，《故宫学刊》2006 年总第三辑，第 96~121 页，紫禁城出版社，2007 年。

2　王子林：《元大内与紫禁城中轴的东移》，《紫禁城》2017 年第 5 期。

3　傅熹年：《元大都大内宫殿的复原研究》，《考古学报》1993 年第 1 期。

国人对燕京旧城也进行了勘察，并在著述中绘制了金中都位置复原图，对部分城垣进行了推定；此后，德国人、法国人、日本人相继推出研究成果。其中日本人那波利贞将文献记载、实地调查与地形图分析相结合绘制出《辽金南京燕京故城疆域拟定地图》，并根据古代遗迹及历史地名等推定了唐幽州、辽南京、金中都的范围及平面布局[1]。清末直至20世纪八九十年代，国内外学者利用文献记载、舆地考证、历史地理学研究、考古调查、勘探和发掘，基本廓清金中都的地理位置、城市沿革、建筑布局及城市规划等[2]。

金中都虽是在原辽南京城基础上改扩建的，但其规划则是仿效汴京之制。中都城由郭城、皇城和宫城三部分组成：宫城位于郭城中央偏西处；皇城位于宫城之南，与宫城相连，平面格局呈“日”字形；郭城外建有离宫——大宁宫（今北海琼华岛）；有起自郭城正南门丰宜门，经皇城正南门宣阳门，宫城正南门应天门直抵宫城北门拱宸门的中轴线。可以看出，中都城这一明确的中轴线直接承袭北宋东京城南北向中轴线的设计。中都宫城前有皇城、千步廊，两侧为太庙和中央官署，也是汴京之制。其郭城内的坊有沿用辽南京城的坊，也有扩建部分改为沿大街两侧平行排列的街巷形式。因此，中都城这种“择中立宫”的环套式布局、开放式的街巷，是因袭东京汴梁城；但其还保留唐地方州城的里坊制。而北宋东京城是中国古代都城从隋唐时期封闭里坊制向开放式街巷制转变的发端，金中都则是这种发端的一个例证（图一）。

元大都是北京都城规制史上的集大成者。随着蒙元统治重心的南移，在金中都旧城东北选址新建都城。大都城的规划营建是在官吏刘秉忠“经画指授”下开展的，被认为是最符合《周礼·考工记》“匠人营国”之制。元大都平面布局为“回”字形，由外城、皇城和宫城三重环套构成。皇城位于外城南部中央，宫城位于皇城内中部偏东；宫城的西北是由金代离宫大宁宫改建的，以万岁山（今北海琼岛）和太液池（今北海和中海）为中心的西苑。太液池西岸，北为兴圣宫，南为隆福宫。全城以南北纵街和东西横街构成主干道骨架，在南北主干道两侧等距排列东西向胡同，形成布局严正、肌里清晰的棋盘状格局，成为中国古代都城开放式街巷体系的典范，也奠定了现

1　转引自刘未：《辽金燕京城研究史——城市考古方法论的思考》，《故宫博物院院刊》2016年第2期。

2　主要有朱偰：《辽金燕京城郭宫苑图考》，《国立武汉大学文哲季刊》第六卷第一号，第49~81页，1936年；又载朱偰：《北京宫苑图考》，第223~235页，大象出版社，2018年；刘敦桢：《书评〈辽金燕京城郭宫苑图考〉》，《中国营造学社汇刊》第六卷第四期，第165~168页，1937年。

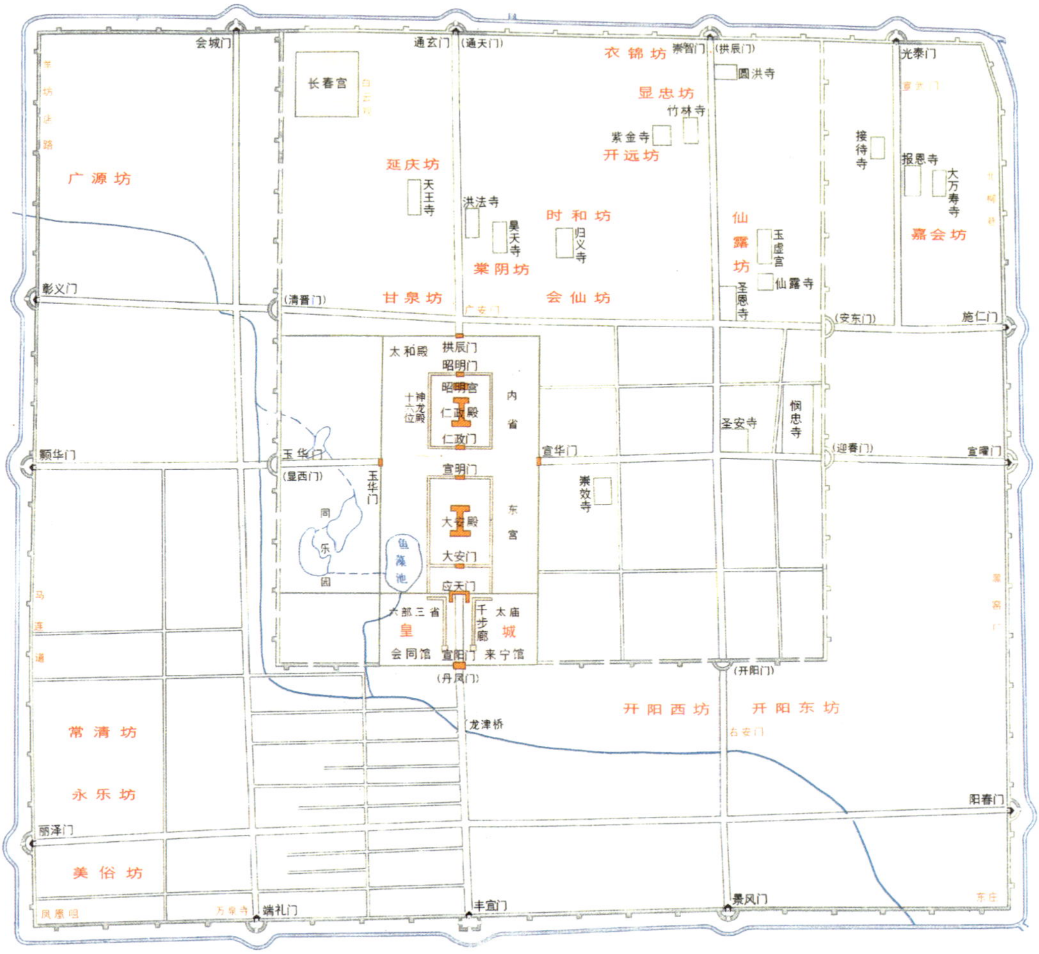

图一 辽南京城及金中都城平面复原图（采自侯仁之主编：《北京历史地图集》）

今北京城的街巷布局雏形，而其规制的源头也是“北宋东京模式”[1]。

元大都建成后，原金中都旧城尚存，称为南城。元大都的核心是宫城及官署、宗庙、寺观、府邸等，主要是蒙古皇帝、贵族生活区；而作为南城的金中都旧城则是商业区和包括女真人在内普通汉人生活区，也体现了“因俗而治”的统治思想（图二、图三）。明北京城在元大都基础上改建而成，清沿明制，北京城成为中国古代王朝末期都城规制的终结版（图四）。

一般认为中国古代城市规制演变经历了先秦、秦汉、魏晋南北朝隋唐和元明清四

---

1 董新林：《辽上京规制和北宋东京模式》，《考古》2019 年第 5 期。

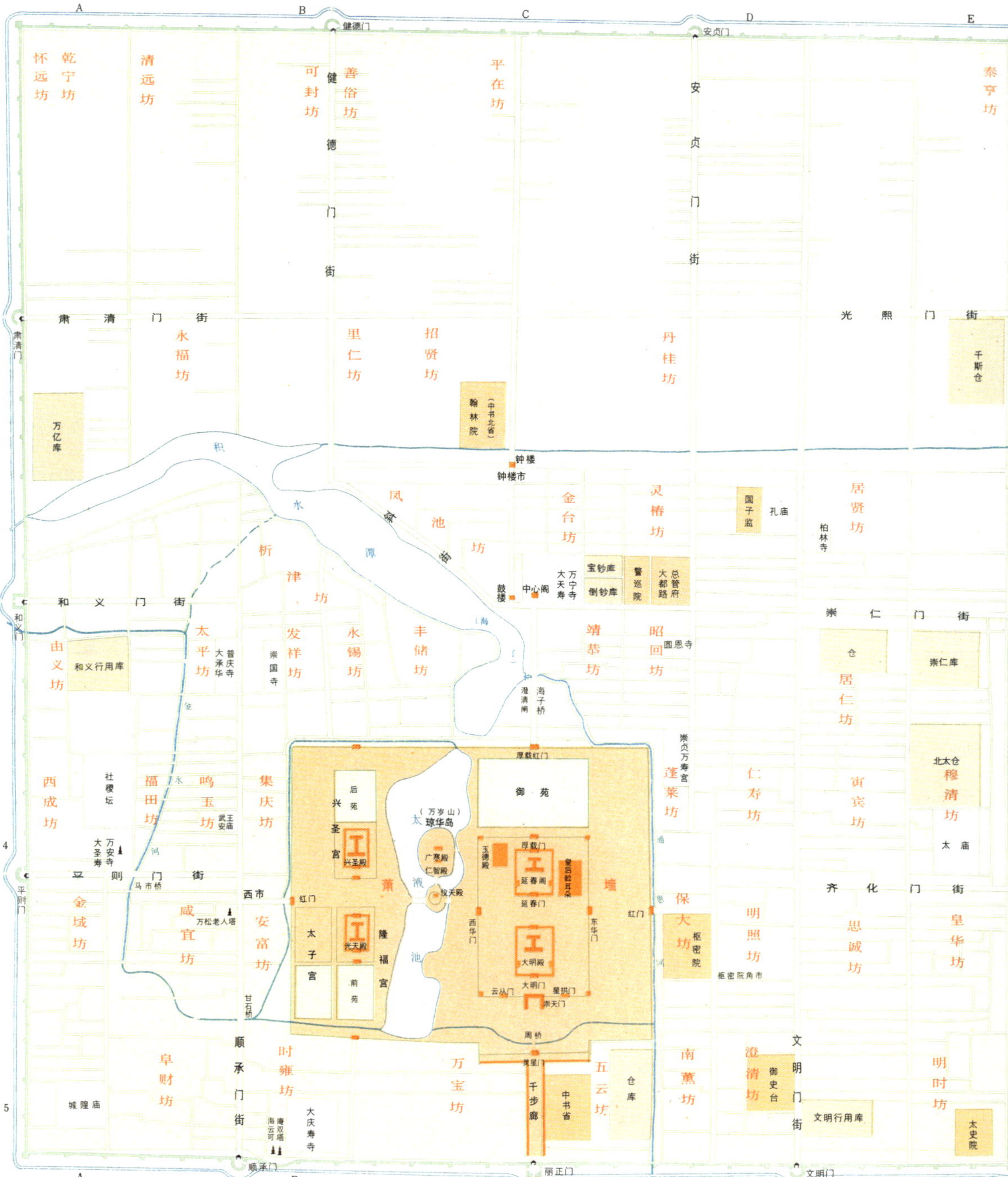

图二 元大都平面复原图（采自侯仁之主编：《北京历史地图集》）

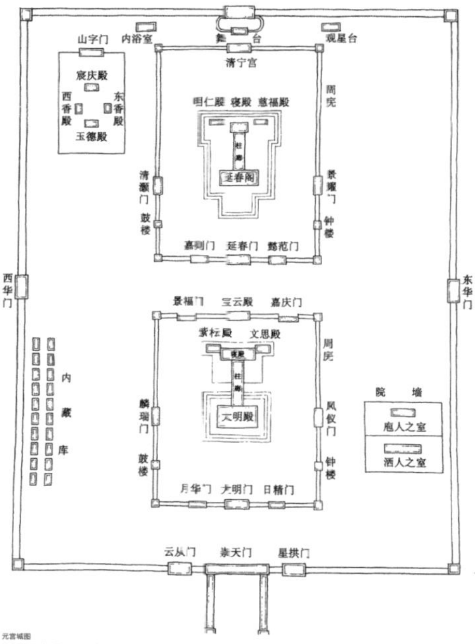

图三 元大内平面复原图
（采自潘谷西：《中国古代建筑史》）

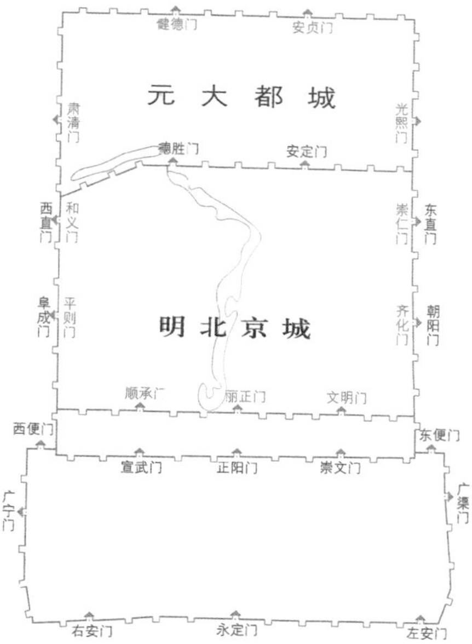

图四 元明北京城位置示意图
（采自侯仁之：《北京历史地图集》）

个阶段，近来学者结合辽上京城的考古新发现，重新梳理中国古代都城考古资料，在唐宋革变的历史背景下，结合皇权统治思想，提出了唐以后中国古代都城的“辽上京规制”和“北宋东京模式”[1]，而金中都、元大都则是这种“规制”和“模式”影响下的产物，这是继隋唐长安城规制后，中国古代都城规制的又一重大发展。

都城规制是关于都城规划、设计、布局等的制度和体系，是具有内在关联、传承流布、建筑史学意义的规律或范式，是体现华夏文明特质和精神内涵的重要方面。北京城则是反映这一体系的重要载体。而考古学的手段是把握这一规制的有效途径。

从北京城作为都城规制的演进轨迹看，规划、设计、布局等传承有序，紧密关联，体现了王朝统治者营国理政、文化因袭、稽古创制的思想。金中都至明清北京城的城市规制演进，在持之以恒的考古工作下愈加清晰和完整。而考古工作的开展必定是在中国古代都城规制体系视野下，在不断变化的时空框架下，完成每一处遗迹的揭露、阐释、复原等，而这些考古遗存的累积和科学阐释，又不断更新和完善这一体系。科学把握这一体系之源流、内涵、影响，也是城市考古的本质要求。

1 董新林：《辽上京规制和北宋东京模式》，《考古》2019 年第 5 期。

在这一具有全局性、历时性体系下，元大内考古就具有三个层级的特点。

首先是宫殿考古，即以元大内各类建筑为基本对象，通过对单体建筑形制、结构、功能、技术及工艺的揭示，进而了解不同类型建筑组群间的空间组合、布局和特点，在元大都规制框架内，科学复原元大内平面布局，结合文献记载进一步复原宫殿类主体建筑的形制，从而将建筑遗存置于可靠的时空维度中，明确元宫城、元宫殿建筑及其他建筑的属性。其次，在时空坐标体系下，以考古学的方法观察不同类建筑的起建、改建、扩建、修缮、重建及毁弃的过程，揭示一个动态的演变序列，区分共时与历时的关系，从平面到立体呈现一幅宫廷建筑史的图像，从而把握元大内建筑的承袭、演变及特征。最后，在宫廷建筑史框架下，注重发掘和总结建筑组群的演进轨迹和传承规律，秉持考古学“透物见人”的宗旨，丰富对物化载体的解释路径和手段，揭示遗存间的内在逻辑，探求凝结于建筑其间的规划理念、设计思想及其反映的中国传统文化的精神实质，进而重新审视和完善元大都的规制体系，在已有认识的基础上，进一步阐释其在北京城规制演变中乃至在中国古代都城规制史上的地位和影响。而元大内考古的此三个层级实质上是建筑、工艺、组合、过程、规制等几方面相互关联、前后递进的关系。

二、紫禁城考古理念下的元大内考古

自 2014 年以来，故宫考古研究所配合院内古建筑修缮、道路维护、给排水、消防、安防等工程对 30 个地点开展了考古勘测和发掘，取得了一批重要的考古资料，同时结合地下遗存埋藏特点逐步总结出紫禁城内重叠型建筑遗存的考古理念与方法，即“最小干预、微创发掘、见面即停、拼缀复原”理念[1]。

紫禁城作为世界文化遗产，是现存中国古代宫城的唯一实例，是处中心位置的城中之城，维护其宫廷建筑整体历史风貌，保持其庭院肌里完整格局，保护其不同类型建筑的原状，保留其承载的完整历史信息等，是任何工作的前提和基础。因此，对于任何可能触及文物本体的工作，我们都持严肃审慎的态度。在“平安故宫”和古建筑修缮工程中，不可避免地涉及地下文物遗存，在坚持故宫博物院一切地下工程“考古先行”的原则下，充分利用各种管沟、渠道、废弃坑、破损地面等已暴露遗存的部位，

1　李季：《紫禁城考古：微创与拼缀》，《中国文物科学研究》2017 年第 1 期。

图五 隆宗门以西元明清“三叠层”（摄影：张云天）

采用切直剖面、重点勘探、局部清理的方法来观察、辨认遗存，迄今已发现了大型宫殿基础、城墙基础、排水道主线和支线、院落、地面、桥基、器物埋藏坑等遗存信息，而对于发现的地面、活动面、排水沟、院落散水等具有一定分布范围的“面”的形式遗迹则全部予以保留，一经露头即停发掘，尽可能利用破损面、沟槽等观察层位关系，并辅以勘探的方式寻找边界。在有限的发掘单位中，充分利用各种手段记录和采集包括堆积性状、包含物、材质、功能、年代、形成原因、建造方式等信息，并提取检测样本以备进一步研究。以此做到最小化干预、最大限度地获取各种历史信息的目标。随着地下遗存各种信息的累积，结合文献记载、历史地理成果等，特别是对照分析不同历史时期的紫禁城平面图，科学解读所记录遗存的性质，还原其在历史上的准确位置，在紫禁城统一不可分割的大遗址的框架下逐步拼缀出一幅紫禁城平面格局演变、历史建筑沿革的复原图，从而构筑起具有建筑史学意义的立体的紫禁城。

在这一理念的支撑下我们在隆宗门以西广场消防管道坑壁进行了“微创式发掘”，发现了素土夯筑的元代堆积，通过遗迹构成、层位关系、包含物、堆积性状等的观察与分析揭示出了元明清“三叠层”（图五），为建立紫禁城的完整地层序列提供了重要证据，也为判断紫禁城内元代遗存和寻找元大内提供了重要参照[1]。那么，在紫禁城考古理念的指导下，元大内考古就要注意以下几个方面：其一，利用一切可能的机会和条件，对重点区域和重点节点持续关注，比如文献记载的元大内区域。在已有发现和认识的基础上，每一次考古工作都要有预判性和前瞻性，掌握紫禁城内重叠型遗存的特点与规律，预判可能发现的遗存类别和性质，例如宫殿基础、墙基、地基、地面等，

1 徐华烽：《隆宗门西遗址发现元明清故宫“三叠层”》，《紫禁城》2017 年第 5 期；故宫博物院考古研究所：《故宫隆宗门西元明清时期建筑遗址 2015~2016 年考古发掘简报》，《故宫博物院院刊》2017 年第 5 期。

增加有限工作的目的性。同时，对下一步工作要有预案，例如对重要节点的工作方向和路径，要有一个全局性的、前瞻性的规划，增加有限工作的效率和科学性。其二，对已知的明早期遗存注意辨析堆积性状和包含物，特别是搞清遗存层位关系，科学区分堆积层次，把握遗存历时性特征，逐步树立起紫禁城地下遗存层位关系标杆，为寻找不同时期遗存提供参照。其三，重新检视已发现的遗迹遗物，对照元代城市考古的发现，特别是元大都、元中都等都城类考古的成果，结合科技考古手段，注意辨识明早期和元代遗存，通过对建筑构件和宫廷生活用器等的类型学分析，提炼出具有较明显时代特征的遗物，建立起典型遗物的演变序列，从而为判定遗存的相对年代及渊源性质等提供依据。其四，充分运用科技考古方法，最大限度提取遗存信息，利用检测、化验、分析等手段取得遗存的有效数据和科学证据，为进一步合理地阐释遗存提供可靠依据。综合运用上述四种方法或手段，在最小化干预的前提下，点滴累积遗存信息，拼图式复原不同时期建筑遗存平面布局，观察格局演变过程，阐述和总结建筑类遗迹、建筑类文物本体等所蕴含的文化特征，从而还原文化特征的实体性建构过程。

三、多学科多样化手段下的元大内考古

基于对实物资料的提取、分析与研究的需要，同时，也是从实物材料本身的属性出发，考古学与诸多学科产生了交叉，并广泛运用科技手段，极大地提升了考古学的科学性、真实性和不可替代性。作为历史时期考古范畴的元大内考古，同样需要重视多学科的视角，借助于相关学科的研究成果更全面、更客观地审视考古发现，同样，考古的实证也必将促进不同学科的发展。就元大内考古而言，建筑史学、历史地理学、城市规划学、地图学等学科的介入是必不可少的。

第一，建筑史学对于元大内考古的意义。建筑史学旨在阐明建筑发生、发展的过程，掌握其历史发展的脉络和规律，进而考察古代社会不同性质建筑的形态、思想、意识等，因此，有学者提出了建筑史学视野下的建筑考古学。而元大内考古离不开中国古代宫廷建筑史的研究。需要系统梳理秦汉以来，特别是唐宋变制后的中国都城建筑史，对比不同时期宫廷建筑形制布局、构成体系、结构功能，考察历时性宫廷建筑的技艺，关注宫廷建筑从准备期直至营造期、毁殁期的全过程；同时阐述宫廷建筑思想及演变等过程。建筑史学之于元大内考古既具有认识论，也具有方法论的意义。

第二，历史地理学的不可或缺性。从都城选址、产生来看，中国古代都城皆是一

定历史阶段选择、改造、适应环境的产物。把握环境变迁对于都城的影响及都城居民活动对于环境的反作用这一动态演变规律，对于科学认识和解读都城类遗存有重大意义。就目前北京城自汉代以来的地形地貌、气候植被、水文环境等研究可知，与元大内密切相关的就是古高梁河。古高梁河是4000多年前至2000多年前永定河故道之一。在4000多年前，永定河由石景山出山后，其一支干流流经今天的紫竹院、积水潭、后海、什刹海、北海、中海、南海，向东南流向亦庄南，约在东汉时期，河道向南摆动至北京城南，其后在其低平的故道中形成一条河，即为古高梁河。古高梁河基本从西北蜿蜒流经北京城中心而折向东南流去。在中心城区就形成北京城著名的约呈南北排列的前、后三海（前三海：北海、中海、南海；后三海：积水潭、后海、什刹海）。20世纪五六十年代修建人民大会堂及修建地铁时，学者调查发现了古高梁河故道；21世纪初在修建国家大剧院时，学者又进行了调查，并进行了钻孔、分析、测年等工作，也发现了古高梁河故道，并判定了其年代[1]。2014~2017年在紫禁城慈宁花园东院长信门西北的考古中亦发现了古高梁河道的自然遗存[2]，故而提示我们在元大内考古中应密切关注和掌握北京城古代河湖水系等，应结合历史地理学成果，充分考虑古代河湖岸线的变迁，把握不同时期历史环境的改变，为考古提供一个可靠的参照和指向。同时，考古中除注重文化层堆积外，还要关注湖相沉积层的性状、结构及包含物，通过检测、化验、分析等，获取尽可能详尽的环境信息，从而也为历史地理学提供科学的证据。

第三，城市规划学等也为元大内考古提供了理论支撑、分析手段及解释路径。中国古代城市的功能与政治紧密相关，具有鲜明的政治性特质，特别是至王朝后期，城市的建设与规划是以统治者的意志为主导，是以“皇权至上”的思想为统领。因之，城市规划的核心是“皇帝之居”的宫城，代表着国家的权力中心。城市规划包括规划理论、规划制度、规划方法及建设制度等，而中国是较早形成城市规划体系的国家之一。《周礼·考工记》的出现，是中国古代都城规划理论形成的标志，其王畿区域规划、都邑规划、建设制度，礼制、营建制度，井田方格网系统规划方法等，核心思想是以严格的尊卑有别的礼制强化王的权威，营国制度的基础是礼制。其规划设计严格遵从礼序，使建筑、建筑群布局、空间组合形成主从、衬托和拱卫等关系，营造出天子之尊的至高境界。而元大都被认为是这一规划思想的最好体现，也最符合《周礼·考工

1　岳升阳、马悦婷：《元大都海子东岸遗迹与大都城中轴线》，《北京社会科学》2014年第4期。

2　发掘者见告。

记》的王朝之制。元大都有明确的几何中心测量控制点；宫城尺度严格，不同等级建筑平面形制、台基纵横比等有严格的以步为尺的计量；街道则以整齐的模数排列。因此，在这一规划思想、方法和模式下，实际考古中注重利用不同时期基于测绘基础上的大比例地图，通过数据比对，分析、找寻营造尺度上的规律，辅以可靠文献的记载，就可基本复原建筑平面图及建筑结构等。从而有助于加强实际考古工作开展的目的性、针对性，为“碎片式”的考古实证提供了有效的解释途径。

第四，地图学方面。不同时期的地图无疑是考古工作开展的基础，时代较远的地图或图像，虽然精度低，有的不是基于测绘基础上的地图，但是却保留有许多现已消失的历史遗痕和历史信息，尤其值得我们重视。在运用不同时期的地图时，我们要仔细比对、取舍，对于元大内而言，民国年间朱启钤、朱偰等先生的复原图可以参考[1]，而更为翔实的是 1979 年赵正之先生在《元大都平面规划复原的研究》遗著中的“元大都平面复原图”[2]；其后徐苹芳先生编绘的《明清北京城图》[3]，侯仁之先生主编的《北京历史地图集》及《中华人民共和国国家历史地图集》等都是重要的地图史料[4]。

四、文献记载与考古实证

毋庸置疑，历史文献记载对元大内考古的重要意义。正是由于这一历史时期文献的详备，记述的可靠，基于文献史学的研究，元大内的位置、布局、构成、规制及建筑结构复原等均取得重要的成果，历史文献的研究居于绝对的主导地位，而零星的有限的考古资料只起到了“证经补史”的作用，抑或质疑元大内考古的必要性。需要注意的是，文献也是一定历史阶段的产物，文献本身并非历史，与考古材料一样，文献材料也有其形成过程。只有在对二者分别进行系统的梳理、甄别、分析的前提下进行有效的结合，才是研究的正路。虽然晚近的文献可信度、真实性大为增强，但是由后人记述前代前朝的史事，就会受到时代背景、史料来源、记述方式、辑刊流布及著录

1 朱启钤、阚铎：《元大都宫苑图考》，《中国营造学社汇刊》第一卷第三期，1930 年；朱偰：《元大都宫殿图考》，《北京宫苑图考》，第 3~56 页，大象出版社，2018 年。

2 赵正之：《元大都平面规划复原的研究》，《科技史文集》第二辑，上海科学技术出版社，1979 年。

3 徐苹芳：《明清北京城图》，北京地图出版社，1986 年。

4 侯仁之：《北京历史地图集》（政区城市卷），北京出版集团公司、文津出版社，2013 年；国家地图集编纂委员会：《中华人民共和国国家历史地图集》，中国地图出版社、中国社会科学出版社，2012 年。

者的史观、目的、价值取向等因素的制约，取材有舍，详略不一，版本抵牾，错讹因袭，故对待文献当持一种审慎的态度。文献史家的“辨章学术、考镜源流”的考据与批判精神；考古学者的“以事实为依据，以材料为根本”的实证主义精神，是两门学科属性的根本要求。就元大内而言，除《元史》《析津志》《日下旧闻考》等之外，以元陶宗仪《南村辍耕录》和明萧洵《故宫遗录》等著述最为详备。

《南村辍耕录》是元代笔记体杂记的代表作，归类为笔记小说，是由元入明的著名学者陶宗仪著述。内容宏富，涉及元代典章制度、掌故逸闻、民风俚俗、工艺科技、书画文物、戏曲音乐、小说诗词、文字声韵等，被学界一致誉为“百科全书式”著作。其中之“宫阙制度”条，记载了元代宫廷建筑的规模与形制。其关于大内之宫门设置、装饰、尺寸、规制，正衙之名称、布局、尺寸、形制、陈设、宫阙、趓楼、角楼、周庑及周边的亭、库、场、室、房等附属建筑均有详细记述，是关于元大内平面布局、建筑规制、建筑形制、尺寸等的重要史料，是考古可资参考的不可或缺的文献。而萧洵的《故宫遗录》是另一部记述元大内宫阙的重要文献。该著作在刊刻、传抄中即有正本、别本及节略本流传，史家对其学术价值的认识和评点也不一，有过分推崇之，有适度信崇者，但均不否认其对元大内宫室记载的重要的史料价值[1]。对于上述两部文献，从史源考辨、内容考订、价值评述、版本梳理等文献史学方法入手，进行深入整理与研究，不断提升史料的可靠性与真实性，从而方可提升考古研究参证的价值。此外，《马可波罗行纪》也有大量关于元大都平面布局、形制、城垣结构特征、尺寸、街巷规划、宫阙范围，以及经济社会、民风民俗、宗教信仰等的记述，其中关于大内的描述也较为详尽，但是鉴于该书是在回忆基础上的记述，无条件核对史实，存在“虚实相参，真伪不分”的情况，参证时更要谨慎对待。但是我们也不可忽视其中之合理的、符合逻辑的记述，毕竟其成书年代早于前述文献。而经过系统梳理、考据、辨析的文献史料，将极大地提升考古工作的精细化和实证化程度，更有效地拓展考古研究的广度与深度，这也是历史时期考古的优长所在。二者的结合并非简单的对应，是建立在对各自学科理论、方法和对自身材料的科学阐释、逻辑推理基础之上的，是互动和“左右逢源”式，而非偏废或盲从，是为更广泛、更高层次的综合研究提供支撑。元大内考古应包括而不限于物质材料的分析、归纳、复原，应在历史发展演变的进程中解构现象、阐释规律、挖掘动因，为历史时期考古的理论建构、观察视角、研究路径、方法等方面也可提供实证。

---

1 王剑英：《萧洵〈故宫遗录〉考辨》，《明中都研究》，第 529~537 页，中国青年出版社，2005 年。

前述关于元大内考古的理念、方法与手段，既是基于历史考古领域的自身特点、规律的应有阐述，也是历史考古研究路径的必然要求。与史前、原史考古一样，历史考古也以材料为中心，且材料距现在较近，理解起来更加容易，再加上文献的参证，在研究过往的过程中似乎得心应手，研究层次上也是具备宏旨高瞻的旨趣，但是面对的实物材料同样是残缺和碎片化的，只不过时空的属性较为清晰，材料的性质也较易判断。那么，获取、分析和解释材料就要更加精细化，也更加需要多维的视角和多学科一体化的方式来拼合过去，探讨更深层次的社会、历史、文化及行为等方面的问题，而非仅仅是复原或重建历史。这也是处于历史时期晚段的元大内考古所要依循的理念与方法。

读陈雍先生《说说考古》，谈考古科普读物

宋小军

出版这本书是出于与陈先生共同的学术兴趣与相若的人生态度，我个人对他的这部作品格外喜欢。从出版人的视角来看，这部书是近年来由考古学者所撰写的一部“非典型”的考古“科普”作品，写人、写事、写知识，更写情感与态度。

陈先生将这100篇短文分为了《初学》《寻路》《杂议》《探古》《考史》《问津》《识人》《辨物》（上、下篇）《说字》十个主题篇章。

《初学》中，陈先生用自身的经历幽默地阐释了考“骨”（古）的实际社会处境，形象地解释了“后冈三叠层”“层序律”“器物排队”、类型学、考古学文化、区系类型等考古学的基础概念，介绍了考古“发掘”的基本原理、“海陆空”工作方式、考古资料的公布方式、年代计量方式等关键问题。

《寻路》中，陈先生发挥了历史考据的学术功力，对我国考古学及文物保护系统的来龙去脉进行了解读，记述了中国考古学发轫期与发展期的多项重要历史事件。

《杂议》主要是关于考古遗产的社会利用问题。陈先生探讨了西高穴村汉魏大墓、扬州隋炀帝陵、南京“郑和墓”三个案例，对三者“真伪”的“鉴定”条件进行了比较，并就此展开了对科研道德及功利性的批判。同篇中还有多篇是关于公众考古及学者治学方式的检讨文章。在这些文章中，陈先生对时下流行的国家考古遗址公园、实验室考古、漫画考古、盗墓电影等话题进行了讨论，体现了一个田野出身的考古学家对于学术严谨性的尊崇，同时也鲜明地对从金钱立场出发杜撰遗产内容、夸大遗产价值、过度商业化的功利主义做法提出了批评。

《探古》为读者讲述了石器时代的划分标准，对仙人洞出土距今2万年的陶器被列入美国世界考古重要发现的做法给予了充分的肯定，同时也对我国考古“新”发现的评选标准提出了质疑。在讨论过石器与最早的陶器之后，陈先生对大河村彩陶纹饰、姜寨环壕聚落及河姆渡干栏式房屋、元君庙墓地、史前收割技术进行了介绍，并在此基础上向读者扼要陈述了中国考古学家眼中的“古史”与“文明”的判定标准。

《考史》从讲述饕餮源起开始，对我国古代主要的青铜礼、乐器进行了介绍，并

在此基础上扼要对中国青铜器的起源进行了分析。接着对汉代考古做了专门介绍。

《问津》是对于天津考古与遗产保护的专门讲解。主要内容包括天津地区自旧石器时代以来的人居史年代框架，由蓟县山区向滨海平原演进的历史舞台，天津地区古文化发展的“边角料”特点，蓟县旧石器考古的独特地位，天津地区汉代城址，天津运河遗产等。

《识人》主要围绕古代体质人类学、性别考古、服饰考古等内容展开。

《辨物（上）》是本书中对古人饮食的专论。陈先生首先就中国古代农业进行了讨论，认为古代世界稻作农业的起源是多元性的。由长城内外所代表的历史民族分野引申到不同食性特征的研究，分辨“肉食之民”与“粒食之民”。在食器方面则介绍了我国古代的典型蒸煮三足器类——陶鬲。在介绍完美食与烹饪器具之后，介绍了我国先秦时期的沃盥器盘与匜、盥手礼仪、餐具及进食礼仪、调料、白酒、饮茶等与饮食相关的内容。

《辨物（下）》首先对全球性气候事件对良渚、龙山等多支考古学文化的衰落的影响进行了剖析，进而对科尔沁地区沙漠化对遗产的影响进行了介绍。由古环境研究之后，作者转而介绍了古代六畜的起源与驯化问题，并对古代马具进行了讲解。之后，对古代的天象观测进行了阐释，列举了反山、瑶山观象台的案例。

《说字》是全书的最后一篇。在该篇中，陈先生扼要介绍了中国的文字起源、文字归“系”的由来、书体演进、碑文正俗用字分别、出土文献韵文文体、出土物吉语主题等，并对“花”“這”等汉字的使用问题进行了辨析。

全书布局若语录、笔记体裁，各章领一话题，每篇千字成文，论述精当，短而有序。在语言风格上，发挥了传统汉语简洁、质朴的长处，一事一议，绝少铺陈。诸篇初录《案边脞语》中，以为百姓讲述考古见闻与古代文化知识。在写作上，文风练达、平实却极其幽默，其如“中西医”“海陆空”“《湖北方言调查报告》”“自行车”“天津方言片区”“子子孙孙永保用之”“耍猴儿”“田野发掘大挪移”“电冰箱”“奥迪A6”“红白婚服”“二米饭”“《长城谣》”“敲门”“国足”等譬喻，往往令人捧腹过后回味无穷。这些譬喻与征引多见卒章处，使读者能清晰地看到陈雍先生的研究旨趣、性情与鲜明的态度。“有态度”恐怕应是这部书的一大特点。

全书的另一特点，是其鲜明的“天津”地方特色。这一点尤为可贵。在近期，国家提倡文物活用。这一点在促进我国文化事业发展中起到了重要的作用。但也应当看到，在宣传考古工作、文物保护过程中，往往对于文物的地方性、地缘性缺乏必要的认识，出现了不少“同质化”的现象，而地区的文化特色、文脉的传承关系、文化认同的加深等问题却往往被忽略掉了，这就导致在不少文博阐释的语境中，文化地理、历史地理、自然地理相互割裂，难以将现有的百姓文化认同与历史感建立起对应关系，从而大大削弱了文博阐释工作的效果。陈先生在本书中多次强调我国在过去几十年中“考古服务人民与社会”这一方针的正确性，认为考古工作从未远离人民，也并未躲进象牙塔。应当说，文物首先要服务于一定区域内的人民群众，这些区域的现代文化能够在文物所反映的该区域古代历史中找到影子，现代文化自有其根脉所在，有历史传承性。陈先生的这一百篇文章读者定位十分清晰——就是天津地区的百姓读者。因此，他在行文中始终在强调天津地区的文化渊源、时空背景、生活习惯、语言习惯甚至是性格习惯，始终能够将从蓟县到海滨这样一个广阔的空间作为其讲述的历史舞台，以此作为出发点与全国其他地区的古代文化进行对比，由己及人，这会使读者在愉快的阅读过程中进一步了解自身的文化来源，加强文化的认同感，也更加珍视“天津”这份厚重的历史馈赠。

科普读物是我国图书品种中重要的一类。好的科普作品，其撰写难度实际上是非常大的，有时甚至丝毫不弱于专著作品。与自然科学类的科普作品不同，人文社会科学的科普作品应更能做到“老妪能解”，同博物馆展览一样，这些作品最主要的目的是减少普通读者了解历史知识的难度，为他们读懂历史扫清障碍物。这样的工作往往会对作者提出高难度的要求。首先，作者对于其所要向百姓阐释的目标必须有全面而深刻的认识，也就是自己对这部分知识真正是了解的。其次，作者须对读者群有清晰的判断，是给孩子看，给成人看，还是给老年人看，或者有特殊的读者群，需要有明确的定位。再次，作者须能够充分考虑到读者的阅读习惯，并能够用“浅切”“晓畅”的笔触，将原本复杂的内容清晰地传达给读者，这对于语言驾驭能力又是较高的要求。除了以上几点之外，还有一点经常使人忽略，即科普作品一定是能够在寓教于乐过程中使读者增加某一方面的知识、能力，获得提高，有所进步，这一点则要求科普作者既不能拒人于千里之外，也不能蓄意取悦读者，而是应当在很大程度上与读者保持着一定的距离感和引导感。在这一点上，陈雍老师显现了丰富的“教学”经验，事例类比充分，通俗易懂，触动深刻。

陈雍先生长期致力于天津的考古与文博事业，对天津地区的文化事业有着自己的理解与热爱。他的这部《说说考古》体裁得当，是近年来考古科普作品中难得一见的、以地缘认同作为陈述主线的佳作，在这一点上，尤其值得其他考古科普作者借鉴——

考古科普的根本目的是尝试使阅读者了解每个人自己身上的文化基因来历，既能够看到这浩瀚的历史长河的存在，也一定能看到自己在这一长河中的位置，而这并不是将历史本身陈述出来那样简单，它需要作者以知识、情感、适当的语言方式，将“过去”及对“过去”的认识原原本本地展现给读者。

附记：2015年春节后在张忠培先生家，张先生提到陈雍先生有一个很好的考古普及类图书，共100篇小文，每篇文章不超过1000字。提出希望由故宫出版社承担出版的任务。与陈先生联系，先生很客气，也很谦虚，他说这本稿子是自2013~2016年在《今晚报》上持续发表的《案边脞语》系列“千字文”的合集——用他自己的话说，是100篇“豆腐块”的集合。看完稿件，窃以为文字准确、文笔流畅，用很短的文字解析一个问题或一个事件或一个人物，非常适合现代人碎片化的阅读习惯。与陈先生商量，在每篇文章中增加一至两张与文章内容相关的图片，更便于阅读，并且书名定为《说说考古》，陈先生还请著名文物学家谢辰生先生题写了书名。这就是《说说考古》的出版由来。

（原载于《中国文物报》2018年7月10日）

历史时期建筑遗址原状性回填保护的探索

——以北京故宫隆宗门、长信门遗址为例

徐华烽

在我国文化遗产保护和考古事业的快速发展进程中，各地每年会有一定数量的建筑遗址随着配合基本建设的抢救性发掘和出于学术研究的主动性发掘而重见天日。相对于以土遗址为主要特点的史前建筑而言，历史时期建筑遗址以高台基础、木架结构、砖瓦石材料综合运用的特点显示出中国古代建筑技术的不断发展与进步。田野考古揭露的历史时期建筑遗址虽然多为仅埋藏于地下的建筑基址，但仍然具有一定的历史、科学、艺术价值。目前大多数建筑遗址考古结束后的保护是采取国际上比较成熟的回填保护办法，只有少数规划为遗址博物馆或考古遗址公园的建筑遗址才处理防护遗迹、建立棚架式设施予以局部展示，遗址的这两种保护形式都面临如何回填的问题。历史时期建筑遗址的硬遗址性质，决定了其回填保护策略方法与软遗址性质的土遗址有着不尽相同之处[1]。文物保护学界对宫殿、居址、陵墓等各类土遗址回填保护已有较多的总结和研究[2]，但少见历史时期建筑遗址回填保护的讨论[3]。本文以世界文化遗产地明清紫禁城所在的故宫博物院2015~2017年隆宗门、长信门两处遗址的回填工作为例，探

1　硬遗址、软遗址的提法来自张忠培先生在2014~2016年故宫考古现场的谈话，目前尚未查阅到国内外学术界对这两个概念研究与论述的成果，本文沿用张忠培先生的这个提法，以待今后深入研究。

2　主要成果有：王旭东、张鲁、李最雄等：《银川西夏3号陵的现状及保护加固研究》，《敦煌研究》2002年第4期；周伟强：《汉长乐宫4号5号土遗址及汉杨陵罗经石遗址回填保护工程简介》，《文博》2005年第4期；陈星：《浅谈城市遗址的保护方式》，《中国文物科学研究》2007年第4期；郭清林、王旭东、李最雄等：《银川西夏陵六号陵的保护现状与对策》，《中国文物保护技术协会第五次学术年会论文集》，科学出版社，2008年；福建闽越王城博物馆：《城村汉城遗址考古与保护概述》，《福建文博》2011年第1期；王伟峰、邵文斌、严苏梅等：《遗址博物馆建设过程中的遗址回填保护问题初探——以秦始皇陵K0006陪葬坑为例》，《文博》2011年第4期；曹铭婧：《西安曲江翠竹园西汉壁画墓保护技术研究》，《文博》2015年第5期。近年来一批以遗址保护规划和技术为主题的硕士、博士研究生论文也涉及回填保护问题。

3　尽管近10年来的全国十大考古新发现终评会上时有对历史时期建筑遗址回填保护的方法与经验介绍，但少见相关经验总结与理论探讨。参见国家文物局主编的2010~2019年各年度《中国重要考古发现》。

索历史时期建筑遗址原状性回填保护的原则、思路、具体步骤和实施方式，期望推动国内外学界对相关问题的关注与研究。

一、故宫隆宗门、长信门遗址原状性回填保护的背景

2015年7月故宫隆宗门西至断虹桥一带进行消防管道更换工程，在内务府各司值房南侧开挖一条东西向施工沟。故宫考古研究所人员在施工沟南北壁发现重要遗迹，报国家文物局批准开展抢救性考古发掘。经过2015年7~10月、2016年5~7月两年度的田野工作，围绕消防施工沟布探方、探沟6个，清理现代管道沟3条，布方面积130平方米，发掘面积88平方米，发现一批重要的元明清建筑遗迹和出土遗物。发现层位关系清楚的元代磉墩和夯土层基址、明早期磉墩基址、明中后期门和墙基址、明后期砖铺面、清代排水沟和砖铺面等建筑遗迹，与文献记载元代宫城、明清紫禁城营建的阶段性相一致，被称为故宫元明清“三叠层”。其中元代磉墩和夯土层遗存，无论层位关系、出土遗物，还是营造工艺，均为故宫考古的首次发现，推断是元宫城大明殿周围的周庑基址，对研究元宫城格局、紫禁城历史具有重要意义。按照紫禁城考古与保护理念，除1个探沟依靠消防施工沟局部清理至生土外，其他探方、探沟清理到重要遗迹层面暂停[1]。鉴于该遗址的重要性，2016年4月和6月故宫博物院先后邀请院内外考古、历史、古建、文保等方面专家，两次举办现场论证会、专家咨询会，基本形成了保护第一，考古遗迹与故宫整体环境相协调的共识[2]。尽管部分专家提出了建设保护棚进行现场展示的建议，但由于隆宗门遗址地处开放区域，地下遗存与现代管网复杂交错，难以承受七八月份暴雨的冲刷，出现探方局部坍塌、遗迹受损现象（图一）。2016年9月故宫考古研究所对元代夯土层以套箱提取方式实现异地搬迁，对发现遗迹实施原状性回填保护，最后交由故宫修缮技艺部组织现代地面的铺设（图二）。

2016年5月，故宫基本建设办公室在故宫长信门西北侧开挖一个东西宽2.4米，南北长5.4米的基建探坑，故宫考古研究所派员跟踪调查，在探坑南壁即长信门西墙延伸至慈宁宫花园北墙东段的基础之下发现疑似墙体遗迹，并加以有效保护。基建勘

1　故宫博物院考古研究所：《故宫隆宗门西元明清时期建筑遗址2015~2016年考古发掘简报》，《故宫博物院院刊》2017年第5期。

2　故宫博物院考古研究所：《故宫考古发掘与文物保护专家咨询会纪要》，中国考古网，2016年4月18日。

图一 隆宗门遗址全景图（2017 年 8 月摄，自南向北）

图二 隆宗门遗址回填完成现场（2017 年 10 月摄，自南向北）

图三 长信门遗址 T01 探方照（2016 年 6 月摄，自西向东）

探工作告一段落后，将其列入国家文物局批准的 2016 年度慈宁宫花园东院遗址考古发掘项目，于 2016 年 6 月对探坑编号进行局部清理发掘，在探坑底部发现明代早期墙体类建筑基础附属的夯土与碎砖瓦交互层、木质桩承台、基槽等遗存（图三）。吸取隆宗门遗址保护的经验和教训，2016 年 12 月始对冬季被塑料膜等覆盖的长信门探坑进行了温湿度环境检测。2017 年 8 月按照院领导和专家综合研判的意见，长信门遗址进行原状性回填保护，在回填过程中又对基建勘探开挖出的数以吨计的碎砖块进行筛选，采集了一批重要的砖、瓦、构件、琉璃瓦等建筑材料残件和陶瓷片，可确认为元皇宫遗物，推断是明早期拆除元宫城、建设紫禁城的遗物。2017 年 9 月进行现代砖铺地面施工，达到与周边环境协调一致的效果（图四）。

图四 长信门遗址回填完成现场（2017 年 9 月摄，自北向南）

二、故宫隆宗门、长信门遗址的状况、监测与病害

1. 地层状况

主要介绍隆宗门遗址 T0101 探沟、长信门遗址 T01 探坑的地层堆积。

2015 年隆宗门西广场消防管道施工工程是针对故宫 1993 年布设的消防管道设施进行例行更换项目的一部分。2015 年 5~6 月在隆宗门西广场北侧消防竖井西侧开挖一处曲尺形施工沟，部分遗迹被挖断。故宫考古研究所启动抢救性发掘后，首先依靠消防施工沟进行清理，编号为 T0101 探沟，对四壁划出地层线，局部发掘至生土。探沟平面呈曲尺形，主体部分东西长 8.7 米，南北宽 1.7 米，最深处距地表 3.6 米。南侧部分记为 T0101 南扩，南北长 4.2 米，东西宽 2.5 米。南扩南壁、南扩东壁及整个探沟东壁为现代消防管道竖井的混凝土井壁。以北壁（图五）为例介绍地层关系：

参照南壁可知，第 1、2 层铺设现代管道时已被清理，现存地表以下 0.6 米深处为一道东西向现代混凝土管道，管道下方残留一层厚约 0.1 米的黑色黏土、白石灰颗粒层，包含少量现代垃圾，为现代管道施工的垫层。偏西侧叠压一段砖铺层，中部叠压现代自来水管道沟，东端叠压现代消防竖井坑填土。

第 3a 层：浅黄色，半沙性黏土，厚 0.12~0.14 米。平面分布，较致密。该层下叠

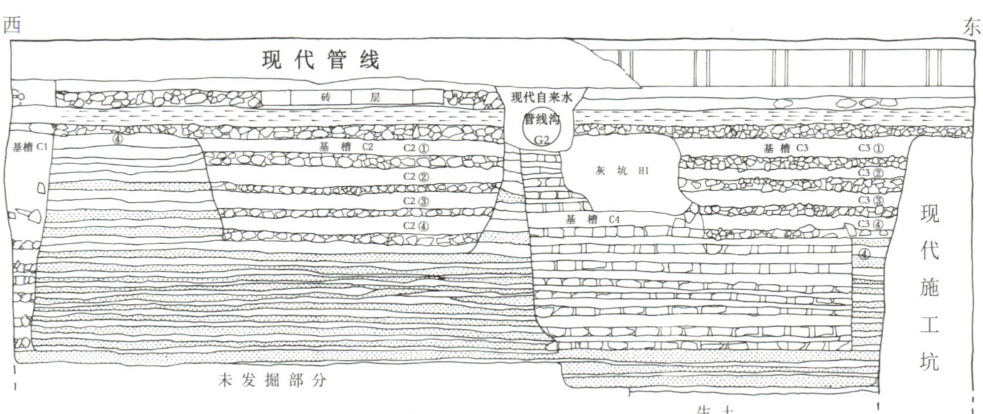

图五 隆宗门遗址 T0101 探沟北壁

压一层厚 0.1~0.12 米的碎砖层，坚固致密，砖缝间灌注白色石灰状物质。

第3b层：土质、土色、厚度、堆积状况同3a层。该层下叠压一层厚0.1~0.12米的碎砖层，与3a层下碎砖层状况相同。北壁西端该层下叠压基槽C1，偏西、偏东位置分别叠压建筑基槽C2、C3，中间位置叠压灰坑H1。灰坑H1和基槽C3又叠压建筑基槽C4。

灰坑 H1　平面形状不明，剖面呈不规则形。H1 北壁上口部宽 0.95 米，底部宽 0.8 米，深 0.63 米。内部堆积难以分层，为黄褐色黏土，夹杂较多白色石灰颗粒。

基槽 C2　开口于 3b 层下，打破第 4 层，剖面呈倒梯形。C2 内部堆积为四层夯土与四层碎砖瓦层的交互叠压，按土层编号分 4 层，各层土质土色、干湿度、包含物、堆积状况相同，厚度略有不同。第 1 层，黄赭色，黏土，湿度较大，厚 0.12~0.16 米。平面分布，较致密。该层下叠压一层厚 0.08~0.1 米的碎砖瓦层，坚固致密，碎砖块为青色砖块、瓦块，缝隙间灌注黄色状物质，夹杂少量琉璃瓦碎块。碎砖瓦层在下一层土层上留下明显的砖痕压窝；第 2 层，厚 0.16~0.18 米，叠压碎砖层厚 0.06~0.08 米；第 3 层，厚 0.15 米，叠压碎砖层厚 0.06~0.07 米;第 4 层，厚 0.15 米，叠压碎砖层厚 0.06~0.07 米。

基槽 C3　开口于 3b 层下，从北壁看，西侧被灰坑 H1 破坏，东侧被现代消防竖井坑破坏，打破基槽 C4 和第 4 层。C2 内部堆积分四层：各层土质土色、干湿度、包含物和各层下碎砖层堆积状况等与 C2 相同。

基槽 C4　开口于 C3 下，上部被现代自来水管道沟破坏，灰坑 H1、基槽 C3 打破 C4，C4 又打破第 4 层。C4 内部堆积为 13 层深褐色黏土与 13 层铺砖的交互叠压。黏土较为致密坚硬，大致呈平面分布，每层厚度不等，在 0.04~0.12 米之间。铺砖每层厚 0.06~0.08 米，为二分之一、三分之一青砖残砖平铺而成，见少量沟纹砖，个别砖块呈红褐色。

第 4 层：黄色半沙性黏土、褐色黏土、黄色细沙土，分层夯筑，较致密，厚 2 米，最深处距地表 3 米。堆积范围较大，在 T0101 探沟按地层编号。第 4 层下为厚 0.15~0.2 米的黄沙，再下为厚 0.1~0.15 米的青灰色纯黏土（含水分较多的纯黏土）、黄色纯黏土即生土。

长信门遗址 T01 探坑位于慈宁宫花园东院北门长信门西北侧，方向 4° 30'，东距长信门最西端 2.675 米，南距慈宁宫花园东北段北侧墙根 1 米。故宫基建办组织有关机构在此开挖勘探坑时，基于施工安全目的，口部略大，南北长 5.4 米，东西宽 2.4 米。底部略小，南北长 4.1 米，东西宽 1.8 米。考古工作介入后，为了保护和研究的需要，未对编号为 T01 的探坑四壁进行修整，仅对探坑北部的夯砖层进行清理至生土。为了解探坑南壁墙类遗迹东西向的分布情况，又沿南壁墙基向东扩出南北宽 0.5 米，东西长 1.5 米的探沟。以东壁为例，介绍探坑的地层关系（图六）。为了表达探坑东壁地层与南壁墙基的关系，东壁线图没有绘出探沟在东壁的下挖部分。

第 1 层：厚 0.24~0.28 米。原为清代铺砖面，现为现代铺砖面及三合土垫层。1 层下为砖面层，编号 ZM1，深 0.36~0.38 米，厚 0.08~0.1 米。该砖面层分布于整个探坑，并在整个慈宁门前及东至永康左门、西至永康右门区域和慈宁宫花园东院广场都有分布，保存状况较好。

第 2a 层：深 0.4 米，厚 0.06~0.3 米。分布于整个探坑，大体呈波状堆积，东壁、西壁较厚，北壁较薄，坚硬的黏土层和砖瓦块黏结层，夹杂石灰，呈灰褐色，几乎没有其他包含物。该层以下至第 3o 层的南壁都是砖砌墙类建筑 Q1。

第 2b 层：深 0.4~0.7 米，厚 0.2~0.3 米。分布于探坑距南壁 4 米以北区域，呈凸镜状，在探坑东壁北段、北壁、西壁北段被第 2a 层叠压。黄色黏土，较坚硬，几乎没有包含物。

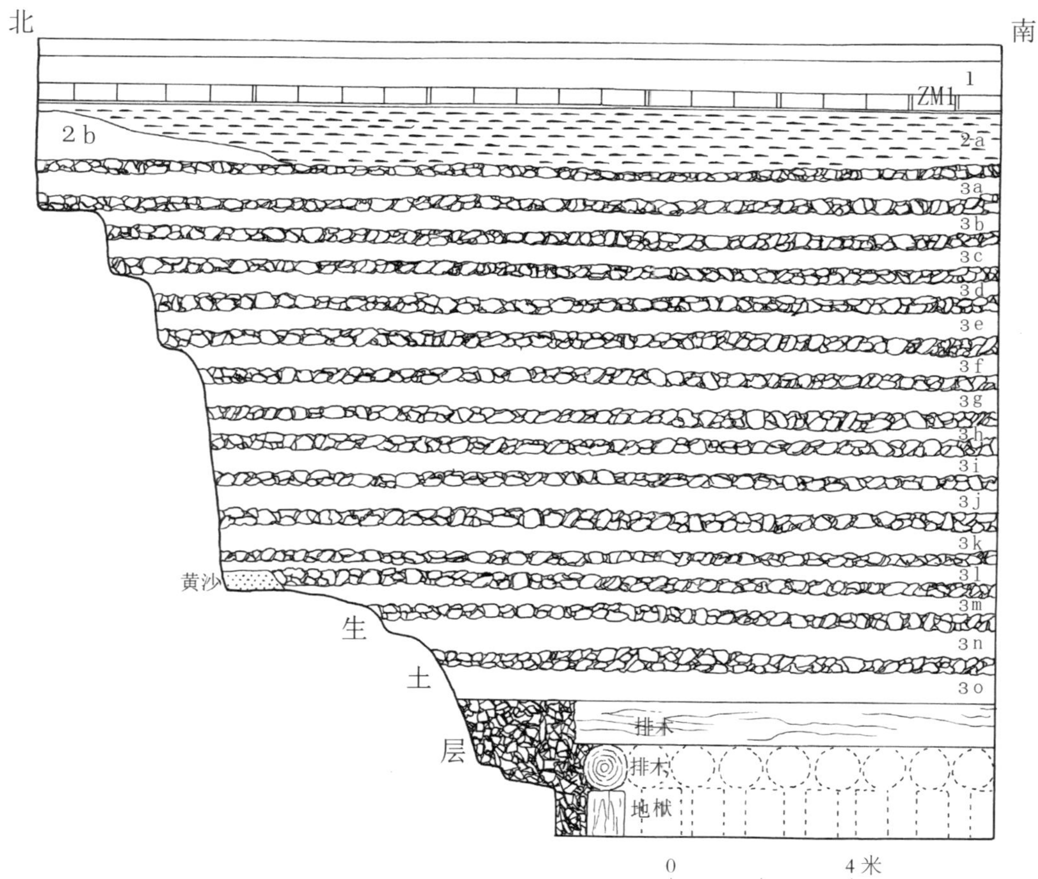

图六 长信门遗址 T01 探坑东壁

该层下叠压厚0.08~0.12米的经过夯筑的碎砖瓦块层，有的砖瓦块黏结较紧密，缝隙间有白色或黄色残留物，砖瓦块层中夹杂少量的琉璃瓦、陶瓷片碎块。

第3a层:深0.75米，厚0.1~0.15米。全探坑分布，大体呈平面状堆积。黄色黏土，较坚实，几乎没有包含物。该层下叠压厚0.08~0.12米经过夯筑的碎砖瓦块层。

第3b层：深0.96米，厚0.18~0.2米。

第3c层：深1.15米，厚0.18~0.2米。

第3d层：深1.36米，厚0.18~0.22米。

第3e层：深1.52米，厚0.18~0.24米。

第3f层：深1.74米，厚0.18~0.2米。

第3g层：深1.94米，厚0.2~0.22米。

第3h层：深2.15米，厚0.16~0.18米。

第3i层：深2.3米，厚0.2米。

第3j层：深2.5米，厚0.23~0.25米。

第3k层：深2.74米，厚0.2~0.22米。

第3l层：深2.92米，厚0.18米。

第3m层：深3.1米，厚0.18~0.2米。

第3n层：深3.28米，厚0.22~0.25米。

以上各层的堆积状况,如土质、土色、包含物及叠压碎砖瓦块层与第3a层大体一致。其中第3f、3g、3h、3i、3j、3k层各层下的碎砖瓦块层在探坑南侧靠近墙体部分的堆积中，碎砖瓦块之间有较多的白色、黄色黏结物。第3l、3m、3n层分布于探坑南部，第3l层北端叠压黄沙层，第3m、3n层北端叠压生土层。

第3o层:深3.52米,厚0.16~0.92米。分布于探坑南部,大体平面状堆积。黄色黏土，较坚实，几乎没有包含物。该层下南部叠压木质桩承台，中部偏北叠压厚0.36~0.74米经过夯筑的碎砖瓦块层，砖瓦块更为碎小，黏结极为紧密，夹杂少量的琉璃瓦、陶瓷片碎块。北部打破生土层。

第3o层下的堆积，分黄沙层、包含有机物丰富的黑灰色淤泥层、黄色细砂土层，为本区域的生土层，分布在探坑北部底部，在北壁、东壁北侧、西壁北侧可见。

2. 环境监测

建筑考古遗存一经发掘揭露，就暴露在风、霜、雨、雪等自然环境之中，砖石构造的遗迹受气候条件影响不大，但夯土层、木构等遗迹在自然状态下必然面临多重不利环境的干扰。隆宗门、长信门遗址在田野发掘阶段，用塑料膜和防水帆布覆盖考古遗迹，保护探方壁和夯土层，防止雨水对遗迹的冲刷与破坏。我国北方地区在 11 月至转年 3 月由于气温降低、霜冻雨雪频繁，不利于跨年度田野考古工作开展。在停止发掘阶段一般采取塑料膜、草帘等保暖物资进行覆盖。隆宗门、长信门遗址在 4~10 月发掘阶段的环境状况与该时段故宫的气象环境一致[1]。为掌握传统覆盖方法保护脆弱遗迹的情况，深入研究建筑考古遗迹的环境指数，我们引进世界文化遗产监测理念，2016 年冬季在已使用草帘加塑料薄膜覆盖遗址的长信门 T01 探坑中选取 8 个点位进行温湿度监测[2]。监测时间从 2016 年 12 月 22 日起，至 2017 年 3 月 1 日。传感器节点根据安装深度分别为：墙基上部 0.4 米深，墙基中部 1.8 米深，夯砖层中部 1.8 米深，墙基底部 3.4 米深，基槽底部 3.4 米深，第一个柱子木桩底部 3.6 米深，坑底上部外层最深处，坑底下部外层最深处。其中，位于墙基上部以及夯砖层中部的两个节点由于湿度太高，分别于 1 月 12 日和 1 月 18 日通信中断。其余节点均正常工作。其中有小部分由于进水短路造成的错误数据已经剔除。

最终监测到的温度数据如图七所示。监测发现探坑温度的分布基本随着深度的增加而降低，即深度越深，温度越低。其中，基槽底部、坑底上部以及坑底下部的三个点位温度最低，且变化趋势基本一致，在 1 月中下旬到 2 月初的温度基本在 0℃以下。夯砖层中部，墙基中部，以及第一个柱子木桩底部的温度稍高于之前的三个位置，冬季温度基本在 4℃左右。温度最高的是墙基上部和墙基底部（3.4 米深）的点位，平均温度在 6℃左右。

最终监测到的湿度数据如图八所示。可以看到，其中大多数点位全程湿度在 90% 左右，甚至更高，表明这些位置的水汽基本饱和。而基槽底部、坑底上部、坑底下部的 3 个点位，湿度较低，水汽没有饱和。与上述温度监测值对比可以看到，这些点位是所有点位中温度最低的 3 个点，温度在 0℃左右。从物理角度来看，冬季被塑料膜覆盖的

1　故宫博物院作为国内首批世界文化遗产单位，自 2011 年起即按照世界文化遗产组织的相关规定，建成气象监测站，并开始持续的气象环境监测工作。故宫考古遗址 2015 年气象环境详细情况参见故宫博物院世界文化遗产监测中心：《故宫博物院世界文化遗产监测工作报告（2014~2015）》，故宫出版社，2018 年。

2　该环境监测项目由故宫博物院古建部（故宫博物院世界文化遗产监测中心）张小古副研究馆员组织实施，合作方为隶属于中国科学院计算技术研究所的北京中科天合科技有限公司，本文监测资料来自中科院计算技术研究所：《慈宁花园北侧考古工地（长信门探坑）环境温湿度监测数据报告》（内部资料）。并感谢张小古对考古遗址监测工作的贡献。

土壤温度一般要高于空气温度，湿度也要接近饱和。因此，这三个点位温度偏低，湿度也偏低的原因很可能在于这些点位的通风条件较好，水汽更容易被带走，温度也更低。

同时分析这些点位的24小时温度差（图九），可以看到所有8个点位中，温度差最大的依次是坑底下部、基槽底部以及坑底上部这3个点位。这些点位的24小时温度差一般在2℃以上，而其余5个点位的温度差一般在2℃以下。这也进一步验证了

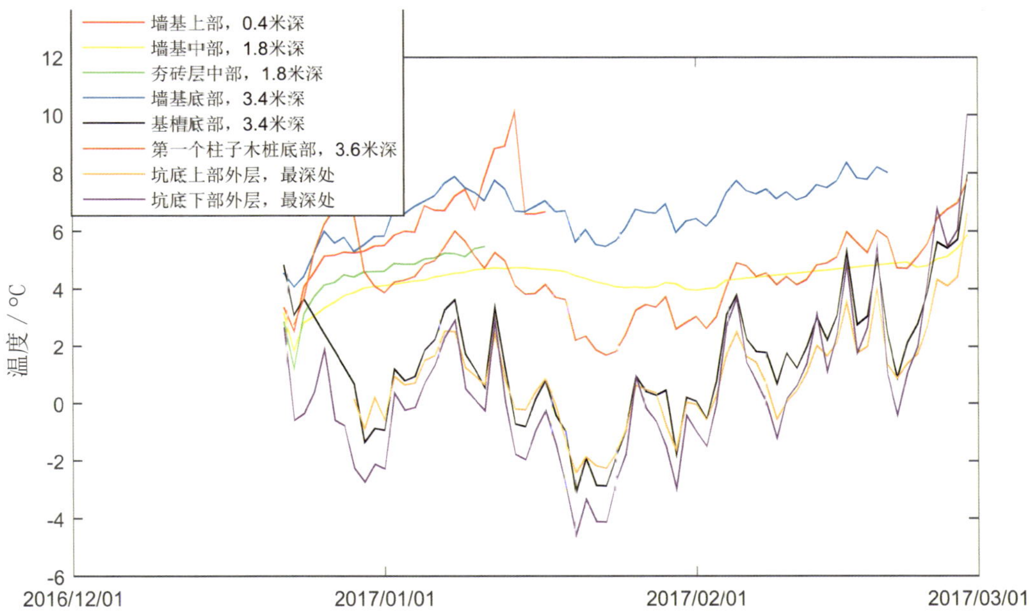

图七 长信门T01探坑监测温度图

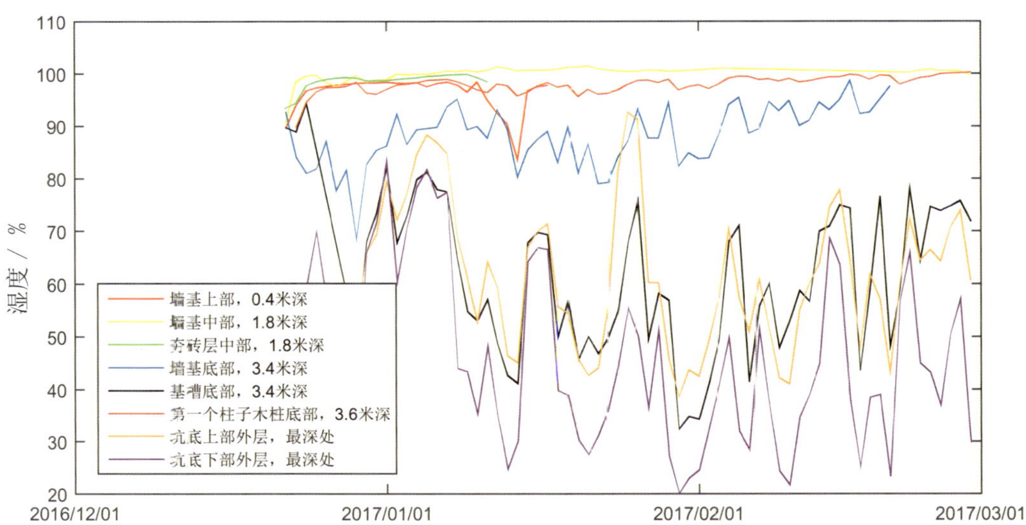

图八 长信门T01探坑监测湿度图

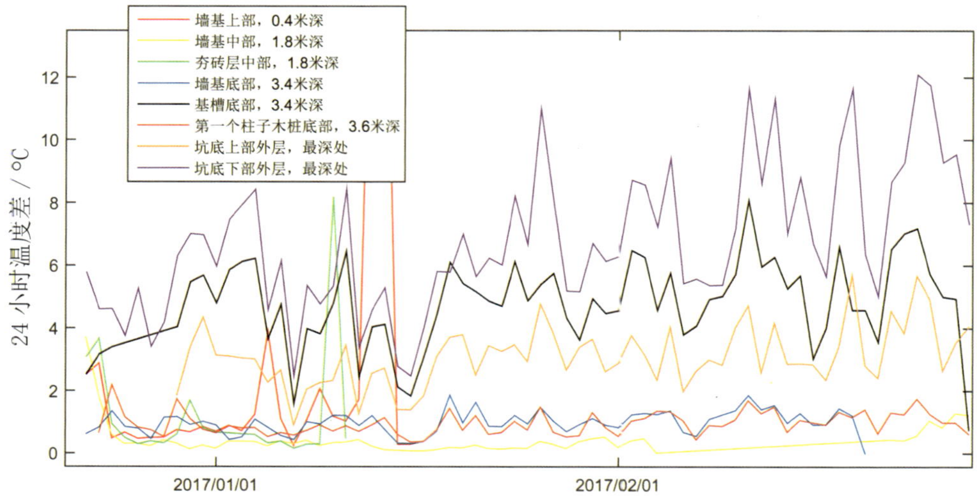

图九 长信门 T01 探坑监测 24 小时温度差图

基槽底部、坑底上部以及坑底下部的 3 个点位通风条件较好的推断。

因此，通风条件可能是影响探坑中温湿度条件的首要因素。如果通风不好，则探坑中冬季的温度一般在 0℃以上，而湿度基本饱和。如果具备通风条件，则冬季温度可在 0℃以下，并且湿度可下降到 70% 左右。在相同通风条件下，坑中点位的温度差一般在 4℃以内。

总体看来，温湿度监测表明，传统覆盖方法对考古遗址保护只能是短期有效，难以达到长期保护效果，并可能滋生新的病害。

3. 病害调查

故宫考古在田野发掘阶段对建筑遗址、遗迹单位的后期破坏状况视为考古学现象，认真记录其分布、层位关系和堆积状况。结合现场勘查和田野记录资料，隆宗门、长信门遗址的病害主要有以下五方面。

一是遗迹破坏。建筑遗迹的破坏发生在建成以后不同时期的拆除、改建和重建过程中，表现为建筑基址的叠压与打破关系，这是田野考古工作研究的主要问题。作为建筑遗迹的病害现象，主要是指遗迹形成处于相对稳定状态以后，现代自来水管、消防管道、电力管道、网络管道等建设、维修、更换等对遗迹的破坏。就故宫来讲，自清末电力、自来水引进宫廷铺设管道以来，基础设施对建筑遗迹的破坏活动已经触发。从 1925 年故宫博物院建院出于防火安全铺设消防管道，到进入 21 世纪按照世界文化遗产地保护要求，各种通信网络建设必须实行地下埋覆，由于不是同步规划施工和尽量降低管网近距离交叉关联的危险系数，各种管网纵横交错、上下重叠、反复开挖，不可避免地造成对建筑遗迹的破坏。从隆宗门、长信门遗址看，现代管网对遗址的破坏在地层上表现为现代沟、现代坑的形式，在砖砌磉墩、墙基、门道等遗迹上表现为穿凿、打洞、开挖等现象。

二是探方渗水。根据长信门 T01 探坑的地层关系，推断明清大型建筑基址的施工方法是先挖一个斗形的大基槽，再在基槽底部打木质地钉、搭建木质桩承台，在承台上以砖砌建磉墩或墙基，周边以一层夯土一层碎砖瓦层层夯筑成起加固作用的拦土墙，最终填满基槽。故宫 3 米以下深度的建筑基槽底部往往低于地下水位，夏季降雨时就成为地表水排泄的区域，隆宗门、长信门两处遗址距故宫西路的金水河不远，遗址较深的探坑经常积水。我们尝试利用大功率潜水泵将探方积水抽出排泄到附近排水沟，但水很快又通过碎砖瓦层的缝隙回流到了探方内部。隆宗门遗址还保存一条至今仍在使用的清代砖砌排水沟，由于现代管道施工横穿打破排水沟造成沟壁、沟底漏水，使排水常常渗入更低部位，成为探方渗水的另一个原因。

三是苔藓及杂草。探方中的夯土层在温暖潮湿环境里，很容易滋生苔藓，在光照条件下，杂草也很容易在土质的探方壁生长。根据长信门探坑的温湿度监测，被覆盖的探方冬季能够维持在 0℃以上和全程湿度在 90% 左右的环境中，苔藓仍然能够生长。苔藓和杂草的根系很容易造成探方壁土层脱落，影响其原状和长期保存。

四是风化冻化。故宫建筑遗址的砖面铺设、地面硬化较多，利用石灰与黏土根据不同比例混合而成的灰土，在遗址揭露以后灰土在烈日的暴晒之下发生不同程度的开裂、疏松，再经过夏季雨水的浸泡、冲刷，冬季的冰冻、霜冻和严寒气温的变化，更加剧灰土的风化过程。由于夯土本身的性质及风蚀、雨蚀和盐分运移等外力作用，地层中的夯土在不同的干湿、冷暖环境中，风化、冻化的速度要比灰土快得多，即使只是遇到短时大风天气，夯土层仍会不断干燥脱落，甚至尘土飞扬。

五是木构腐朽。故宫的城墙、宫殿等大型建筑基址的底部都发现有木质的地钉、桩承台。它们在埋藏过程中长期受到地下水、微生物等环境因素的侵蚀，木材内纤维素、木质素等物质逐渐降解流失，导致其细胞壁的强度严重下降。细胞壁依靠自身强度已经无法保持原有形状，只能依靠其中所含的水分来维持。随着水分的散失木材细胞壁发生收缩塌陷，水分蒸发形成的表面张力加重了细胞壁变形。长期暴露在有氧的空气环境中的木质遗存，会逐步脱水、干燥、开裂、软化乃至最终腐朽。长信门探坑揭露后仅一年多时间，木构桩承台经历夏季水浸、冬季暴露就出现松软、开裂的症状。2014~2016 年故宫多处消防管道更换工程施工坑都发现了 20 世纪 90 年代消防施工回填后的木构腐朽现象。

以上五方面病害都是建筑遗址回填保护需要解决的关键性问题。第一方面病害是考古遗迹在历史变迁过程中由人为活动造成的结果，后四个方面病害主要是遗迹揭露以后自然环境导致的现象。

三、原状性回填保护工作的思路与实施

遗迹的不稳定现状、传统覆盖环境监测数据、病害调查问题，是故宫两处遗址最终进行原状性回填保护策略的科学依据和客观基础。根据发掘探方内存在暴露遗迹、尚未清理的某些部位下可能还有少量遗物等多种因素，回填过程必须考虑遗址本身、坑内遗存的承重以及有利于遗址二次清理的现实状况。原状性回填保护方案确定了按照遗址的原状堆积、建筑材料、营造工艺，采取突出重点、工艺试验、分层回填、恢复原状、集中施工、确保安全、便于清理的思路。原状性回填施工主要采取使用沙袋加固、薄膜和木板隔离、素土和砖瓦碎块交互夯筑、浇筑灰土、铺设砖面的方法，具体步骤为：局部加固—重点部位特殊处理—铺设塑料薄膜和木板隔离—素土、碎砖瓦块交互回填—灰土及铺砖—标识设置。为保证回填施工过程中建筑遗址的原状性和安全性，主要实施以下工作：

第一，重点加固。两处遗址的探坑坑壁大面积为夯土层和夯土与砖瓦块交互层，在渗水、积水、雨水的浸泡、冲击下，坑壁存在多处裂缝和坍塌现象。在回填过程中对探方壁产生塌落的部位，以沙袋堆积、填充、防护等方式进行加固处理（图一〇）。对砖铺面、墙基、砖砌排水沟等遗迹表面存在裂缝、松散等问题，采取原材料、原工艺进行原状修复，并根据现场实际情况实施灵活的加固方式。

第二，遗迹防护。对考古发现的重要遗迹根据材质、工艺等特性，采取相应方式进行特殊处理。隆宗门遗址 T0101 探沟中发现的元代夯土层由于暴雨冲刷，局部发生坍塌，对坍塌部分以套箱提取，根据夯土块体量切割成长 0.8 米，宽 0.8 米，高 1 米的体积，现场加工钢材质套箱转移至考古库房，为后续的展览展示积累实物标本资料（图一一）。针对长信门遗址 T01 探坑底部的木质地钉、桩承台遗迹，探方底部斜坡状

图一〇 隆宗门遗址回填利用沙袋加固防护

图一一 隆宗门遗址套箱提取元代地层

图一二 隆宗门遗址探方隔离防护

图一三 隆宗门遗址探方底部铺设木板层防护

基槽壁上脚窝遗迹，结合原来地层堆积，分别对脚窝遗迹进行细沙覆盖，对木质遗迹采取细碎砖瓦块进行覆盖夯实。

第三，探方隔离。用塑料薄膜对所有探方、探沟的四壁进行张贴、隔离，在底部平铺木板隔离，达到防水浸、防重压的目的（图一二）。底部木板为增加牢固程度以每隔 0.5 米等距离为准，向下 0.2 米深镶嵌木桩，木桩之上再平铺木板（图一三）。

第四，素土回填。夯土层为主的探方主要遗迹、探方壁和底部完成防护以后，采用与原有素土类似的纯净黄土回填。黄土全部经过筛选，做到不把土块、小石块等杂物回填到探方、探沟内。隆宗门遗迹 T01 探方回填虚土每层厚 0.3~0.4 米，层层进行夯实，夯层每层厚 0.2~0.25 米；每回填一层，夯实砸平后方进行再一层回填。由于探沟面积较小，每回填一层虚土后都用传统木夯夯实，特别注意夯实角落，探方全部回填至顶部时再进行大面积统一夯实（图一四）。

第五，素土与碎砖瓦层交互夯筑。对于四壁为拦土墙的探方进行遗迹防护以后，按照其原状堆积实行一层素土一层碎砖瓦层的夯筑回填。长信门遗址 T01 探沟由于是基建勘探施工，非考古专业人员发掘，开挖时将素土与碎砖瓦层混在一起。回填工作

图一四 隆宗门遗址探方层层夯实填土

图一五 长信门遗址素土与碎砖瓦层交互层回填素土

图一六 长信门遗址素土与碎砖瓦层交互层回填碎砖瓦层

首先筛选出土物，将素土与碎砖瓦块分开，这就对筛网规格提出了要求。经过试用不同规格筛网，网格间距为 1 厘米的钢质网筛效果较好，网眼过大碎砖瓦块混入素土，过小则难以筛出素土。待全部完成筛选分离工作后，再一层素土一层碎砖瓦块填入探方（图一五、图一六）。探方发掘的素土与碎砖瓦层交互层，素土层厚度为 10~15 厘米，

图一七 隆宗门遗址表层加固

图一八 隆宗门遗址“三七土”表层加固

碎砖瓦层厚度为15~20厘米。在实际回填施工中出现两个需要注意的现象，一是每层素土层虚土回填到20~25厘米厚度，经过夯筑压实到10~15厘米的厚度，而碎砖瓦层经过夯筑厚度变化不大，达到挤压紧密的程度。二是每回填一层素土后，以传统木夯直接夯筑素土很难操作，素土很快就黏满木夯，潮湿夯土层更容易挤出水分；而先铺一层黏土再铺一层砖瓦碎块，夯筑砖瓦块就便于操作且容易夯实，可以达到接近遗迹原状的效果。试验结果与考古发现的夯土层砖痕压窝、夯土与碎砖瓦层结合紧密的遗迹现象反推出来的工艺过程大体一致，印证了一层素土一层碎砖瓦块的加固过程中，不是夯筑素土而是夯筑碎砖瓦块层的操作技术。

第六，表层加固。隆宗门遗址多个探方回填接近地表时，表层用灰土、灰浆、整砖、碎砖、渣土进行分别铺垫加固（图一七）。较深探方上层按灌注灰土、整砖块铺设、恢复原砖铺地面等程序施工。较浅探方表面以碎砖铺垫，现代施工沟表面以渣土铺垫。铺垫砖块之后，在表面用三七灰浆浇筑，即30%白灰和70%沙土均匀掺和而成，用水浸泡湿透形成灰浆，作为表面加固层（图一八）。这样既有利于防止地面下沉，又可识别各种遗迹、施工沟的边界，实现考古遗址的可逆性保护。长信门遗址在表层加固过程中，特别针对考古发现铺砖层下的灰土实物，进行了三种形式的原材料、配方比例、调和工艺试验[1]。其一，以现代黏土与等量的熟石灰粉机械搅拌均匀后，加水调和成糊状，反复压实抹平，待其凝固干结（图一九右）。其二，以熟石灰粉加水调成

1 20世纪五六十年代故宫古建工作者就注意到砖铺面基础下的灰土，1990年前后故宫学者专门对其分布规律、形态功能、理化成分、施工工艺进行过深入研究。推测灰土的施工方法是撒一层黄土、泼一层白灰浆，铺到应有厚度以后，实土夯打而成，认为灰土不是白灰与土的掺和，而是用白灰浆。本试验由此启发而开展，进一步的试验品与考古发掘实物的对比研究工作值得继续推进。参见白丽娟、王景福：《故宫建筑基础的调查研究》，《紫禁城建筑研究与保护——故宫博物院建院70周年回顾》，第286~315页，紫禁城出版社，1995年。

图一九 长信门遗址灰土工艺试验样品

图二〇 长信门遗址 T01 探坑出土灰土块样品

图二一 长信门遗址灰土层

图二二 长信门遗址表层铺砖层

稀粥状，加入等量现代黏土搅拌成糊状，使其凝固干结（图一九中）。其三，以熟石灰粉加水调成稀粥状，加入等量的考古清理的明晚期地层中的黏土搅拌成糊状，凝固干结（图一九左）。三种试验形成的灰土在外观和坚固程度上与考古地层中发现的灰土块大体一致（图二〇），长信门 T01 探坑采取第三种工艺形式加工浇筑灰土（图二一），再以灰土作为垫层铺设砖铺面（图二二）。

第七，标识设置。故宫考古运用全站仪、RTK、倾斜摄影等方式对探方遗迹进行测绘、扫描，全面保存遗迹的数字化资料。回填过程中，始终注意保护测绘信息系统的基点和原点不被移动和破坏，采取特质的钢质测绘桩永久埋藏在测绘地点。在回填结束后，又与现代地面施工者保持密切联系，使测绘桩略低于现代地面，在测绘桩位置设置测绘孔并在孔内填置粗砂，便于后续测绘工作。按照世界文化遗产地要求，下一步要考虑在回填区域安放考古遗迹标识牌。

四、存在问题与经验启示

隆宗门、长信门遗址原状性回填工作由于时间紧张和条件有限，还存在一些已规划但未能实施的问题，主要是防霉处理和木构防腐。防霉处理方面，探坑底部地下水位较高，渗水现象不断发生，易造成坑底、四壁的霉变。故宫两处遗址考古地层中残留的骨骼、颜料等遗物和木结构遗迹为易发生霉害的有机物遗存，在回填前未能对遗址表面整体做防霉处理。国内同行已检出的霉菌多为常见菌，实验证明防霉剂霉敌、LAG002、LAG003 和 TBZ 等均对检出霉菌有强大的抑制效果。考古遗迹回填以前，可在遗迹、探方底部及四壁、沙袋、塑料薄膜等表面全部均匀喷洒浓度为 5000PPM 的复配防霉剂 LAG003 水溶液，或 LAG002+TBZ 水溶液，喷洒量为每平方米 80100 毫升[1]。木构防腐方面，对长信门 T01 探坑的木质桩承台开展了基于保护目的的树种鉴定、碳 -14 测年工作，但考古发现的现场保护和回填后续防腐工作未能实施。目前国内对历史时期遗址出土木质文物的保护处理经验表明，治水是遗址及木构件原地保存的关键，也是后续保护措施得以实施的保证和遗址及其木构件得以长久保护的前提。通过前期的采样分析、杀菌处理、回填保护处理和木材脱水实验研究可为将来开挖大规模保护提供科学依据[2]。此外，未能利用消防管道竖井等基建条件预留回填遗址观察与监测通道，也是故宫考古遗址原状性回填保护的一个漏洞。总之，故宫两处遗址的工作实践，对做好历史时期建筑遗址原状性回填保护带来的经验启示有以下方面：

首先，坚持原状性回填保护的基本原则。按照文物遗址保护落实“保护为主、抢救第一、合理利用、加强管理”工作方针要求，原状性回填应坚持全面保护、施工可逆性、最少干预以及无污染、方便二次清理的原则，以此指导施工方案与实施步骤。全面保护原则，要使遗址和周边环境形成一个整体，分散应力对遗址的影响，将破坏的可能性降至最低。可逆原则，回填保护材料要慎重选择，避免对遗迹造成污染，可以继续对遗址进行保护加固。最少干预原则，是尽量减少保护回填材料与遗址本体的损伤性接触，避免保护性破坏。无污染、方便二次清理的原则，保护措施要有利于以后的揭示工作，满足人们在遗址上行走和生产活动需要，回填后的遗迹要标明保护区域。

---

1 王伟峰、邵文斌、严苏梅等：《遗址博物馆建设过程中的遗址回填保护问题初探——以秦始皇陵 K0006 陪葬坑为例》，《文博》201[illegible] 年第 4 期。

2 解玉林、徐方圆、徐文娟等：《志丹苑元代水闸遗址木质文物保护前期工作》，《文物保护与考古科学》2012 年增刊。

其次，立足于掌握古建筑施工技术以实现原状保护目标。原状性回填的根本目的是确保古代建筑遗址的原状保护和长期安全，回填措施必然涉及现代施工与古代建筑工艺技术的差异性问题。古代建筑工艺技术研究除了利用古代文献对营造技术的记载外，还可依靠田野考古发现的遗迹现象、建筑材料的检测和微痕分析，反推建筑的材料加工、工艺时序、施工技术等具体环节，推论的科学性需要复原试验来验证。故宫两处遗址回填实践表明，借助民族学、人类学的理念开展工艺复原试验也是研究古代建筑技术的可行途径。以复原试验为依据采取更为科学、更接近古代建筑工艺技术的施工回填方法，有利于更大程度地实现遗址原状保护的目标。

其三，重视原状性回填的施工与监督。根据遗址所在地的环境条件、工程计划、时间周期，原状性回填应详细做好前期的调查与勘探，确定施工线路，合理制订具体步骤。对回填施工过程中可能遇到的局部加固、防霉等特殊情况，做出必要技术预案，并针对现场具体情况及时进行调整修改，确保回填施工的科学性、合理性、安全性。按照考古、文物保护与建设工程的操作要求，选择管理正规的施工队伍，确定施工监理，全程对回填施工进行技术指导与监督，针对遗存性质与保存状况落实施工方案，严格把好质量关，真正使原状性回填保护取得预期效果。

附记：故宫考古遗址的回填保护思路主要得益于故宫博物院原院长、著名考古学家张忠培先生的倡导与指导。本文的实践与思考来源于张忠培先生2014~2017年在生命的最后时光对故宫考古工作的谈话、交流、发言，在此对已逝的张忠培先生致以崇高的敬意和深切的怀念！同时，感谢故宫考古专家李季、王光尧、徐海峰等亲临遗址回填现场的关心与帮助！

肯尼亚斯瓦希里文化清真寺米哈拉布形制初探

王太一

斯瓦希里文化是东非参与世界经济尤其是环印度洋贸易的重要主体，是东非历史的重要组成部分。斯瓦希里文化遗址在东非沿海分布范围很广，北到索马里南部，南到莫桑比克中部，包括科摩罗群岛和马达加斯加岛北部。其核心分布区为肯尼亚和坦桑尼亚沿海地带，相对而言，肯尼亚沿海地带的遗址分布更多一些（图一）。

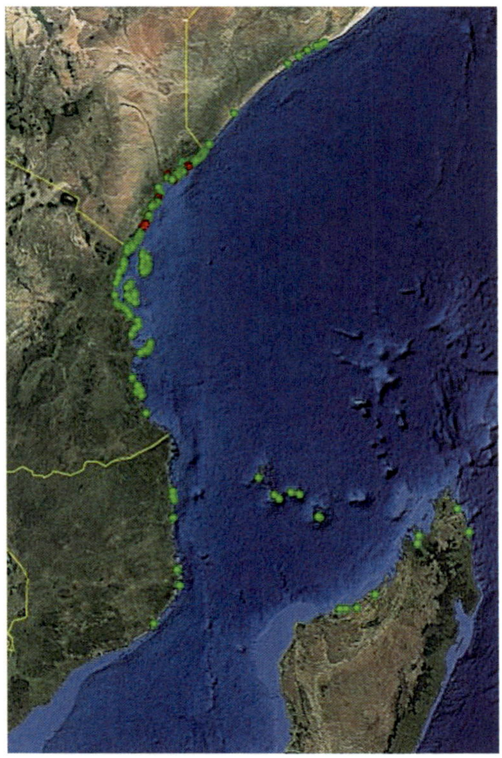

图一　东非海岸斯瓦希里文化遗址分布

根据遗址的密集程度，肯尼亚沿海地区可以分为以群岛为核心的北部遗址群、以马林迪为核心的中部遗址群、以蒙巴萨为核心的南部遗址群三个群。北部遗址群又可细分为群岛北部大陆组、群岛组、群岛南部大陆组三个小组。南部遗址群又可细分为蒙巴萨周边组和南部海岸组两个小组（图二）。

斯瓦希里文化在形成和发展过程中受到伊斯兰文化影响很大。公元 8 世纪前后，伊斯兰教传入东非，11 世纪扩张至整个非洲东海岸。现存东非海岸各遗址中基本都以清真寺为中心，而清真寺的米哈拉布特点鲜明，形制多样，因此通过对米哈拉布形制的分类，结合时代信息和地理分布，有助于讨论在环印度洋贸易背景下，东非海岸城市发展和受到影响的过程。

米哈拉布（Mihrab）是伊斯兰教清真寺中的一个建筑部分，位于礼拜厅或主室内，主要作用是标识出礼拜的方向，也称作"凹壁""窑殿"。在古兰经中"米哈拉布"通

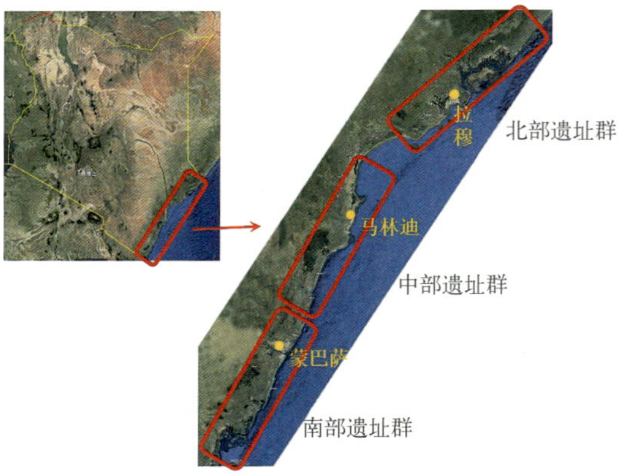

图二 肯尼亚沿海遗址群

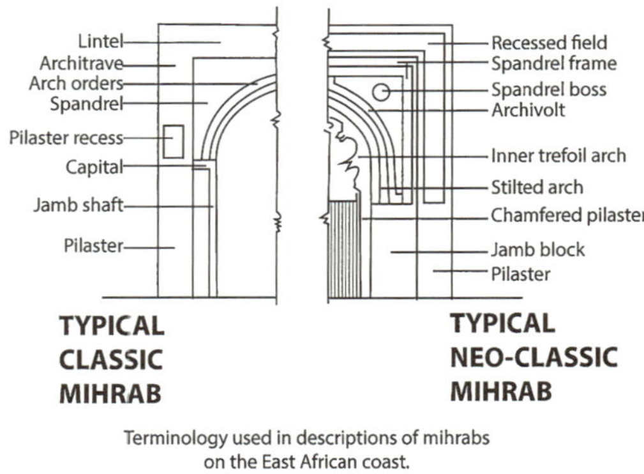

图三 米哈拉布类型

常指圣所或礼拜处[1]。最早的清真寺内并无“米哈拉布”这一结构。该结构是先知的后继统治者引入的，之后主要用于标记礼拜方向。在东非，礼拜方向大致是向北的，所以米哈拉布通常位于礼拜厅北墙的正中。

格雷克将清真寺米哈拉布分为古典主义和新古典主义两种主要类型[2]。古典主义米哈拉布包含过梁、楣梁、壁柱及凹龛、拱肩、拱顶、侧柱顶、侧柱轴等结构。新古典主义米哈拉布包含凹陷带、壁柱、拱肩框、拱肩轮毂、拱门饰、有座拱、内部三心花瓣拱、棱槽壁柱、侧柱座、侧柱等结构。其中最有特点的结构部分就是拱门，拱门可以细分为圆拱、尖拱、花瓣拱等类型（图三）。

对肯尼亚沿海遗址工作贡献较多的学者包括奇蒂克、柯克曼、霍顿、威尔森、格雷克等。结合各位学者的成果，首先介绍相关遗址概况[3]。

1 《古兰经》第 19 章“麦尔彦”第 11 节。

2 P.S. Garlake, *Early Islamic Architecture of the East African Coast,* Oxford：Oxford University Press, Nairobi, 1966. 后文对格雷克著作的引用均出自此处。

3 M.C. Horton, *Shanga, The archaeology of a Muslim trading community on the coast of East Africa,* Nairobi: BIEA, 1996.
T.H. Wilson, *Swahili Monumental Architecture and Archaeology North of the Tana River*, Nairobi: National Museums of Kenya, 2016.
T.H. Wilson, *Archaeological Excavations on the North Kenya Coast*, Nairobi: National Museums of Kenya, 2017.
T.H. Wilson, *The Monumental Architecture and Archaeology of the Central and Southern Kenya Coast*, Nairobi: National Museums of Kenya, 1980.

一、北部遗址群

1. 群岛北部大陆组

伊沙卡尼遗址（Ishakani）较大，包括两个清真寺和若干墓葬。海边清真寺比较小，方向是 24° 。礼拜厅长 9.68 米，宽 4.5 米。米哈拉布近似古典主义风格，拱门为较瘦的尖拱，后殿有槽状装饰，拱肩上有两个轮毂饰，三层拱门饰和双层拱肩框。推测建于 16 世纪中后期。西部主清真寺较大，有东厅，方向是北偏西 340° 。礼拜厅长 11.22 米，宽 6 米，米哈拉布下部被掩埋，仅残存拱门内壁，有棱槽壁柱，顶和壁的壁柱间有一条隔断带，侧柱上有三层拱门饰痕迹。从残存部分观察，原状应为花瓣拱，属新古典主义风格。推测建于 16 世纪末至 17 世纪初（图四）。

图四 群岛北部大陆组米哈拉布形态

姆瓦纳·姆差玛遗址（Mwana Mchama）面积不超过 2 万平方米，包括一座清真寺、一座墓葬和若干房址。清真寺米哈拉布近似古典主义，尖拱，两层拱门饰，拱肩上有两个轮毂饰。可以追溯到 14 世纪末至 15 世纪。

欧姆维遗址（Omwe）非常大，由于灌木茂密很难测量面积。中心区域包括两座清真寺、若干墓葬、房址和一道围墙。东部清真寺的米哈拉布近似新古典主义风格，但三心花瓣拱较大，有 5 层拱门饰，侧柱座有棱槽饰，内壁的顶壁间有隔断。根据墓葬发掘收获，遗址使用时段从 17 世纪延续到 20 世纪前期。

乌池·诸乌遗址（Uchi Juu）在一个小岛上，中心区域被围墙环绕，其中有一座清真寺和若干房址。清真寺礼拜厅长10.8米，宽4.87米。米哈拉布接近新古典主义风格，侧柱座面上有两条小的壁柱饰，花瓣拱的三个花瓣曲度较大，花瓣间各有一个轮毂饰，过梁凹陷带由多个壁龛组成。

师夷·贾法瑞遗址（Shee Jafari）有两座清真寺、一座墓葬、若干房址和一道围墙。清真寺在 1978 年倒塌，米哈拉布有三层拱门饰，可能为古典主义风格，但没有照片。

儒布遗址（Rubu）废弃于 1978 年。清真寺米哈拉布接近新古典主义风格，但结构有所简化，花瓣拱的花瓣下方两侧各接一个尖角成为五瓣，拱肩框和有座拱之间的区域有星月饰，过梁、壁柱上满饰壁龛，不见棱槽饰和轮毂饰。

三德尼遗址（Sendeni）废弃于 1965 年。清真寺保存较好，礼拜厅内有四根八角形墩柱形成三通道。米哈拉布接近新古典主义风格，三心花瓣拱的花瓣下方两侧各接一个小尖角成为五瓣，过梁、壁柱上满饰壁龛。建筑上有 18 世纪末题记。

乌瓦尼遗址（Uwani）的清真寺米哈拉布接近古典主义风格，拱门是圆拱，有一层拱肩框和三层拱门饰。

2. 群岛遗址组

上加遗址（Shanga）位于帕泰岛南部。霍顿进行了详细的调查和试掘，并出版了发掘报告[1]和研究文章[2]。遗址总面积约 15 万平方米。地表遗迹包括一个中央聚礼日清真寺，两个较小的清真寺，柱墓和大约 220 座房屋。对上加遗址做了放射性碳素法测年工作，根据考古成果和测年结果，遗址存续时间从公元 8 世纪中期至 15 世纪初（图五）。

1 M.C. Horton, *Shanga, The archaeology of a Muslim trading community on the coast of East Africa,* Nairobi: BIEA, 1996.

2 M. Horton, *The Early Settlements of the Northern Swahili Coast*, Ph.D. thesis, Cambridge: Cambridge University, 1984.

上加东部清真寺

聚礼日清真寺（12 世纪中期）

聚礼日清真寺（15 世纪早期）

上加西部清真寺

图五 上加遗址米哈拉布形态

现存的聚礼日清真寺地表可见三个通道和四组建筑空间：洗浴设施位于西面，东面是中央祈祷室，两侧有两条走廊和一个庭院。霍顿复原了倒塌的米哈拉布，认为是 15 世纪早期的风格。他的发掘复原出从 11 世纪到 15 世纪早期 8 个时期的建筑，并在清真寺下发掘出 8 世纪中到 11 世纪早期的 17 个阶段的遗存。他认为与早期伊斯兰教在斯瓦希里海岸的出现有关。公元 760~920 年，遗址上为木柱框架结构建筑，柱子之间涂灰泥。9 世纪开始出现矩形的泥墙结构，有时泥里有少量的石头。公元 920~1000 年，开始出现珊瑚石墙建筑。公元 1000~1050 年，开始出现珊瑚石建的大型清真寺。公元 1050~1075 年，遗址有一次废弃。公元 1075~1425 年，遗址得到重建并逐渐兴盛，之后突然废弃。

上加东部清真寺，也称支柱清真寺，其后墙、西墙和东墙的南端已经倒塌。从残

萨利姆清真寺 颇科莫清真寺

巴卡里清真寺 康博清真寺 普瓦尼清真寺 努鲁清真寺

图六 帕泰遗址米哈拉布形态

存部分看米哈拉布接近古典主义风格，米哈拉布所在墙上有较高的四方柱和两个矩形窗。上加西部清真寺位于聚礼日清真寺西南。该清真寺的米哈拉布接近古典主义风格，在 1977 年左右倒塌。

帕泰遗址（Pate）位于帕泰村的西部，遗址有围墙环绕，总面积约 27 万平方米，包括 8 座清真寺（图六）。布瓦纳·巴卡里清真寺（Bwana Bakari）于 1978 年重建后继续使用。当时的米哈拉布两侧壁柱上嵌板位置贴有铭文砖，顶部也有铭文，有复杂的多心花瓣拱，内壁有棱槽饰。1981 年威尔森和奥马尔进行试掘，发现清真寺保留有 17~19 世纪建造、使用和废弃的过程和踩踏面堆积；这些堆积下有 8 世纪末 9 世纪初到 13 世纪中期的东非沿海典型的陶瓷序列[1]。1991 年阿班古等又进行了调查，揭

1 T. H. Wilson & A. L. Omar, "Excavations at Pate on the East African Coast," in G. Pwiti and R. Soper, eds., *Aspects of African Archaeology*, Harare: University of Zimbabwe Publications, 1996, pp. 543–554.

示出该地区可能有早期清真寺、墓葬区、不同时期地面、木构和泥的建筑[1]。姆西基蒂·瓦·普瓦尼清真寺（Msikiti wa Pwani），又称西南清真寺。上部拱门框内的轮毂饰内镶有三个碗。有内三心花瓣拱、拱肩轮毂饰、壁柱和侧壁砖等结构。奇蒂克在清真寺南侧的洗礼区内进行了一次试掘，出土物与米哈拉布的风格都指向18世纪中期。姆西基蒂·瓦·昂·安都清真寺（Msikiti wa Ng'andu）位于遗址东南部，破坏较严重，有内部三心花瓣拱。拱门上方有一个尖头状的凸台，两侧是拱肩上的圆形轮毂饰。楣梁上残留一个青花碗。安都清真寺的东北是姆西基蒂·瓦·姆薇尼·康博清真寺（Msikiti wa Kombo），又称东南清真寺。这座清真寺有一个小礼拜厅，三个墩柱沿着中轴线延伸；东面有一个前厅，西面可能有两个前厅。建筑东南角的洗礼间可能比现在的清真寺更古老；南部房间的水池可能是后来增加的。米哈拉布楣梁的每一个壁柱上都有矩形壁龛，拱肩轮毂饰是两个圆形凹陷，可能用于镶嵌。有内部的三心花瓣拱、侧柱块、侧壁凹陷带等结构。遗址较外围有姆西基蒂·瓦·努鲁清真寺（Msikiti wa Nuru），有两个米哈拉布。较大的西厢长约12米，屋顶由三个中央墩柱支撑。米哈拉布是三心花瓣拱，壁柱有棱槽饰。横墙将东室的空间分为三个区域。东部米哈拉布没有真正的外框，拱肩框的凹进壁龛内有一个切割得很窄的珊瑚铭文。拱肩框下接侧壁块，侧壁块的每一个表面都有四个凹进壁龛。所有拱门轮毂饰都已缺失。后室顶部镶有花环，下面是用黑色颜料写的阿拉伯文字。努鲁清真寺的北部偏东是姆西基蒂·瓦·萨利姆清真寺（Msikiti wa Salim）。礼拜厅中央有三个墩柱，最后一个墩柱嵌于房间的后墙内。两边各有两根柱子，南北墙的柱子或壁柱相互连接，形成侧通道。西面房间向西延伸出一个纵向的房间。主房间的南面是另一个房间，可能用于沐浴。在清真寺墙外的东南角是井，东北角有楼梯。米哈拉布的内拱是三心花瓣形的，内壁有复杂装饰。姆西基蒂·瓦·颇科莫清真寺（Msikiti wa Pokomo）毗邻西北围墙，已经荒废，由四排各三根八角形柱子组成五条走廊。洗礼厅、井和水池在南边。米哈拉布有内部三心花瓣拱、三个拱门饰和一个拱肩框，后壁有棱槽饰。姆西基蒂·瓦·布瓦纳·塔姆清真寺（Msikiti wa Bwana Tamu）位于帕泰西部，在1982年复建并继续使用。内部三心花瓣拱，正面和侧壁有凹进的嵌板，后壁有棱槽饰，上方有花纹。洗礼区在南面，在东面有一个开放的走廊。北墙延伸出来的台阶通往屋顶。这座清真寺可能建于18世纪初。

希由遗址（Siyu）在上加遗址以北3千多米处，位于海边高地，紧邻希由村。遗

1 G.H.O. Abungu, "Fate: A Swahili town Revisited," *Kenya Past and Present*, vol.28(1996), pp.50–60.

法扎废弃清真寺　法扎沙拉·法塔尼清真寺

艾图清真寺　充德瓦清真寺　曼达南部清真寺　塔夸清真寺　希由堡清真寺

图七　群岛组其他遗址米哈拉布形态

址包括北部一座堡垒和里面的清真寺，以及东南部的居住区。格雷克1966年做过调查，记录了两座清真寺，一些房屋遗迹、墓葬和旧城墙的遗迹。希由堡在遗址北部，建于19世纪初。堡内有一清真寺。米哈拉布是新古典主义风格，但三心花瓣拱变为七心花瓣。据格雷克调查，还有一座小清真寺，米哈拉布非常精致，有嵌板和复杂的花瓣拱（图七）。

塔夸遗址（Takwa）位于曼达岛东南部。该遗址经过三次发掘，布局相对完整，结构相对清晰。围墙内的面积约4.3万平方米，包括清真寺、房址、水井和可能具有宗教或商业功能的建筑物，遗址的繁荣期在16、17世纪。聚礼日清真寺位于遗址的中心，其北墙上有一根很高的四方柱。清真寺的围墙有北门和东门两个入口。北围墙上有一组刻画，内容包括帆船和匕首。东入口外面是洗礼区，包括一口井、一个管道和一个蓄水池。水池底镶嵌着16世纪中期的一个葡萄牙盘和两个陶器，釉面保存很差，据说一个施黄绿釉，另一个施绿釉。水池外有珊瑚石刮脚器的痕迹。有三个拱门通向大厅。有一个较大的房间附属在清真寺建筑旁，据称可能是专为女性祈祷准备的。清真寺的米哈拉布接近古典主义风格，但具有拱肩框、拱顶饰、棱槽饰等新古典元素。

曼达遗址（Manda）位于曼达岛的东北角，遗址包括两座清真寺。北部清真寺位于老城区，破坏非常严重；南部新城有围墙，围墙内有南部清真寺、圆顶坟墓和房址，南部清真寺的米哈拉布接近新古典风格。两座清真寺年代均较晚。奇蒂克认为新城的年代为 16 世纪中期至 17 世纪。奇蒂克的发掘将遗址堆积大致分为 5 期，认为曼达的起源可以追溯到 9 世纪中叶或更早。霍顿在新城附近的海滩上发现了早期陶器，认为可能存在早期堆积。

法扎遗址（Faza）斯瓦希里遗迹包括 4 座清真寺和一些墓葬。沙拉・法塔尼清真寺（Shala Fatani）可以通过东部的前厅或南部的洗礼厅进入礼拜厅。礼拜厅有两排（每排 4 个）八角形桥墩柱支撑屋顶，南部拱门上方有横木。米哈拉布有双层装饰的壁柱，壁柱上有拱形壁龛。有双层拱肩框和三层拱门饰，内部是三心花瓣拱，花瓣拱表面有矛尖或心形雕刻装饰。后殿顶部有几个浮雕叶脉纹装饰的柱状构件。清真寺西墙和部分东墙倒塌了，东南方有井，通过管道引水进入清真寺。清真寺朝向为 1.5° 。法塔尼清真寺南面有一座清真寺，几乎完全损毁，只能辨识出南方的洗礼设施。这片废墟北面是块墓地。墓地东边有一座废弃的清真寺，东边有前厅，南边有洗礼厅。礼拜厅有两排各 2 个八角形墩柱。每个拱门壁柱上都有一个方形壁龛。米哈拉布完好，壁柱上有连续矩形嵌板装饰，侧柱座有镶板饰，拱肩框内是三层拱门饰和一个内部三心花瓣拱。后殿下部有垂直延伸的面板，上部是 5 层灰泥装饰带，顶部已毁。清真寺在 1980 年被摧毁，部分墙壁已经倒塌。清真寺方向为 347° 。附近一座废弃不久的大清真寺形制相近，礼拜厅有四排两列中央墩柱，从东面和南面的房间穿过尖拱门进入，有一个凹进的明巴和一座宣礼塔。信众可以从东厅进入外部楼梯到达宣礼塔。清真寺东部有高大宽阔的楼梯。法扎地表可以采集到剔划釉陶器和青瓷，包括伊斯兰单色釉陶器、波斯青花瓷、伊斯兰多色釉陶器、15~19 世纪的中国青花瓷、日本青花瓷、印度红地黑彩陶器和仿青瓷、19 世纪的欧洲瓷器。从剔划釉陶器看法扎可能建于 13 世纪晚期。

充德瓦（Chundwa）清真寺北墙上有 50 多个碗的凹槽，部分碗保存了下来，都是 18~19 世纪的。米哈拉布有 18 层浅而窄的拱门饰。礼拜厅是三通道式的，南部是洗礼厅，大部分墙倒塌了，方向是 357° 。

艾图遗址（Atu）位于希由东北方。遗址包括一座清真寺和一个墓群。清真寺礼拜厅有东和南两个入口，有两排柱子，形成三条走廊，南边是洗礼厅。米哈拉布有方形壁龛，旁边是阶梯式明巴。墓地在清真寺以南。

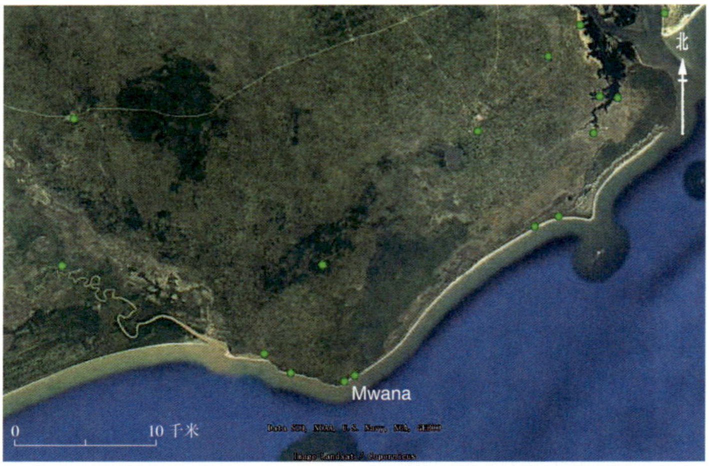

姆瓦纳圆顶清真寺

姆瓦纳小清真寺

姆瓦纳轮毂饰清真寺

姆瓦纳聚礼日清真寺

图八 姆瓦纳遗址米哈拉布形态

3. 群岛南部大陆组

姆瓦纳遗址（Mwana）面积很大，包括至少四座清真寺、房屋和几座墓葬，在遗址东北 800 米的小山上另有一处较大的墓地。遗址选址位于现在海滩沙丘后面的高地上。高地边缘是圆顶清真寺。礼拜厅有两排柱子，每排三根，形成三条走廊，除了中间走廊的两端，所有顶部都有圆锥形圆顶。米哈拉布接近古典主义风格，有拱门饰。遗址东北部是大清真寺。礼拜厅有三排三根矩形柱子构成的四条走廊，而在清真寺的南端，在矩形底座上有两排每排三根八角形柱子构成的三条走廊。清真寺可能存在扩建或重建的过程。米哈拉布接近古典主义风格，有拱肩框和三层拱门饰，内部顶壁之间有一道突出的分隔。清真寺北的围墙内有一口又宽又深的井。向北几十米还有另外两座清真寺。小一点的清真寺破坏严重，米哈拉布是古典主义风格，有单层拱肩框和三层拱门饰。清真寺东北部有洗礼厅，水井紧邻水池。另一座清真寺，米哈拉布接近古典主义风格，有双层拱肩框、4 层拱门饰、拱肩轮毂饰、带嵌板的侧柱座等新古典元素。其轮毂饰比较特殊，是复杂的缠枝雕刻。两个拱肩轮毂之间的拱门正上方镶嵌了一个花瓶状的珊瑚装饰，雕刻的也是复杂的缠枝纹。米哈拉布两边的墙上有细缝式的窗。从东前厅到西前厅有两个拱形门道，北面有一口深井（图八）。

乌瓜纳圆顶清真寺　乌瓜纳小清真寺　乌瓜纳新贾米亚清真寺

图九　乌瓜纳遗址米哈拉布形态

乌瓜纳遗址（Ungwana），柯克曼于1953年、1954年和1955年分别进行了调查，判断遗址年代为1200~1600年[1]。阿班古于1989年发掘后认为遗址最早可以到公元950年[2]（图九）。

遗址占地略超过18万平方米，建筑包括两个贾米亚聚礼日清真寺及另外六个清真寺，有许多房址、墓葬、水井和围墙。柯克曼发掘了两个贾米亚和圆顶清真寺的米哈拉布，划分了6期。两个贾米亚清真寺下最早是石墙和灰泥墙建筑，之后是一些墓葬；圆顶清真寺米哈拉布下的堆积中，最早的几层有人类活动的迹象，但没有建筑。1350~1450年，老贾米亚和圆顶清真寺的米哈拉布修建。1450~1500年重建老贾米亚，新贾米亚修建。1500~1550年葡萄牙人入侵，新贾米亚和圆顶清真寺米哈拉布重建，一些墓葬和海堤可能建于此时。16世纪晚期到17世纪前期，遗址已废弃。遗址的废弃可能由于加拉人的扩张。

老贾米亚由两排各五根柱子支撑，柯克曼认为原来应该是圆顶和拱顶。在老贾米亚西边建了新贾米亚，并在西部增加了一个前厅、水池和管道系统，在走廊上盖了十个圆顶，两端有拱顶。这座清真寺最初有四条走廊，由三排六根方柱组成。重建时走廊减少到三条。米哈拉布接近古典主义风格，但具备拱肩框、拱门饰、轮毂饰等新古典主义元素，东侧的明巴有一个石砌楼梯。入口是东墙的两扇门，同一面墙上有两扇门的设计非常少见。

圆顶清真寺位于遗址东南部，有一个东庭院和一个有蓄水池的走廊。三个中心支

1　James Kirkman, *Ungwana on the Tana*, The Hague, Pairs: Mouton and Co., 1966.

2　G.H.O. Abungu, *Communities on the River Tana, Kenya: An Archaeological Study of Relations between the Delta and the River Basin, 700-1890 A.D.* Ph.D. Dissertation, Cambridge: University of Cambridge, 1989.

卢兹瓦清真寺　基珀诺兹大清真寺　沙卡清真寺

图一〇　群岛南部大陆组其他遗址米哈拉布形态

柱支撑屋顶，形成了两条走廊。其米哈拉布接近古典主义风格，但具备拱肩框、拱门饰、轮毂饰、侧柱座、棱槽饰等新古典主义元素，且拱门尖端有个小凸起，类似一心的花瓣拱。格雷克认为这个米哈拉布是新古典主义风格最早的形态。圆顶清真寺南面的旧海岸清真寺，被破坏得非常严重。圆顶清真寺的东北面是废弃清真寺，米哈拉布被完全破坏了。礼拜厅有一排中央支柱支撑屋顶。在一组大房址东北面是长水管清真寺。其东侧有井、水管和蓄水池系统。井与水池之间的距离大约 35 米。原来有一条位置较低的水管，后来建了一条新的水管，是原来高度的两倍，覆盖了较低的水管。在上水管的口部嵌了一个灰色的伊斯兰单色碗，底部被敲掉，水流可以漏到下面。遗址东北端有一个小清真寺。北侧和米哈拉布都被破坏了，南侧还保存着，清真寺西边有一口六边井。通往基皮尼的汽车站附近有个非常小的清真寺。南北墙还在，但东西墙已经没有了。米哈拉布非常简单，拱门几乎没有装饰（图一〇）。

卢兹瓦遗址（Luziwa）围墙内有两座清真寺。其中一座清真寺礼拜厅长 16.48 米，宽 8.1 米，有两行五方柱，每边 55 厘米。礼拜厅西方有前厅，有三个入口，方向是 355°。米哈拉布正面已倒塌，后殿底部有棱槽饰，上部有隔离带和水平叶脉纹装饰带，顶部有叶脉纹脊柱和棱槽饰。洗礼厅在东南方，向东突出，北边有一口井。清真寺东北几百米外是另一个清真寺遗迹，西部有一口井和净脚石。地表采集到一块厚胎浅蓝色青瓷，一块蓝色的伊斯兰单色釉陶片和一块深棕色的粗瓷碎片。

沙卡遗址（Shaka）位于海滩的边缘，距离乌瓜纳约 4.5 千米，面积 24 万平方米。遗址包括一座清真寺、许多石房址、墓葬和水井，外围有一圈围墙。清真寺部分墙壁已倒塌。米哈拉布有一个由切割珊瑚构成的简单的侧柱和双层拱肩框，拱肩上有镶嵌痕迹，有 4 层宽度较大的拱门饰，推测拱门接近新古典主义风格。侧柱座上有棱槽饰，后殿已倒塌。清真寺朝向 1°，建筑可能建于 16 世纪。

基珀诺兹遗址（Kiponozi）比较靠近内陆，有一座大清真寺，西边有一口大井和一个房间，里面可能有沐浴设施。米哈拉布的立面已倒塌，底部被掩埋。后殿是切割珊瑚，底部有凹槽，半圆顶的顶部有凹槽。大清真寺前面有几个墓葬，附近有一个较小的清真寺，但损毁非常严重。

阿尔·法茂遗址（Al Famau）位于高海岸沙丘线的底部向陆地一侧。遗址包括一座清真寺、一座墓地、一堵墙和一座满是瓦片的小山。清真寺损毁非常严重，仅米哈拉布后殿的一部分尚存，拱门饰用雕刻珊瑚装饰。

二、中部遗址群

曼布鲁伊（Mambrui）位于萨巴基河河口以北约 4 千米处。这是一个现生村落，但保存有被毁的清真寺和墓葬。老曼布鲁伊清真寺位于墓地东面海滩的高地上。这座清真寺的礼拜厅是由两组两根柱子支撑的横向拱廊。洗礼厅在南部房间的一个长水池。主要入口在东部前厅。米哈拉布是新古典主义风格的，有三心花瓣拱，多层拱门饰，有嵌板带和有壁龛的壁柱，珊瑚石雕刻装饰等。穆萨拉向西，有一扇方形的大门，在西墙北端，有一个壁龛或一扇窗户。曼布鲁伊以北 3 千米左右还有一座名为奇不里卡尼的清真寺。2010 年、2012 年、2013 年北京大学进行了调查和试掘。遗址面积 30 万平方米。根据放射性碳素法测年结果和地层学、类型学成果，遗址存续时间为公元 9~17 世纪（图一一）。

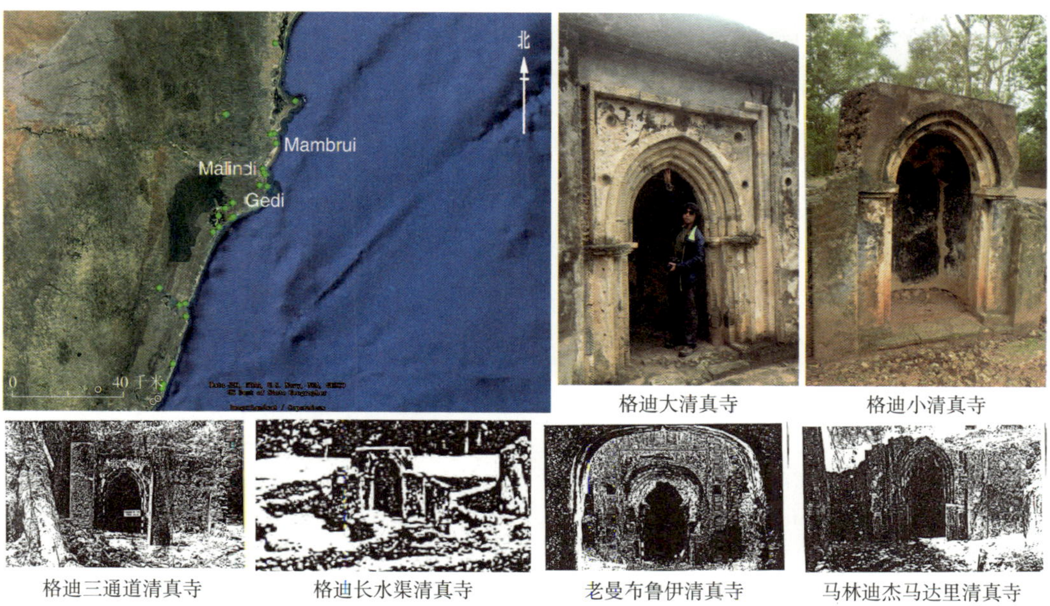

图一一　中部遗址群部分遗址米哈拉布形态

马林迪遗址（Malindi）的地表遗存包括：南清真寺、达伽马柱、葡萄牙小教堂、柱墓和杰马达里清真寺（Jemadari）。南清真寺已无从寻找。杰马达里清真寺位于马林迪北部，靠近大海和现在的高尔夫球场。米哈拉布是新古典主义风格的，有三心花瓣拱，多层拱门饰，侧壁座、嵌板等。从现存遗迹看，清真寺礼拜厅两侧各有一间前厅，前厅南侧有三间较小的房间。格雷克认为清真寺建于 1593 年以前，当时马林迪谢赫搬到了蒙巴萨，因此这座清真寺是新古典主义米哈拉布类型在南部的早期范例。威尔森认为尽管这座清真寺的历史肯定能追溯到 16 世纪，但也可能是一种较晚的例子，是从这种类型的米哈拉布分布较多的帕泰和拉穆群岛地区传播过来的。

格迪遗址（Gedi）占地 18.2 万平方米，外围有围墙，其入口距离米达湾及印度洋只有几千米远。遗址包括大清真寺、6 座小清真寺、宫殿、众多的房屋和柱墓，遗址部分还在森林环境中未经清理。遗址最重要的建筑之一是大清真寺。大清真寺遗址下叠压着两座清真寺。第一座大约建于 15 世纪中叶，大约半个世纪后，新建了一座清真寺。现在的清真寺与前一座类似，可以追溯到 16 世纪中叶。大清真寺保存较好，结构相对完整，拱形大门，拱肩上各有一个装饰，大厅内有三列六排柱子，中间有个矮隔墙，房顶装饰天花板，井、水渠和蓄水池位于清真寺东北角的东部走廊外，西面有凉台和院子。米哈拉布接近古典主义风格但有较多新古典元素，拱门饰层次较多，拱肩框有叶脉纹，拱肩及拱顶有五个圆形凹陷，内壁及顶的中线上有多个圆形凹陷。米哈拉布旁有一座三层石砌的明巴。

格迪有 6 座小清真寺：长水渠清真寺、三通道清真寺、小清真寺、石棺清真寺、围墙间清真寺和南墙清真寺，只有前 4 座清真寺的米哈拉布保存下来。长水渠清真寺的礼拜厅有两排中央柱，东厅、东院和洗礼设施，以及南部的墓地。三通道清真寺，也有两排柱子，其他小清真寺只有 1~3 根柱子组成的一排中央柱。三通道清真寺的洗礼厅在西边，其他小清真寺的洗礼厅在东边。南墙清真寺有一个东走廊和东院，南面有一个特殊的南间。三通道清真寺有一个东前厅，以及前面提到的西院和洗礼厅。小清真寺只有一个小的东洗礼间。围墙间清真寺有一个东前厅和东洗礼厅。石棺清真寺的东前厅和院子之间有一条走廊。米哈拉布都是古典主义风格的早期类型，可追溯到 15 世纪。

纳格美尼（Ngomeni）位于向海面突出的陆地臂的北侧。旧址应该在现在定居点的东面。沙逊曾报道，有小清真寺和其他一些建筑，并宣称有青瓷碗出土。但柯克曼认为，老定居点已经被塔纳河的洪水或潮水冲毁。威尔森调查时在沙滩上的沙子里发现了一口古井，但是没找到瓷器。2013 年中国考古人员在附近海域发掘了一艘载有大量象牙的 16~17 世纪葡萄牙沉船[1]。

姆冈噶尼（Mgangani）是格迪西南的一座清真寺，靠近米达河口的上游。米哈拉布有着波浪形的拱门，格雷克认为这个米哈拉布风格与 18 世纪索马里清真寺有联系。

基布卢戈尼遗址（Kiburugeni）有一座清真寺和两座墓葬。清真寺米哈拉布接近古典主义风格，有一个简单的过梁，两层拱门饰，在拱门的顶端是一个小的珊瑚雕刻装饰，拱顶经过四次加固。威尔森认为该寺建于 14 世纪末或 15 世纪初（图一二）。

米达河口（Mida Creek）的北岸有一座小清真寺。大部分镶嵌的切割珊瑚装饰都已不见。米哈拉布接近古典主义风格，有单层拱门饰、单层拱肩框三层侧柱头，拱肩上有三个凹陷的轮毂饰。屋顶的部分显示，天花板是由珊瑚瓦制成的。

姆纳拉尼遗址（Mnarani）在基利菲以北，位于一条河流南岸的高地上。遗址位置是附近最高点，便于控制河口，但从海上进出遗址比较不便。遗址核心是两座清真寺和一组坟墓。大清真寺保存相对完好，大厅内由两列十排柱子形成三通道。米哈拉布近似古典主义风格，但有相当多新古典元素，拱门饰层次很多，拱肩有轮毂饰，侧柱和柱座边缘修饰叶脉纹，表面修饰类似文字一样的图案，内壁有棱槽饰，顶壁间和壁下端均有一条纹饰带，装饰叶脉纹和类似文字样的浮雕砖。西北部附近是一座小清真寺。屋顶由两排八角形柱子支撑，厅内的柱子上有圆形凹陷和放灯的龛。米哈拉布近似古典主义风格但有新古典元素，结构包括带嵌板的楣梁、带壁龛的壁柱、拱肩框、双层拱门饰，拱肩上镶嵌两个雕刻轮毂饰和一个圭形牌饰。小清真寺的位置上以前还有一座更小的清真寺，小清真寺米

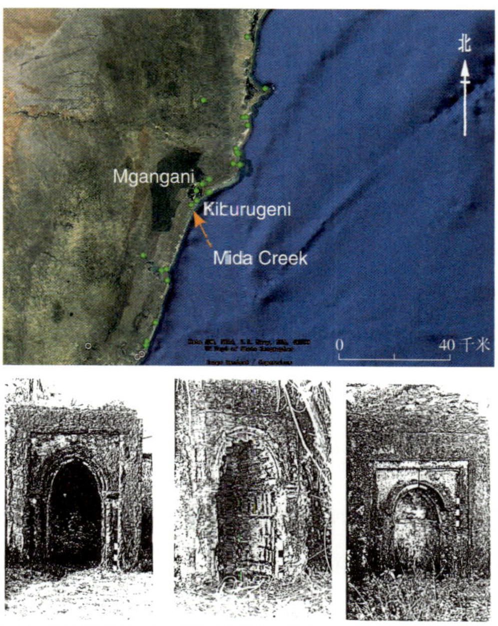

基布卢戈尼清真寺　姆冈噶尼清真寺　米达河口清真寺

图一二　中部遗址群部分遗址米哈拉布形态

1　中国国家博物馆水下考古研究中心、肯尼亚国家博物馆滨海考古部：《肯尼亚马林迪奥美尼角沉船遗址 2013 年度水下考古发掘简报》，《中国国家博物馆馆刊》2014 年第 9 期。

姆纳拉尼大清真寺 姆纳拉尼小清真寺 基托卡大清真寺 维平戈清真寺

图一三 中部遗址群部分遗址米哈拉布形态

哈拉布的东侧还可以看到更小清真寺米哈拉布的基础。柯克曼认为最初的清真寺建于 1475 年左右，后来的清真寺建于约 1500 年。水池里镶嵌的一个葡萄牙盘表明，小清真寺最终建成应在 16 世纪之后。小清真寺北面是两个大的墓室，其中西部墓室的一部分墙壁被嵌进了后来的清真寺中（图一三）。

基托卡遗址（Kitoka）有两座清真寺和许多房屋，目前遗址残存面积约 2.4 万平方米。大清真寺的米哈拉布保存良好，是古典主义风格的，上面有双层拱门饰，没有过梁；两边有突出的壁柱，每个壁柱在长方形壁龛上都有一个拱形壁龛。屋顶由两排三根大柱子和两排三根八角形小柱子支撑着，其中一根柱子的灰泥已经剥落。墙壁已经倒塌，清真寺被现代建筑利用，方向是 358° 。小清真寺的米哈拉布也是古典主义风格的，结构简单，由一个简单的矩形拱肩框和单层拱门构成。这个米哈拉布的设计与姆特瓦帕清真寺、孔戈清真寺和芒格海边清真寺风格比较接近。

维平戈清真寺（Vipingo Mosque）位于基耶普瓦警察局东南约 3 千米处的海滩上。清真寺的平面布局已经不完整了。西厅的北侧尚存一个简单的拱门，礼拜厅北墙、米哈拉布以西约 1 米处有一道墙体交叉痕迹。痕迹以西，墙顶部倾斜得很厉害，这可能表明屋顶是斜坡的。米哈拉布包括单层拱肩框和单层拱门饰，拱门是尖拱，双层侧柱头，后殿也很简单，清真寺的方向是 12° 。该地区收集的地表瓷器是 18~19 世纪的。

瓦塔木（Watamu）清真寺在基布卢吉尼的东北方向的一座小山丘上，可以俯瞰蓝色潟湖。清真寺保存不好，几乎所有的墙都倒了。在礼拜厅中部，似乎有一排柱子，柱子和墙壁之间有横向的拱门，残存的北墙上还可以看到支撑平屋顶的纵向椽子。

基勒普瓦（Kilepwa）最早的清真寺大约没用多久就重建了。新的清真寺包括东部走廊和东南部的洗浴设施，柯克曼看到的米哈拉布包括壁柱框架、单层拱肩框、三个轮毂饰和扁平的柱顶[1]。在调查的基础上，根据当地和进口的陶瓷器，柯克曼将遗址分为三期七段，从 12 世纪下半叶到 17 世纪下半叶。他认为最早的清真寺建于 15 世纪初。

乌尤姆博（Uyombo）位于接近米达河口南部的内陆。在灌木丛中有一个破坏得非常厉害的清真寺，米哈拉布已经倒塌。有一条大约一米高的长水管，从一口仍在使用的井通到清真寺东南角的水池。

基奴尼（Kinuni）是一个小遗址，位于库尔维图地区的一个珊瑚石较多的海滩上。遗址包括一座清真寺和一组墓葬。清真寺只有部分残存，米哈拉布和东段完全损毁。现存的礼拜厅西北有一个简单的拱门，边缘有切割珊瑚的装饰。清真寺的方向是 11°。

三、南部遗址群

1. 蒙巴萨周边组

蒙巴萨遗址（Mombasa）既有葡萄牙遗迹，也有斯瓦希里遗迹。斯瓦希里遗迹包括耶稣堡对面的玛兹鲁伊墓地，在阿里迪纳·维斯莱姆学校的清真寺废墟和墓地（包括阿赫赫·姆维塔墓），姆巴拉克柱，医院清真寺，新纳亚力桥头清真寺遗址，巴鲁机修厂清真寺遗址和在 1974 年已经被毁的奇林迪尼清真寺。大部分遗迹已难觅踪迹（图一四）。

沙逊在海岸总医院遗址进行的考古工作发现遗址堆积深达 4 米以上。最下层可能追溯到公元 1200 年以前。最上部半米的堆积年代为公元 1450~1500 年。遗址东部的一个建筑损毁严重，有可能是同期的清真寺，只有南墙和后面的水井保存下来。沙逊认为这个区域可能是在 16 世纪早期葡萄牙入侵时被废弃的。

姆巴拉克柱以西是一座小清真寺，礼拜厅连接东厅，米哈拉布仅存大约 1 米的高度。清真寺东侧的北门在使用期间曾一度被封锁。西部洗礼厅的东南部有水箱和净脚石。东北端是一个蓄水池。目前，柱旁的清真寺已翻新为小礼拜室继续使用。

朱巴遗址（Jumba）全称朱巴·拉·姆特瓦纳遗址，位于蒙巴萨以北姆特瓦帕河入海口的北岸，与姆特瓦帕遗址相距不远。遗址原本面积很大，但南北两部分已被卖给私人开发，仅剩的中部被开发成遗址公园。现存的朱巴遗址由四座清真寺和几栋房屋组成，包括大清真寺或称海边清真寺、中央清真寺、西部小清真寺、圆顶清真寺。

1　J.S. Kirkman, "The Excavations at Kilepwa," *The Antiquaries Journal*, no. 32（1952）, pp.168–184.

朱巴中央清真寺　朱巴小清真寺

姆特瓦帕清真寺　朱巴圆顶清真寺　朱巴海边清真寺　迪阿尼清真寺

图一四 蒙巴萨周边组遗址米哈拉布形态

海边清真寺的东部是东厅和蓄水池，西部是西厅和西端走廊，南部是平台和西南部洗礼厅。中央礼拜厅的屋顶是由两排三根木柱支撑的平屋顶。米哈拉布是古典主义风格，但有拱肩框、双层拱门饰、棱槽状侧柱等新古典元素，与塔夸遗址的清真寺相似。东厅的屋顶由一排三个方形墩柱支撑，柯克曼认为原来的屋顶是两排纵向桶形拱顶。西厅可能有一个纵向的桶形拱顶，由中央拱门支撑。西端走廊连接西厅，后来又成为墓地。西墙有被后期加高的迹象，承担了外围墙的功能，有点类似于塔夸清真寺西廊外的墙。清真寺西南角小房间里有蓄水池，前面有三个圆形净脚石；西北端也有一个蓄水池；西厅的北门，曾经还有一个带净脚石的大蓄水池，通向北边或西走廊的蓄水池；清真寺东厅也有蓄水池。这样便于很多人进入。

中央清真寺有三个主厅，礼拜厅和两边各一个厅，加上通往礼拜厅南门的三个小厅。主厅的房顶由两排三个七或八面柱支撑，应该是平顶的结构。米哈拉布是很简单的古典主义风格，装饰不多。东厅有一个桶形拱顶。清真寺西侧有两个蓄水池，西厅的西南角有一个蓄水池。这个蓄水池被嵌入墙内，表明清真寺在重建或翻新时结构发生过改变。蓄水池西边有一口井。

西部小清真寺的米哈拉布和中央清真寺相同。礼拜厅东侧连接两个厅，西边有一个厅，发掘时在地板以下近 1 米处发现灰泥地板层，因此推断存在更早的建筑。蓄水池在西南角，南面有一段弯曲的墙，礼拜厅南面有一口井。在西边更远的地方似乎还有另一堵墙，可能是围墙。清真寺东面是一个大庭院。

圆顶清真寺礼拜厅有两个方形柱头的八角柱支撑着拱顶。突出的五面壁柱支撑着拱门的侧壁和厅的南端。礼拜厅的西外墙上可以看到三个拱门倒塌后留下的石膏轮廓，表明西面有一个圆顶房间。东厅的东墙有两个拱门，一根中央柱支撑屋顶。东廊北端有一个蓄水池。

考古工作表明，小清真寺和中央清真寺经过重建。学者们推测在大约一个世纪的时间里遗址建成，之后大部分建筑被拆除，移至离地面90厘米重建，但可能没有再使用。遗址使用时间很短，柯克曼根据出土陶瓷标本判断遗址年代在14世纪末15世纪初。沙逊认为遗址年代在公元1350~1450年。

姆特瓦帕遗址（Mtwana）在姆特瓦帕湾北侧，面积相较朱巴遗址略小一点。该遗址未开发，但朱巴遗址的工作人员会来检查这个遗址。遗址有一座三通道清真寺。米哈拉布保存不好，从残存部分推测接近古典主义风格，墙壁使用了白灰材料。礼拜厅宽3间，进深6间。东墙上四个拱门之间有窗户，靠近顶部的墙壁上排列着突出的珊瑚石支撑物。还有东、西走廊、南屋和东南的洗礼厅。寺旁有不少小墓。威尔森做过试掘但没有找到为清真寺断代的证据。

特维噶（Twiga）是一座被毁的小清真寺。南墙的一部分还屹立着，其他的墙都倒了。礼拜厅的东墙似乎有两个入口。清真寺的方向是19°。

基利玛（Kirima）清真寺位于一个小山丘上。清真寺长11米，宽8米，损毁严重。有简单的壁龛。两列中央柱支撑着屋顶，只有四排尚存，总共可能有六排。柱的边缘是切割珊瑚材质。东侧有一个房间，墙壁都倒塌了，西侧没有房间。清真寺的东南角是蓄水池；水井位于清真寺以西数米外，井口用砖石砌成。清真寺的朝向是23°。

孔戈（Kongo）清真寺位于科瓦切马河（Kwachema）的南岸[1]，旁边是海滩和小溪，建筑大部分保存完好。顶部结构为桶形拱顶和圆顶，东侧房间倒塌了。礼拜厅上方是前后横向的桶形拱顶，三个中心柱支撑着中间的两个拱。两侧的房间是穹顶，后面的

1 这一地区的遗址名称有些混乱。Kongo清真寺被格雷克称为Tiwi清真寺；在肯尼亚政府调查地图上，Kongo清真寺被称为Diani波斯清真寺，Tiwi清真寺在稍北一点的地方；Burrows（1975）称Kongo清真寺为Diani遗址；Prins将Kongo清真寺称为Diani海滩清真寺；需要指出，据报道，Tiwi海滩上确实有一座清真寺的废墟，位于Burrows和肯尼亚调查地图两者定位之间的某个地方。在1964年出版的书中，柯克曼在文本中称Kongo清真寺，但在地图上使用了Tiwi的名称。

三个房间是四个纵向的桶形拱顶。门道是简单的拱门。米哈拉布是素面的，类似的例子如芒格的海边清真寺和上加东部清真寺。

乌昆达（Ukunda）清真寺礼拜厅长 8.95 米，宽 5.2 米。有两个东门通向东厅，东厅宽约 2.1 米，残存的建筑边缘是切割珊瑚材质。礼拜厅西侧也有一个房间，但墙壁都倒塌了。礼拜厅南墙上有一扇中门，南侧房间的两端也有门，南部地区的宽度为 2.78 米。米哈拉布的正面已经倒塌，只有后殿残存。根据正面石块脱落或被移走时留下的凹坑，在 3 层侧柱头的附近似乎有 4~5 层拱门饰。后殿是素面的，可能涂有红色。蓄水池位于清真寺外的东南角。清真寺朝向为 10°。

迪阿尼（Diani）清真寺由六个房间组成：礼拜厅，两侧各有一个房间，南部有三个房间。西屋的西墙和南屋的东墙都倒塌了。拱门是简单的尖拱。米哈拉布有一个单层拱肩框，底部是单层侧柱头，内外墙是素面无纹饰的，属于简化的古典风格。

噶西（Gazi）是一座废弃的清真寺。清真寺有三个房间：礼拜厅长 7.64 米，宽 3.85 米；东厅宽约 2.6 米；西厅宽约 2.2 米。礼拜厅东墙残存两个门道的痕迹。西侧破坏严重，北墙大概残存原来高度的三分之二，米哈拉布已经倒塌，南墙残存高度大致相同。东厅外面是一个蓄水池，长轴垂直于清真寺的长轴。从东北方的水井到水池有一条长长的管道。清真寺的方向是 6°。

2. 南部海岸组

芒格遗址（Munge/ Munje）有两座清真寺。玉米地清真寺建在离海约 0.5 千米远的玉米地内的小山上，可以俯瞰周围土地。清真寺由一个礼拜厅、东西两侧的房间、南侧的房间和一个由西部外围墙分隔的区域组成。米哈拉布西北约 9 米处有一口大井，直径 3.4 米。礼拜厅两侧的门宽 4.4 米，高 7 米，有多层柱头。礼拜厅中央似乎有一列柱子支撑房顶。米哈拉布已被废弃，许多切割珊瑚的表面装饰已经脱落。拱肩框外侧有一圈叶脉纹装饰。拱肩上部装饰一排碗状镶嵌痕迹，另一个碗在拱门正上方，两边靠近拱肩框处各有一个齿轮形轮毂饰和一块内嵌叶脉纹的切割珊瑚装饰。拱门是尖拱，有双层拱门饰。侧柱头以下的部分保存较差，后殿素面。“齿轮”形珊瑚轮毂饰与设拉子村北清真寺相仿。清真寺朝向 355°。另一座清真寺建在海边的小山丘上，可以俯瞰大海。清真寺主体是一个中央礼拜厅和一个东厅组成，还有一个南向的房间。清真寺东边有一条很长的坡道一直延伸到海滩。这种坡道设计可能是为了方便渔民而建造的，清真寺缺乏洗浴设施。在礼拜厅和东厅的墙上，各有一扇拱门，没有任何装饰。

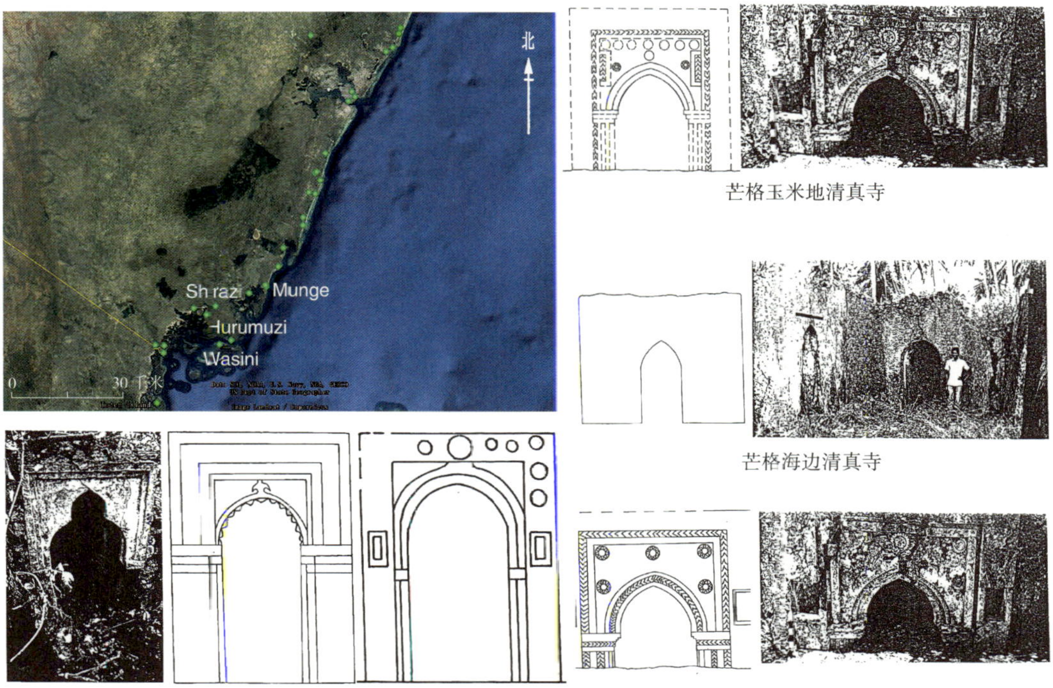

芒格玉米地清真寺

芒格海边清真寺

胡鲁姆兹清真寺　瓦西尼西部清真寺　瓦西尼小清真寺　设拉子北部清真寺

图一五　南部海岸组遗址米哈拉布形态

米哈拉布也是非常简单的尖拱。清真寺最东面的门是方形的，礼拜厅南墙上的中央入口也是方形的，目前高 1.23 米。清真寺的朝向是 2°（图一五）。

设拉子村（Shirazi）有三座清真寺。村南清真寺村民至今仍在使用。村东清真寺在灌木丛中，有一口老井，损毁严重，除了北墙的一小部分，其他的墙都倒塌了。北墙高约 2 米，部分被埋在地下。礼拜厅长 6.9 米，宽约 4.6 米。米哈拉布侧柱柱头以下的建筑表面似乎是素面的，柱头以上残存三层拱门饰的痕迹。后殿的大部是素面的。有一间东面的前厅，宽约 2.25 米。西边是另一个房间。南墙上有一扇门，正对米哈拉布。方向大约是 359°。村北清真寺靠近现在的涨潮线。东部的前厅通向礼拜厅，两个拱门上有壁龛。礼拜厅的南壁和西壁已部分被埋在地下，东墙顶部伸出三根带木条的珊瑚，从痕迹观察，推测顶部包括圆顶和桶形拱顶。米哈拉布两侧壁柱上有凹进的壁龛。中间是尖拱，有三层拱门饰。拱肩框外有一圈叶脉纹装饰，拱肩内装饰有五个切割珊瑚“齿轮”形轮毂饰。米哈拉布侧柱柱头以下几乎被掩埋。清真寺的方向是 12°。西部还有一间房间，没有井或水池的痕迹。威尔森在礼拜厅东南角试掘了 1 平方米，但是没有发现陶瓷。在村里也没有发现任何地表遗物。

庞维遗址（Pongwe）有一个废弃的小清真寺。礼拜厅长约 5 米，宽约 4 米，残高不足 1 米，北面有米哈拉布的痕迹，南面可能有一个蓄水池。清真寺的方向大约是 14° 。

胡鲁姆兹遗址（Hurumuzi），威尔森推测为老霍尔木兹 / 奥尔穆兹（the old Hormuz/Ormuz）[1],位于庞维清真寺西南偏西。尚存一个小清真寺,墙壁严重倒塌。礼拜厅中央有一根矩形柱，主梁上方支撑着横向和纵向椽子，平屋顶厚约 25 厘米。南墙的东边凿出一个水池。米哈拉布是三心花瓣拱，立面装饰不多，有双层拱肩框，后殿素面。清真寺朝向大约是 1° 。霍利斯写道，奥尔穆兹是庞维控制的主要村庄，1895 年被英国军队摧毁[2]。清真寺横向和纵向椽子交替排列的方式，以及礼拜厅中央的单一支柱，与瓦西尼小清真寺有关。

姆维尤尼（Mwiyuni）清真寺旧址位于阿莱尼（Aleni）附近的丛林中。除了主室的西墙外的大部分墙壁都倒塌了。礼拜厅东、西侧各有一个房间，可能还有一间南屋。西墙上有三个拱门，有双层门框。门口之间有一个正方形的壁龛。南墙上有一扇方形的门。礼拜厅长 9.2 米，宽 5.25 米。威尔森采集到一片绿色伊斯兰单色釉标本。

瓦西尼镇（Wasini）在瓦西尼岛的西北部，南部和东部各有一个聚落。13~16 世纪文献中有记载，但现存聚落大概建于 18 世纪。镇上有五座清真寺，还有一些墓葬和石头房子遗迹。从西到东依次为：西部清真寺（Msikiti wa Mira Mwiyuni）、毛戈清真寺（Msikiti Mdogo）、伊诸玛清真寺（Msikiti wa Ijumaa）、小清真寺（Msikiti wa Kale）和东部清真寺（Msikiti wa Mgodo）。西部清真寺，据说是由来自帕泰的人修建的。屋顶由两个八角形中央柱支撑，正前方是米哈拉布，没有楣梁，拱肩框直接从侧柱轴立起。拱门饰内有一个圆拱，后殿拱顶有 13 个棱槽饰，以下素面无纹饰。小清真寺目前已经废弃。霍利斯认为，这座清真寺是蒙巴萨总督（Mazrui Governor）的代理人于公元 1780~1814 年之间建造的。礼拜厅顶部已塌,有一根中心柱,四面墙各有三根主梁,在房间的中心会合。东北部和西南部的椽子与清真寺中轴线交叉，西北和东南部的椽子则是纵向排列的。可见，屋顶椽子是纵横交替排列的。过梁下是双层拱门饰。米哈拉布的楣梁上镶嵌着碗和盘子，里面是中国白瓷，外面是棕色的瓷器。从形制上看拱门是圆拱,有两层拱门饰,侧柱上有壁龛。礼拜厅有一扇西门,但主要入口是东面前厅，南端是水池。另外三座清真寺尚在使用，毛戈清真寺是海边的小清真寺，据说是由贾

---

1 T.H. Wilson, *The Monumental Architecture and Archaeology of the Central and Southern Kenya Coast.* Nairobi: National Museums of Kenya. 1980, p. 24.

2 A.C. Hollis, "Notes on the History of Vumba, East Africa," *Journal of the Royal Anthropological Institute,* no.30（1900）.pp.275–297. 后文对霍利斯著作的引用均出自此处。

迪德家族建造的。东部清真寺与西部清真寺类似，据说西部清真寺先建，如果是同一个人建造的，那么年代不会差太远，可能为公元1820~1830年。伊诸玛清真寺竣工于回历1161~1162年，即公元1748~1749年。

玛古古遗址（Magugu）距离万加不远。在一个长约200米，宽约100米的小岛上有一座废弃的清真寺。蓄水池偏南，可以采集到19世纪的陶瓷片。礼拜厅中心有一排墩柱，形成双通道。一堵横墙将礼拜厅与洗礼室隔开，洗礼室有一个水池。从南部房间的东侧可通向礼拜厅，墙和米哈拉布都已不存。屋顶厚约20厘米。

万加遗址（Vanga）是现存最古老的清真寺，可以追溯到19世纪中叶，虽然有另一座较早的清真寺，但已被完全摧毁。

文巴·库遗址（Vumba Kuu）位于肯尼亚与坦桑尼亚边境附近。水道和滩涂将该遗址分为两部分：东部面积较小，西部有一小块进入坦桑尼亚。西部保存有部分土墩，可能是城墙，墙内面积约2.8万平方米，从地表痕迹推测可能为居住区。东部小丘上有个清真寺，霍利斯称为Mchamalale，奇蒂克称为Mchamanelale，肯尼亚勘测地图上标为Mchongo。威尔森进行了试掘，但未见陶瓷片。地表采集的主要为当地陶片。清真寺附近采集到33块伊斯兰蓝绿单色釉陶片、5块青瓷，还有2块铁渣可能是窑底部分。根据陶瓷器组合和文献推断，遗址建于15世纪初[1]。

四、米哈拉布的形制

1. 类型

从以上材料可以看出，如果按照格雷克提出的古典主义和新古典主义标准来衡量，大部分米哈拉布的形制都是在二者之间的，典型的古典主义和新古典主义风格的例子不多。而如果按照有无花瓣拱来区分的话，可以将米哈拉布分为花瓣拱和单拱两个主要类型。单拱又可以细分为尖拱、圆拱和波浪拱三个亚型。

1　奇蒂克（Chittick）认为遗址建于14世纪后。McKay的报告称发现17世纪陶器，威尔森认为最早的陶器组合可以追溯到15世纪。普林斯（Prins）指出，传统上该遗址建立于公元1204年，即Nabhani到达帕泰并建立Tumbatu的时间。因此，遗址和帕泰可能存在联系。公元1201~1630年，遗址的首个统治者与据说可以证实的统治者姆瓦纳·查姆比·甘迪·伊沃（Mwana Ghambi Ghandi Ivoo）之间，一共有7个苏丹。结合霍利斯（Hollis）排出的苏丹名单和符合逻辑的任期时限计算，该遗址建于15世纪初，这与陶瓷器的年代相差不多。

使用花瓣拱的遗址包括帕泰、曼达、希由、法扎、欧姆维、伊沙卡尼、乌池·诸乌、儒布、三德尼、沙卡、马林迪、曼布鲁伊、胡鲁姆兹等遗址。

使用尖拱的遗址包括塔夸、上加、乌瓜纳、姆瓦纳、设拉子、芒格、朱巴、姆纳拉尼、维平戈、基托卡、伊沙卡尼、姆瓦纳·姆差玛、乌瓦尼、格迪、迪阿尼、充德瓦、米达河口、基布卢戈尼、瓦塔木、艾图等遗址。使用圆拱亚型的有瓦西尼遗址。使用波浪拱亚型的有姆冈噶尼遗址。

基珀诺兹和卢兹瓦遗址使用的米哈拉布因立面倒塌无法辨识，其他遗址因没有照片图纸或保存情况不好无法纳入本文中进行分析。

2. 地理分布

从统计上可以看出，北部遗址群中有 7 个遗址使用单拱，10 个遗址使用花瓣拱，其中单拱全为尖拱。可见在北部，花瓣拱是多数情况。进一步观察可以发现，群岛北部大陆组中 3 个遗址使用尖拱，5 个遗址使用花瓣拱；群岛遗址组中 2 个遗址使用尖拱，4 个遗址使用花瓣拱；群岛南部大陆组中 2 个一直使用尖拱，1 个遗址使用花瓣拱。对比来看，花瓣拱主要集中在群岛北部大陆组和群岛遗址组，比例上以群岛遗址组使用率最高，群岛南部大陆组则表现为尖拱占优势（表一）。

中部遗址群中 10 个遗址使用单拱，2 个遗址使用花瓣拱，单拱中有 1 个波浪亚型，其余为尖拱。可见在中部遗址群，尖拱占绝对优势。

表一 米哈拉布分类统计表

	北部遗址群	中部遗址群	南部遗址群
单拱	7	10	8
花瓣拱	10	2	1
北部遗址群	群岛北部大陆组	群岛组	群岛南部大陆组
单拱	3	2	2
花瓣拱	5	4	1
南部遗址群	蒙巴萨周边组	南部海岸组	
单拱	5	3	
花瓣拱	-	1	

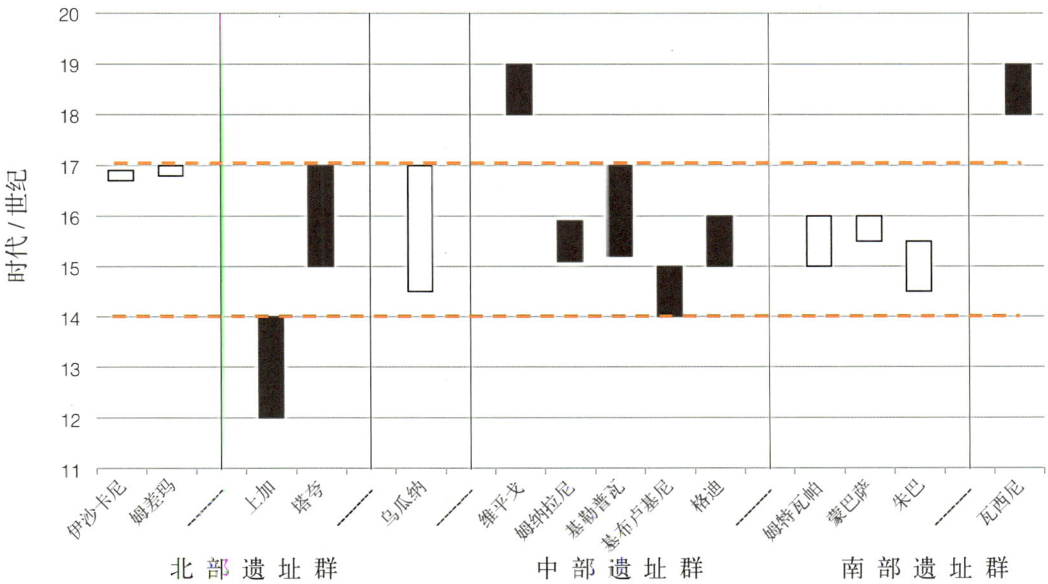

图一六 单拱遗址年代分布图

南部遗址群中 8 个遗址使用单拱，1 个遗址使用花瓣拱，单拱中有 1 个圆拱亚型，其余为尖拱。仍然是尖拱占绝对优势。进一步观察发现，在蒙巴萨周边组，5 个遗址使用单拱，未见花瓣拱出现；南部海岸组 3 个遗址使用单拱，1 个遗址使用花瓣拱。

3. 年代分布

从年代上观察，单拱的使用时间至少可以追溯到公元 11 世纪，最早出现于北部遗址群的群岛遗址；14~17 世纪普遍存在于北部遗址群至蒙巴萨周边遗址的范围内；18~19 世纪则仅存于中部遗址群和南部遗址群中的南部海岸组少数遗址。单拱的使用似乎存在由群岛遗址向南传播，继而扩散，最后消失的过程（图一六）。

相对而言，花瓣拱的使用至少可以追溯到公元 13 世纪，在北部遗址群的群岛遗址和中部遗址群出现较早，约在 15 世纪就已存在；其后在 16~17 世纪主要存在于北部遗址群中的群岛遗址至中部遗址群的范围内；17~20 世纪则主要存在于北部遗址群中群岛北遗址至群岛遗址的范围内，不见于群岛遗址以南的区域。南部遗址群中的个别遗址因缺乏年代数据，暂不做讨论。由此可见，花瓣拱的使用似乎主要局限于群岛遗址和中部遗址群，并有向北传播的趋势（图一七）。

结合两个类型的年代分布可以看出，在 11~14 世纪的早期阶段，单拱出现的时间早于花瓣拱，但二者大体上均较早用于群岛遗址。之后 14~17 世纪的扩散阶段，单拱

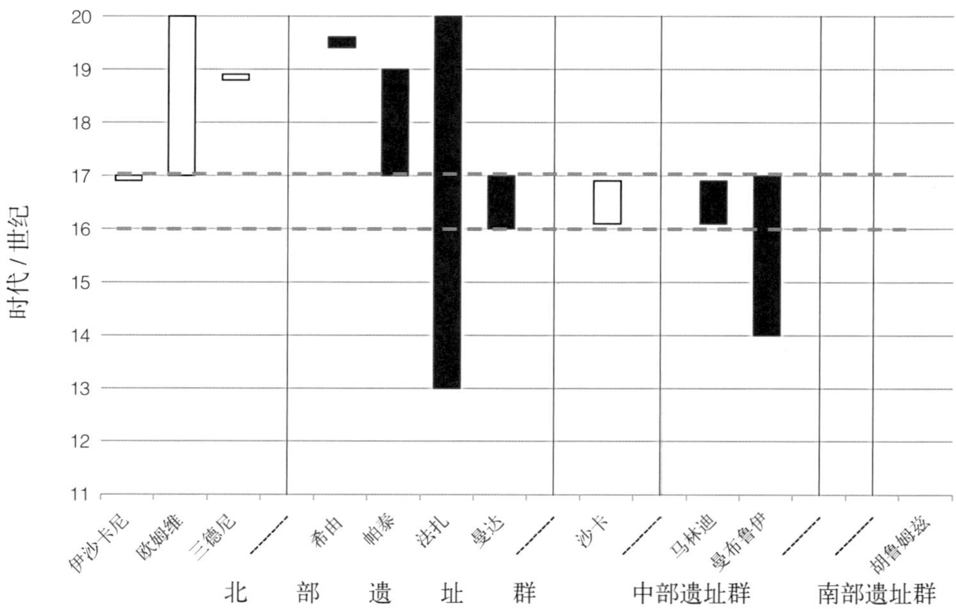

图一七 花瓣拱遗址年代分布图

比花瓣拱较早开始扩散，范围也更大，花瓣拱没有扩散到南部遗址群。18~20 世纪的晚期阶段，单拱使用的遗址数量大量减少，只存在于中部和南部少量遗址中；花瓣拱的变化在于分布范围，普遍存在于群岛及以北的遗址中，而不见于中部和南部区域。

五、斯瓦希里文化的历史进程

1. 15 世纪及以前

至迟公元 1 世纪左右，阿拉伯、波斯、印度等地区的商人依靠印度洋季风来到东非沿海做生意，逐渐形成以地中海为核心的环印度洋贸易圈。之后，阿拉伯人垄断了与东非沿海的贸易，在印度洋和地中海之间进行转口。7 世纪初萨珊波斯在环印度洋地区形成一套航海和商业词汇，同时，形成了从设拉子向东非沿海移民的传统。7 世纪中后期，阿拉伯帝国的兴起和伊斯兰教的传播，接替萨珊波斯继续控制印度洋贸易（图一八）。

12 世纪以前，东非沿海交易的商品主要是象牙、玳瑁、熏香、香料、奴隶、黄金、进口陶瓷器、珠子、铁工具、纺织品等。可见东非沿海在环印度洋贸易体系中的作用为农产品、奢侈品原料和贵金属产地，同时作为廉价工业制成品的市场，因此东非的

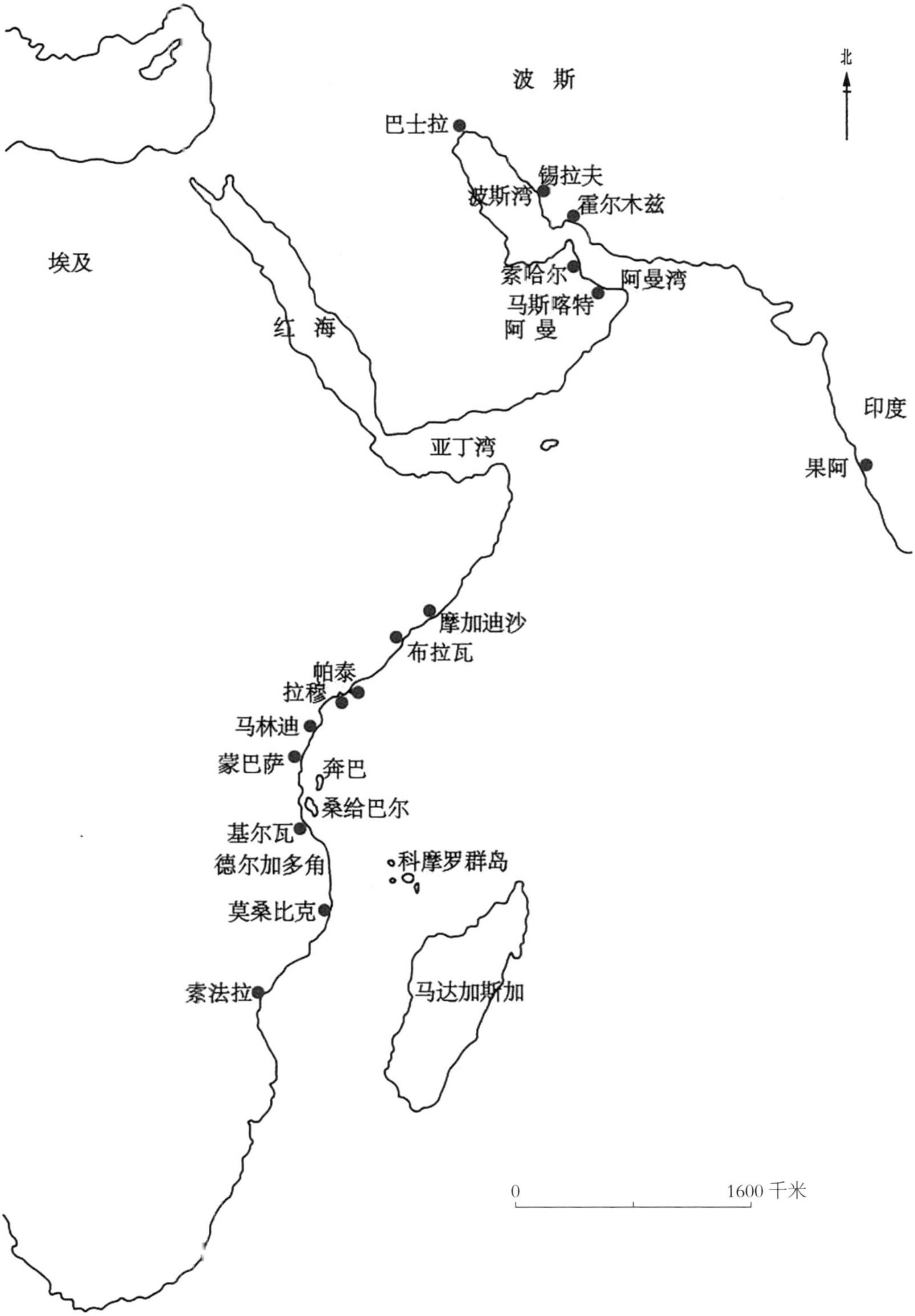

图一八 东非及阿拉伯半岛主要城市

经济成分主要依赖自然资源。这就使东非沿海的贸易具有分散性的特点。斯瓦希里文明诞生于这样的经济基础之上，加之海外势力对贸易的长期垄断，造成了斯瓦希里城镇的周期性弱点：内部党派纷争与外部力量的干涉。

根据考古发现和文献记载，9~12 世纪东非海岸北部遗址群的曼达和中部遗址群的格迪比较强大，主要贸易伙伴是波斯湾城市，特别是锡拉夫（Siraf）；奇蒂克在曼达的发掘认为遗址早期建筑用砖来源于阿曼的港口索哈尔。中部的马林迪和南部的蒙巴萨居于次要地位。14 世纪曼达、上加等遗址衰落，拉穆群岛上形成各个小苏丹国相互对立的局面。

2. 斯瓦希里城市与葡萄牙、土耳其的互动，荷兰、英国介入

1498 年 1 月，瓦斯科·达·伽马到达斯瓦希里海岸南端的莫桑比克。当时莫桑比克受基尔瓦的阿曼势力控制，当地谢赫发现来的不是穆斯林，随即发生冲突。之后，葡萄牙人继续北上到达蒙巴萨同样受到敌视，但在马林迪受到欢迎，确立了同盟关系。1499~1505 年，葡萄牙人逐渐控制了基尔瓦，并修建要塞。1505 年葡军在蒙巴萨遭到炮击。为了报复，葡军劫掠并烧毁蒙巴萨，1528 年葡军再次占领蒙巴萨并将之夷为平地。到 16 世纪中叶，因葡萄牙的介入，非洲内陆的黄金输出减少，加之赛格朱人的压力，导致基尔瓦、蒙巴萨、马林迪、格迪等城镇受到影响。

1517 年奥斯曼土耳其开始向葡萄牙人挑战，并袭击了马林迪地区。到 1585 年土耳其人受到除马林迪外的所有斯瓦希里城镇的欢迎。随后葡萄牙针对法扎和蒙巴萨展开报复。法扎抵抗失败，城市被毁，谢赫的头被带到果阿示众；蒙巴萨居民撤离，城镇被劫掠。之后法扎与葡萄牙结盟。1588 年土耳其人返回，得到大部分城镇支持，马林迪进行了象征性抵抗。1598 年 1 月当土耳其人准备改建蒙巴萨时，葡萄牙军队到达，同时津巴人迁徙至此[1]。葡萄牙军队战胜土耳其，津巴人进入蒙巴萨破坏并继续北进，在马林迪附近被赛格朱人击败。葡萄牙攻击拉穆，拉穆的谢赫和一些贵族被带到帕泰，在帕泰、法扎、希由的苏丹面前砍头。之后葡萄牙攻击曼达，洗劫塔夸。

马林迪在赛格朱人的帮助下占领蒙巴萨，结束设拉子王朝，开始马林迪王朝。马林迪的苏丹王室及葡萄牙部队移驻蒙巴萨之后马林迪陷入长期衰落。在马林迪接管

1 津巴人 1588 年袭掠到达基尔瓦，屠杀了大部分居民，然后向北到达蒙巴萨。见 J.Dos Santos, "The crisis of development theory and the problem of dependence in Latin America", in H. Bernstein, ed., *Underdevelopment and Development: The Third World Today*, New York: Penguin Books, 1973, pp. 57–80.

蒙巴萨前夕，基利菲与马林迪对立，战败后陷入衰落。1593~1594 年葡萄牙在蒙巴萨建成耶稣堡，有驻军，管辖范围北至布拉瓦，南至德尔加多角。马林迪接管蒙巴萨后，葡萄牙长官与马林迪王室发生矛盾，引起尤素福叛乱[1]。拉穆群岛强烈反抗葡萄牙，1603 年帕泰发生武装对抗，被葡萄牙镇压。1633 年葡萄牙在帕泰设立一个海关。1636~1637 年葡萄牙讨伐群岛，压服法扎、拉穆、曼达、帕泰等城镇。

16 世纪中期开始，荷兰人、英国人和法国人纷纷在非洲海岸建立据点，开办工场，引入农业种植园经济。其中，荷兰和英国先后开辟自己的环球贸易航线，在印度洋对葡萄牙构成挑战。1607 年荷兰曾封锁莫桑比克。1622 年英国迫使葡萄牙从霍尔木兹退至马斯喀特。

3. 斯瓦希里城市与葡萄牙、阿曼的互动，葡萄牙退出

1649 年，阿曼推翻葡萄牙统治，建立亚里巴王朝。随后介入东非的事务，与葡萄牙展开竞争。1652 年阿曼军队与当地人联合攻击桑给巴尔葡军阵地，葡萄牙报复袭击并驱逐该岛的统治者。1660 年阿曼和帕泰联军占领蒙巴萨。1669 年阿曼袭击莫桑比克。1678 年 8 月葡萄牙和法扎联军攻击帕泰，在 1679 年 1 月阿曼军队到达后撤退，但抓获帕泰、希由、拉穆、曼达的统治者并斩首。1687 年葡萄牙洗劫帕泰，统治者被带到果阿。1694 年蒙巴萨的粮食供给地奔巴岛爆发叛乱，阿曼介入，1695 年葡萄牙镇压叛乱，驱逐阿曼阿拉伯人。1696 年 3 月阿曼和拉穆联军占领蒙巴萨，耶稣堡于 1698 年 12 月投降[2]。1727 年前后，帕泰与阿曼驻军发生冲突，倒向葡萄牙。1728~1729 年葡萄牙和帕泰联军占领蒙巴萨。1729 年 6 月葡萄牙与帕泰发生武装冲突，随后葡萄牙撤出帕泰。同年，蒙巴萨与内陆势力联军包围耶稣堡，葡萄牙守军投降。不久帕泰和蒙巴萨均被阿曼占领。桑给巴尔、奔巴、马菲亚等地的斯瓦希里城镇也纷纷驱逐葡萄牙人。

18 世纪中叶，阿曼被波斯短暂入侵。赶走波斯后，阿曼建立赛义德王朝，取国名

1 葡萄牙长官与马林迪王室的行政和财政协议约定马林迪征服奔巴岛后仅以租借形式控制。1609 年艾哈迈德苏丹死后，继承人哈桑在对奔巴岛问题上与葡萄牙派驻长官发生争执，外出避难，后来被庇护者背叛杀死。葡萄牙政府希望哈桑的儿子尤素福在果阿训练后任统治者。尤素福在果阿皈依基督教并在葡军中服役，1630 年到蒙巴萨接任时发现蒙巴萨和葡萄牙都排斥他。1631 年 8 月葡萄牙派驻长官认为尤素福叛教。1631 年 8 月 15 日尤素福在葡萄牙人圣母升天节期间突袭耶稣堡，杀死几乎全部守军，重新皈依伊斯兰教并号召驱逐葡萄牙的圣战，但其他城市响应不多。1632 年 1 月打退葡萄牙第一次讨伐后，尤素福前往阿拉伯寻求援助失败，返回后策动多次小规模起义，1673 年去世。

2 1697 年圣・安托尼奥・荅纳号（Santo Antonio de Tanna）沉没于蒙巴萨耶稣堡前的港湾中。

为“马斯喀特苏丹国”。之后，阿曼建立海军并继续经营东非。1784 年左右针对东非海岸城镇进行远征。经过一系列军事和政治事件，阿曼试图在东非建立霸权。此时，桑给巴尔逐渐成为阿曼的主要据点，基尔瓦再次成为主要的贸易中心。

4. 斯瓦希里城市与阿曼的互动，阿曼势力分裂

殖民化对东非沿海经济的进一步影响主要在于属于劳动密集型的农业种植园经济的推广，以及随之而来的奴隶贸易规模逐步扩大。到 18 世纪，奴隶贸易和象牙贸易已成为东非海岸主要的经济增长点。

18 世纪末，阿曼人马兹鲁伊家族与东非斯瓦希里的十二伊玛目派[1]谢赫们合作，逐渐处于自治状态，无视赛义德王朝的管辖。此时，马兹鲁伊家族中心在蒙巴萨，控制奔巴和帕泰；赛义德控制桑给巴尔和基尔瓦等地。

1811 年，为扶植亲马兹鲁伊的苏丹统治帕泰，马兹鲁伊将帕泰的政治对手扣押在蒙巴萨，其追随者逃往拉穆。1812~1813 年发生谢拉战争，即帕泰—马兹鲁伊联军在谢拉村登陆入侵拉穆。尽管入侵失败，拉穆仍向赛义德寻求保护。赛义德派出军队，于 1822 年控制了拉穆和帕泰，1823 年占领奔巴。1824 年马兹鲁伊试图使蒙巴萨成为英国保护地，但随即失效。1835 年马兹鲁伊家族分裂，与三族联盟的谢赫决裂。1837 年赛义德征讨蒙巴萨，马兹鲁伊家族投降。

1840 年阿曼将首府迁往桑给巴尔。1856 年，时任苏丹赛义德·本·苏尔坦去世后，其两个儿子分别掌管阿曼本土和东非属地。1861 年，阿曼帝国正式分裂。继承东非部分的赛义德·马吉德继续控制奴隶贸易。

5. 斯瓦希里城市文化衰亡

欧洲工业革命导致生产方式向机械化发展，奴隶劳动利润下降，由此产生人道主义精神，使欧洲逐渐废除大西洋奴隶贸易。19 世纪 40 年代欧洲人的注意力转向东非。与人道主义联系的宣讲福音活动随之而来，试图通过传教工作废除奴隶贸易，科学探索精神和传教精神又催生了地理探险，这样的历史进程将欧洲的殖民统治推向社会更深的层面。1870 年，阿曼成为英国的保护国。1873 年废除阿拉伯奴隶贸易名义上取得成功。但由于世界经济体系下的国际分工已经形成，东非的种植园农业继续发展。

1　十二伊玛目派即十二个部落，又分为两个联盟：特拉阿塔塔伊发即三族联盟和提萨塔伊发即九族联盟。

经济作物种植园对粮食的巨大需求又催生出粮食种植园。巨大的劳动力缺口使商人们继续走私奴隶。

19 世纪晚期，英国逐渐控制了环印度洋沿岸的绝大部分。随着东非自然资源的枯竭、奴隶贸易对本土社会的破坏、欧洲对环印度洋贸易的垄断和殖民统治的深入，东非的经济结构由远洋商业转为农业和初级农产品加工业，沿海大部分斯瓦希里城市走向衰落和废弃。

六、讨论与假设

从东非斯瓦希里文化遗址的情况可以看出，遗址保存情况普遍并不理想，研究材料还有待积累。由此只能作出一些推测性假设，为后续研究提供思路。

对比清真寺米哈拉布的形制和斯瓦希里文化的历史进程发现，在欧洲势力进入以前，关于东非沿海城镇的记载不多，也很难从考古和建筑中观察到，不过从米哈拉布出现的时间与地点来看，可以肯定与贸易移民有关。16 世纪以前是斯瓦希里文化的形成期。群岛遗址群和中部遗址群的贸易路线主要是环印度洋贸易圈中的红海航线和波斯湾航线，因此不同形制出现的时间和地点相差不多，或许暗示着移民来源的复杂性。

16 世纪时葡萄牙的殖民扩张达到顶峰，控制了环印度洋沿岸的大部分地区。东非沿海的历史则表现为葡萄牙和土耳其的殖民斗争、各商业城市间的斗争、内陆移民潮与沿海城市间的互动三条相互交缠的线索。从米哈拉布的形态观察，15 世纪末到 17 世纪中期是单拱形态的繁荣期，同时，花瓣拱形态在群岛遗址至中部遗址群的区域内发展。在这一时期，依靠土耳其势力的设拉子王朝被依靠葡萄牙势力的马林迪王朝替换。马林迪使用的是花瓣拱形式，而设拉子王朝控制的蒙巴萨使用的是单拱形式，从时间上看，蒙巴萨与马林迪前后相继，可以假设其中或许存在关联。伊莎卡尼遗址既有单拱形式又有花瓣拱形式的现象值得注意。

17~18 世纪是阿曼阿拉伯逐渐控制东非沿海地区的时期。沿海各商业城市借助阿曼与葡萄牙的斗争互相竞争和斗争，其中拉穆群岛一度达到全盛，其影响力可达东非海岸南部部分地区。从清真寺米哈拉布的形制观察，17 世纪开始，花瓣拱在群岛群及以北全面繁荣，同时单拱形态在肯尼亚沿海的繁荣基本终止。这一现象或许与葡萄牙和阿曼的斗争存在联系。

18 世纪末至 19 世纪中期是阿曼内部两种势力相互斗争以及受两种势力控制的各商业城市间的斗争时期；同时，也是斯瓦希里文化衰落的时期。从米哈拉布形制观察，这一时期是 17~18 世纪的延续，并无太大变化。由此可以推测，阿曼内部的不同势力与米哈拉布不同形态之间似并不存在关联。

19 世纪中期以后是斯瓦希里文化的消亡期，或许此时米哈拉布的形态已经没有太大意义了。

龙泉青瓷大缸标本的分析研究

纪东歌　李　合　翟　毅　郭子莉　吴明俊　沈岳明

引言

龙泉窑作为古代著名的青瓷窑场，在宋元明清时期和皇宫、官府之间有着密切的关联，为元明两代宫廷祭礼器、日常用器以及官府用瓷的主要产地[1]。龙泉大窑枫洞岩窑址明代早期地层出土的高品质青瓷不仅与清宫旧藏、土耳其托普卡比皇宫博物馆收藏的传世品相对应，在造型、纹饰和尺寸上也与景德镇珠山御窑遗址出土的明代早期御用瓷器一致，证实朝廷命“饶、处等府烧造”官器的记载[2]。元明两代是官窑发展的重要时期，此阶段的龙泉窑和景德镇都以生产体积硕大、品质精良的大型瓷器产品而著称，这与烧造工艺的革新、社会生活审美的变化和多元经济文化影响导致的需求量增大相关。陶瓷大缸是古代社会生活中普遍使用的大型器物，特别是宫廷和官府因配合大型建筑的实用和装饰功能对此类产品的需求更为明显。在明代景德镇御器厂生产的大型瓷器中，巨型大缸因其传世稀有、体量庞大、制工艰难，以及与“窑神”紧密相关的传说故事而闻名于世，在陶瓷史上占有特殊地位。官用大缸的体量有大小之分，质量有粗细之别，明代景德镇御器厂生产的“大龙缸”为其中最高级的御用器，也是已发现古代瓷器实物中体量最大的独立器物类型，高度超过 70 厘米，最大腹径近 90 厘米。明早期，为满足宫廷和内府对于各式瓷质缸坛等大件用器的大量需求，除饶州以外，京城、均、磁、处各地均承担瓷缸的烧造任务[3]。

在已知的实物资料中，尚未发现龙泉窑产高品质超大型瓷缸的传世完整器，然而无论从特殊的窑业地位还是先进的制瓷能力以及当时大器盛行的市场风向等方面来

1　王光尧：《明代宫廷陶瓷史》，紫禁城出版社，2010 年。

2　《大明会典・卷一百九十四・窑冶・陶器》：“洪武二十六年定：凡烧造供用器皿等物，须要定夺样制，计算人工物料。如果数多，起取人匠赴京，置窑兴工，或数少，行移饶、处等府烧造。”

3　王光尧：《明代宫廷陶瓷史》，紫禁城出版社，2010 年。

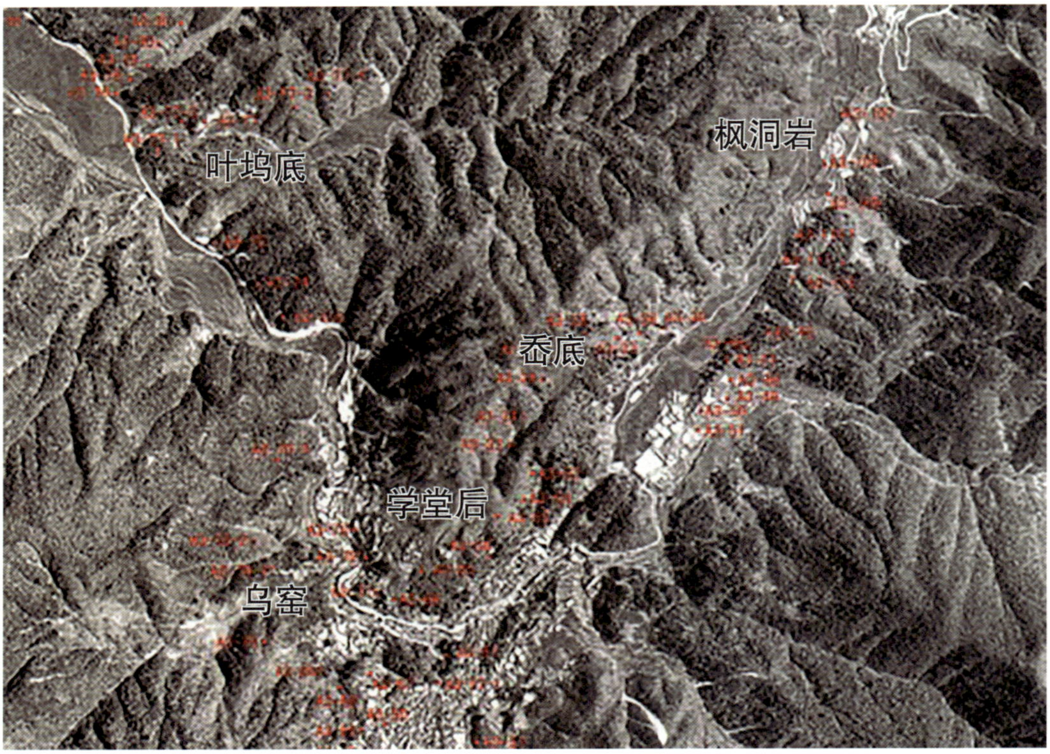

图一 龙泉大窑岙底窑址群

看，龙泉窑都具备如景德镇一般烧造高质量官用大缸的条件和可能。此前有专家学者和收藏家对在龙泉大窑地区发现的高品质大缸残件进行过描述[1]，而此次对通过考古调查采集得到的龙泉大窑窑址青瓷缸残件进行科学检测，对比大窑枫洞岩窑址出土高品质官用青瓷标本的检测数据，结合文献和考古材料，旨在为龙泉窑产高质量大器和处州官窑的相关研究提供科学依据。

一、青瓷大缸标本及其他样品信息

此件青瓷大缸样品为浙江省文物考古研究所、故宫考古研究所与龙泉青瓷博物馆的研究人员在对龙泉大窑岙底地区窑址群进行科研考察时采集所得（图一）。该残片厚胎厚釉，胎体呈灰白色，胎质细腻，气泡较多；内外均施青釉，釉色翠青，多开片，

1 “大窑窑址内也有大炉、大缸之类，胎厚可达寸许。”参见叶喆民：《中国陶瓷史（增订版）》，生活·读书·新知三联书店，2011 年。叶英挺、华雨农：《发现：大明处州龙泉官窑》，西泠印社出版社，2005 年。

a　　　　　　b

图二 青瓷大缸标本（样品号：DF-1）

外壁釉层断面有分层痕迹。残件壁厚达5.82厘米，厚度远超过龙泉青瓷大盘、大瓶、绣墩、器座等大器，研究人员推测为大型缸的腹壁下部残片，胎釉特征与元明时期龙泉高品质青瓷产品相符（图二）。

为进行对比实验，另选取具有典型明早期高品质青瓷特征的10件样品进行无损检测（表一），样品来源于2006~2007年浙江省文物考古研究所、北京大学考古文博学院和龙泉青瓷博物馆对大窑枫洞岩窑址进行的联合考古发掘。所测出土标本的地层同时出土执壶、玉壶春瓶、梅瓶、大盘等官用青瓷产品和瓷质窑具[1]，标本所属探方TN12W3、TN14W3、TN15E4、TN16W3，主要出土明代早期和中期遗物，其中地层TN12W3⑥N出土有“永乐九年”纪年刻花印模[2]。

表一　大窑枫洞岩出土实验样品信息

样品号	DF-2	DF-3	DF-4	DF-5	DF-6
出土地层	TN15E4①	TN12W3⑥N	TN12W3⑥N	TN14W3③W	TN12W3⑥N
器型	墩碗	瓶/壶	瓶	玉壶春瓶	玉壶春瓶
图像					
样品号	DF-7	DF-8	DF-9	DF-10	DF-11
出土地层	TN12W3⑥N	TN16W3②	TN14W3⑩N	TN12W3G	-
器型	梅瓶	罐	执壶	梅瓶	大碗
图像			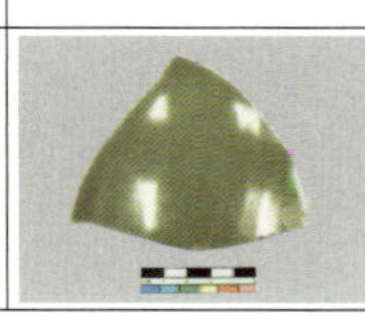		

1　浙江省文物考古研究所、北京大学考古文博学院、龙泉市博物馆:《龙泉大窑枫洞岩窑址(下)》,文物出版社,2015年。

2　浙江省文物考古研究所、北京大学考古文博学院、龙泉市博物馆:《龙泉大窑枫洞岩窑址(上)》,文物出版社,2015年。

二、元素组成的检测和结果分析

对 11 件龙泉青瓷标本胎、釉元素组成含量进行无损测试。实验采用美国 EDAX 公司的 EAGLE Ⅲ XXL 大样品室能量色散 X 射线荧光光谱仪（EDXRF）。实验测试条件为：电压为 40kV，电流 400μA，束斑 0.3mm，测量时间 300s，半定量测试结果。所测样品胎、釉元素组成测试结果如下（表二、表三）。

表二 青瓷样品胎体元素组成

（wt%）

编号	Na_2O	MgO	Al_2O_3	SiO_2	K_2O	CaO	TiO_2	MnO	Fe_2O_3	Rb_2O	SrO	Y_2O_3	ZrO_2
DF-1	0.71	0.40	23.25	66.75	6.10	0.23	0.11	0.09	1.36	0.0269	0.0041	0.0050	0.0091
DF-2	0.94	0.30	22.77	68.00	5.14	0.19	0.09	0.05	1.52	0.0241	0.0018	0.0044	0.0176
DF-3	1.25	0.30	23.75	67.35	4.38	0.17	0.13	0.07	1.61	0.0199	0.0026	0.0042	0.0111
DF-4	1.05	0.43	21.70	69.07	4.40	0.41	0.15	0.06	1.74	0.0181	0.0021	0.0064	0.0116
DF-5	1.70	0.39	23.16	67.08	4.70	0.18	0.14	0.06	1.59	0.0218	0.0035	0.0063	0.0125
DF-6	1.23	0.29	22.06	68.87	4.60	0.22	0.15	0.06	1.51	0.0201	0.0032	0.0051	0.0136
DF-7	1.51	0.37	23.56	66.78	4.61	0.26	0.15	0.07	1.70	0.0216	0.0032	0.0057	0.0122
DF-8	1.29	0.37	21.36	68.42	5.78	0.22	0.08	0.05	1.43	0.0211	0.0029	0.0053	0.0130
DF-9	1.32	0.47	22.71	67.60	4.93	0.24	0.12	0.07	1.53	0.0229	0.0030	0.0055	0.0145
DF-10	1.15	0.51	24.87	65.93	4.42	0.17	0.10	0.07	1.78	0.0210	0.0029	0.0055	0.0149
DF-11	1.42	0.45	24.02	66.50	4.56	0.17	0.12	0.07	1.69	0.0205	0.0026	0.0049	0.0138
大窑 n=12	0.73	0.47	25.05	64.75	5.33	0.17	0.15	0.06	2.29	0.0322	0.0049	0.0095	0.0183

表三 青瓷样品釉层元素组成

（wt%）

编号	Na_2O	MgO	Al_2O_3	SiO_2	K_2O	CaO	TiO_2	MnO	Fe_2O_3	Rb_2O	SrO	Y_2O_3	ZrO_2
DF-1	0.56	0.91	11.57	72.03	4.80	6.89	0.13	0.32	1.80	0.0193	0.0280	0.0030	0.0066
DF-2	1.77	0.94	10.84	72.67	5.42	5.13	0.11	0.17	1.96	0.0190	0.0334	0.0040	0.0062
DF-3	0.29	1.17	12.75	72.21	5.26	5.08	0.17	0.38	1.71	0.0176	0.0314	0.0089	0.0080
DF-4	1.17	1.34	12.97	70.97	5.25	4.94	0.12	0.37	1.86	0.0174	0.0256	0.0067	0.0086
DF-5	0.72	1.37	13.33	69.99	4.83	6.14	0.18	0.32	2.12	0.0175	0.0310	0.0040	0.0066
DF-6	0.28	1.09	11.33	72.56	4.26	7.31	0.09	0.24	1.84	0.0176	0.0349	0.0035	0.0052
DF-7	1.17	1.63	12.52	69.72	4.80	6.83	0.17	0.33	1.82	0.0156	0.0303	0.0040	0.0059
DF-8	1.32	1.41	12.53	70.42	4.90	6.34	0.13	0.34	1.60	0.0169	0.0372	0.0046	0.0051
DF-9	1.44	1.04	12.96	71.33	4.96	5.07	0.22	0.30	1.69	0.0173	0.0308	0.0031	0.0079
DF-10	1.09	0.99	12.15	71.80	5.30	5.40	0.13	0.30	1.85	0.0184	0.0232	0.0046	0.0081
DF-11	1.03	1.21	12.26	71.74	5.01	5.76	0.15	0.24	1.59	0.0187	0.0395	0.0024	0.0064
大窑 n=12	0.69	1.08	12.71	69.71	5.02	7.94	0.10	0.23	1.53	0.0197	0.0368	0.0052	0.0122

从表二可见，11 件龙泉青瓷标本的胎体元素组成非常接近，胎体中氧化铝在 21.70%~24.87% 之间，氧化硅在 65.93%~69.07% 之间；胎体中氧化钾含量较高，平均

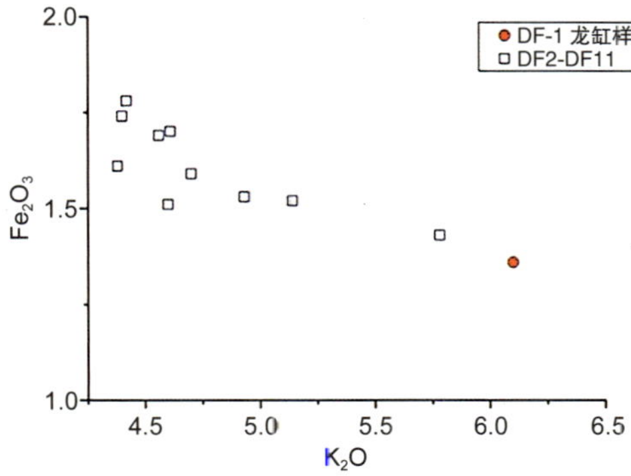

图三 样品胎体中氧化钾与氧化铁含量散点图

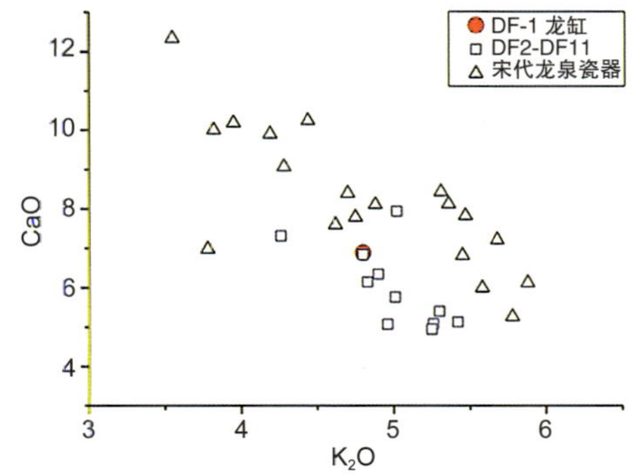

图四 样品釉层中氧化钾与氧化钙含量散点图

为 4.98%，符合龙泉瓷器胎体的特征[1]，排除其他窑口产青瓷的可能性[2]。样品胎体氧化钙含量的变化区间为 0.17%~0.26%，氧化钛为 0.08%~0.15%，氧化铁为 1.36%~1.78%，与枫洞岩窑址出土明早期青瓷胎体的成分含量接近[3]。从表二可知，大缸样品（DF-1）与其他的瓷片标本也存在一定的差异，如该样品胎体中氧化钾含量为 6.10%，为所测样品中最高值；而氧化铁含量为 1.36%，为所测样品中最低值（图三）。这表明制作大缸的原料与其他瓷器的原料来源虽然一致，但是其原料可能要经过更加严格的选择，其粉碎、淘洗等处理工艺也更为精细。

由表三可知，所测 11 件龙泉青瓷标本的釉层元素组成同样非常接近，说明大缸样品的釉料与其他瓷片釉的原料和配方几乎一样。比较之前检测的龙泉宋代瓷片标本的检测数据可知[4]，大缸标本和枫洞岩出土瓷片标本釉层中氧化钾含量基本相当，但是氧化钙的含量略低（图四）。

三、光学显微观察和分析

采用德国莱卡公司的 MZ16A 实体显微镜以不同倍数对大缸样品及其他样品的釉

1 李家治、陈显求、张福康等：《中国古代陶瓷科学技术成就》，第 286 页，上海科学技术出版社，1985 年；周仁、郭演义等：《龙泉青瓷原料的研究》，文物出版社，1998 年。

2 吴隽、吴艳芳、吴军明等：《景德镇仿龙泉青瓷与龙泉青瓷组成特征研究》，《光谱学与光谱分析》2013 年第 8 期；李合、丁银忠、沈琼华、沈岳明等：《杭州南宋遗址出土官窑类瓷片的科技研究》，《南方文物》2013 年第 2 期。

3 冯松林、李丽等：《枫洞岩窑址出土青瓷的核分析研究》，《龙泉大窑枫洞岩窑址（下）》，文物出版社，2015 年。

4 李国桢、郭演仪：《中国名瓷工艺基础》，第 75 页，上海科学技术出版社，1988 年。

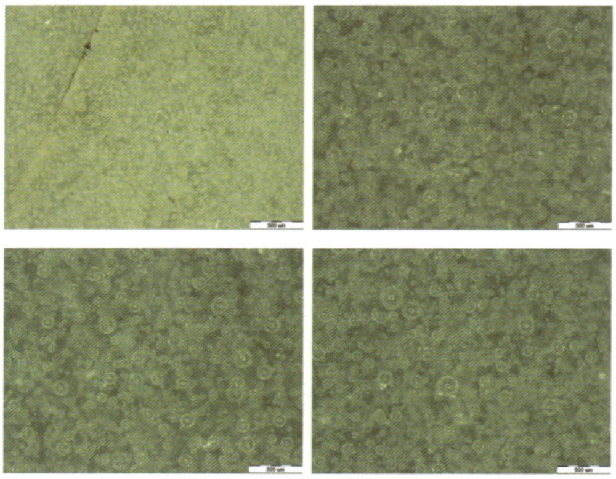

图五 样品釉中气泡的显微结构图（50 倍）
（左上：DF-1；右上：DF-4；左下：DF-5；右下：DF-9）

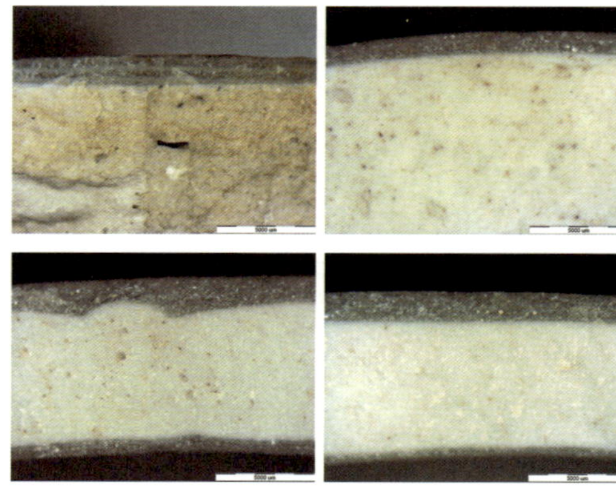

图六 样品断面的显微结构（10 倍）
（左上：DF-1；右上：DF-4；左下：DF-5；右下：DF-9）

中的气泡、胎体断面及釉层断面进行了微观观察。在相同的放大倍数下，大缸样品釉层中的气泡大小及分布与其他的样品存在明显的差异：大缸釉面中气泡小而密集，绝大多数气泡的直径小于 50 微米；而其他样品釉中的气泡则要大而疏，其气泡直径大多大于 50 微米（图五）。陶瓷釉层中的气泡数量、尺寸和分布具有一定的规律性，其中与化学成分和烧成温度的关系最大[1]。根据元素组成分析可知所测龙泉大缸和青瓷标本的釉料配方是类似的，由此根据釉中差异较大的气泡大小和发育情况可初步判断，在烧制器物时大缸样品的最高烧成温度要略低于其他的样品。

观察样品断面可知，大缸样品的釉层厚度约为 1.6 毫米，具有至少三层结构，属于多层厚釉产品。而其他的龙泉青瓷样品则不见明显多层釉结构，釉层更薄，厚度在 1~1.5 毫米之间，最薄在 0.5 毫米左右（图六）。大缸祥品与其他样品的釉层厚度相差无几，其釉料配方也类似，但为何大缸样品的釉层具有更多层结构？合理的推测是为使大缸进行稳定烧制并达到厚胎厚釉的效果，采用了不同的施釉方法和烧制工艺。

厚釉青瓷一般采取多次施釉工艺，该工艺是否在多次施釉之间需要多次低温素烧，又或是否进行多次施釉后再入窑高温烧制，目前多层釉的烧制过程尚有争议[2]。但可以确定的是，想要烧制胎体如此厚重的大缸产品，其烧制时需要高温环境下相对较长的保温时间。对照景德镇御器厂大龙缸的烧造方法，明陆万垓增修《江西省大志》“陶

1 周仁、张福康、郑永圃：《龙泉历代青瓷烧制工艺的科学总结》，《考古学报》1973 年第 1 期。

2 李家治：《中国科学技术史·陶瓷卷》，第 299 页，科学出版社，1998 年。
Nigel Wood: *Chinese Glazes—Their Origins, Chemistry, and Recreation*, London: A & C Black and Philadelphia: University of Pennsylvania Press, 1999.

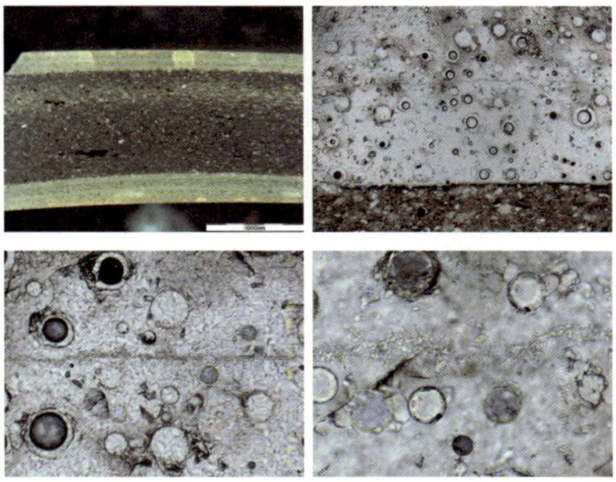

图七 南宋官窑三层釉结构
（左上：实体显微镜；右上：偏光显微镜 100 倍；左下：偏光显微镜 200 倍；右下：偏光显微镜 500 倍）

书”续补中有关于“缸窑”烧造过程的记载：“溜火七日夜，溜火者，小火也，如水滴溜，小小起火使水汽渐干、渐熟云，然后起紧火二日夜，见红匣既红而复白色，前后皆明亮方可止火封门。又十日，窑冷方开。每窑约用柴百二十扛，遇阴雨或加十扛。”因龙缸体积硕大，壁层厚重，施釉面积大，须缓慢加火并在烧成后需约十日的保温冷却时间，这在技术上与烧制其他器物有很大差异。研究表明，古代青瓷在烧制时的保温时间越长，釉面中的晶体越容易生长；如果多层施釉，晶体在两层釉料之间发育良好的话，就会在两层釉面之间形成由连续针状晶体交织而成的分界线[1]，从而在外观上观察到釉的分层结构，如与大缸样品相同的出现釉分层的南宋官窑青瓷标本（图七）。此外，重烧实验表明如果具有多层釉结构的瓷器的烧成温度太高，则多层釉现象会消失，即多层釉瓷器的烧成温度不能过高。以此推论，龙泉窑青瓷大缸在烧制时所达到的最高温度相对较低，但保温时间要远远超过其他产品。

四、龙泉青瓷大缸的制作工艺

根据检测分析，大窑岙底采集到的大缸残件与大窑枫洞岩窑址的青瓷胎釉成分基本相同；但胎体中钾高铁低，表明大缸在制胎时经过更加细致的淘洗和过滤处理。这与大窑枫洞岩遗址的制瓷情况一致，在相同文化期内不同器型的产品采用了同样的原料配方[2]。明陆容《菽园杂记》记：“青瓷初出于刘田，去县六十里。次则有金村窑，与刘田相去五里余。外则白鹰、梧桐、安仁、安福、绿绕等处皆有之。然泥、油精细，模范端巧，俱不若刘田。泥则取于窑之近地。其他处皆不及。”[3]大窑岙底地区古称“琉（刘）田”，即龙泉窑传统中心窑业产区，当地资源丰沛可就地取材，经科学检测亦证

1 周仁、张福康、郑永圃：《龙泉历代青瓷烧制工艺的科学总结》，《考古学报》1973 年第 1 期。

2 冯松林、李丽等：《枫洞岩窑址出土青瓷的核分析研究》，《龙泉大窑枫洞岩窑址（下）》，文物出版社，2015 年。

3 （明）陆容：《菽园杂记》卷十四，中华书局，1985 年。《菽园杂记》所述龙泉窑年代目前学界尚有争议。

图八 《天工开物》"造缸"

明该地区拥有龙泉窑中最优质的制瓷原料[1]，为制作优质大器提供优质原料。明早期枫洞岩窑址的制瓷工艺和烧成技术达到最高水平，考古揭露出淘洗池、储泥池、素烧炉和辘轳坑并配有排水沟和水井等设施，拥有完整的制瓷工艺体系，针对不同器型的器物对原料进行精细化加工[2]，这为制作优质大器提供了技术支撑。

超大型官用缸的制作过程可参考同时期的景德镇御器厂，明早期已形成了高效的分工生产模式，设"龙缸大窑原系三十二座……以备烧龙缸之用"[3]，制作大缸的胎坯时"每一名造坯五口，每日加泥一次，计十八日可成坯，候干。又利坯二日，洗补二日，上泥浆二日，共计一月可成坯五口"[4]。明代宋应星《天工开物》介绍另一种成型方式"凡造敞口缸，旋成两截，接合处以木椎内外打紧匝口……""以釉水涂合其缝，烧出时自圆成无隙"[5]（图八）。由于龙缸的胎体大而且厚，需反复补泥和修坯成型，或拼合后使用工具敲打成型，成坯后修坯，有的给胎坯加罩，以控制其干燥速度防止开裂。《菽园杂记》载龙泉窑制瓷"大率取泥贵细，合油贵精。匠作先以钧运成器，或模范成形。候泥干，则蘸油涂饰，用泥筒盛之，置诸窑内，端正排定，以柴筱日夜烧变"。相较景德镇御窑遗址正统地层出土的高 75.5 厘米，口径 75 厘米，腹径 88 厘米的青花云龙纹大缸（图九），龙泉青瓷大缸的器壁更加厚重，推测其整体尺寸不亚于前者，制坯成型工艺也

1 故宫博物院、浙江省文物考古研究所、龙泉青瓷博物馆：《龙泉青瓷胎釉成分特征研究》，《故宫博物院院刊》2019 年第 7 期。

2 浙江省文物考古研究所、北京大学考古文博学院、龙泉市博物馆：《龙泉大窑枫洞岩窑址（上）》，文物出版社，2015 年。

3 （明）王宗沐纂，陆万垓增修：《江西省大志》"陶书"，成文出版社有限公司，1989 年。

4 （明）王宗沐纂，陆万垓增修：《江西省大志》"陶书"，成文出版社有限公司，1989 年。

5 （明）宋应星：《天工开物》，人民出版社，2015 年。

图九 明正统青花云龙纹缸（景德镇御窑博物馆藏）

更加费料耗时，为达到厚釉的效果进行多次施釉。

龙泉大缸在龙窑中烧造与景德镇龙缸于独立的缸窑中烧制不同，景德镇缸窑空间小，专有匣窑烧制缸匣，而青瓷大缸烧制于龙窑中，是否需要匣钵呢？虽然目前在枫洞岩窑址的窑炉遗迹中找到用于烧制青釉大盘的直径达 70 厘米的超大匣钵[1]，但仍无法达到烧制超大型瓷缸的体量。巨型匣钵的烧造本身存在很大难度，是否如景德镇一样针对“大样”瓷缸制作分层缸匣圈，有待进一步的考古发现。根据龙泉木岱口自清代延续至今的龙窑烧瓷技术，烧造大型器时会借助旁边的较小匣钵叠积或匣钵柱将大器围住，有时会进行一些临时加固密封措施，可起到似匣钵封护的作用。

成化《处州府志》记“缸窑四处”[2]，应为龙泉地区生产普通缸瓮的窑炉，大窑地区未发现专烧大器的窑址。《天工开物》记载了阶级龙窑烧造大型瓷器的技术：“凡缸瓶窑，不于平地，必于斜阜山冈之上，延长者或二三十丈，短者亦十余丈，连接为数十窑，皆一窑高一级，盖依傍山势，所以驱流水湿滋之患，而火气又循级透上，其数十方成陶者，其中苦无重值物，合并众力众资而为之也。其窑鞠成之后，上铺覆以绝细土，厚三寸许，窑隔五尺许，则透烟窗，窑门两边相向而开，装物以至小器，装载头一低窑，绝大缸瓮装在最末尾高窑。发火先从头一低窑起，两人对面交看火色，大抵陶器一百三十斤，费薪百斤。火候足时，掩闭其门，然后次发第二火，以次结竟至尾云。”与文献中窑床尾部一般放置“绝大缸瓮”的记录对应，枫洞岩窑炉的尾部中间位置存有少量大器遗物，并留存有前面所提大型匣钵。该窑床尾部窑壁上排列比常见龙窑更多数量的投柴孔，缓解了尾端抽力较弱导致窑温过低的问题[3]。考古人员在浙

1 浙江省文物考古研究所、北京大学考古文博学院、龙泉市博物馆：《龙泉大窑枫洞岩窑址（下）》，第 510 页，文物出版社，2015 年。

2 《处州府志》卷三：“废止依苗额办纳缸窑四处、碗碟窑二十八。”

3 浙江省文物考古研究所、北京大学考古文博学院、龙泉市博物馆：《龙泉大窑枫洞岩窑址（下）》，第 670 页，文物出版社，2015 年。

江文成县发现一处主要烧缸、坛等大型日用器物的龙窑，窑炉结构与枫洞岩窑址相似，烧造温度可达到约 1200℃[1]。实验检测表明大缸的烧造需要相对较低的最高温度，较缓的加热速度和更长的保温时间，因此被安排在窑尾位置烧造是合理的处理方式。

五、龙泉青瓷大缸的烧成问题

从元代至明洪武、永乐、宣德三朝，官用大器的生产数量和质量超过了历史上任何一个时期[2]，气势恢宏的陶瓷大器是装点广厦宫殿不可替代的建材和陈设品，是迎合多民族生活与多元文化中不可或缺的日用器与赏赐佳器，是宗教祭典中庄严的礼器，甚至是战争中的新式武备。为了解决其中需求量最大的瓶、缸、坛的制作和运输问题，统治者不仅敕命饶州、均州、磁州、处州承担烧造任务，天顺年间京师也在琉璃窑厂烧造瓷缸[3]。

元代中期至明代早中期，龙泉窑的生产规模扩大并大量生产大件器物，如大盘、大碗、大瓶、洗、器座、花尊等，其中高档青瓷产品胎质坚密，胎体变厚，釉色葱翠，装饰手法一应俱全[4]，在制作高品质青瓷大器的技术上以及在市场方面占有垄断性的优势。作为元明时期皇室用瓷的重要产地之一，龙泉窑最晚自元至治年间始经明代洪武至天顺时期始终为皇宫烧造瓷器[5]。根据《大明会典》《明宪宗实录》的记载，处州和饶州一样由太监充任督陶官在当地进行管理，并按照同样的官样进行瓷器烧造[6]。大窑枫洞岩遗址明初期地层出土的大型官用瓷器中大墩碗、执壶和大型折沿盘等器物与两岸故宫、土耳其托普卡比皇宫博物馆和阿德卑尔伊斯兰教寺院的传世藏品基本一致，与景德镇御器厂遗址出土的同时期器物相似度很高[7]。有学者认为在明代早期的龙泉窑中心窑区大窑，有相当数量的窑场同时在为朝廷或官方烧造瓷器，这些产品中绝大部分

1 沈岳明：《龙窑生产中的几个问题》，《文物》2009 年第 9 期。

2 王健华：《明清官窑大器发展的四个高峰时期》，《故宫博物院院刊》2009 年第 3 期。

3 《大明会典·卷一百九十四·窑冶·陶器》：“凡在京烧造：天顺三年题准，琉璃窑瓷缸十年一次烧造。”

4 任世龙：《龙泉青瓷的类型与分期试论》，《中国考古学会第三次年会论文集》，文物出版社，1984 年。

5 王光尧：《从大窑到故宫——元、明皇宫用龙泉青瓷产地的确定》，《紫禁城》2007 年第 5 期。

6 《明宪宗实录》：“天顺八年正月乙亥，诏：江西饶州府、浙江处州府，见差内官在彼烧造磁器，诏书到日，除已烧完者照数起解，未完者悉皆停止。差委官员即便回京，违者罪之。”

7 浙江省文物考古研究所、北京大学考古文博学院、龙泉市博物馆：《龙泉大窑枫洞岩窑址（下）》，文物出版社，2015 年。

为龙泉窑青瓷中的上等产品，其中包含由内廷定样须索的宫廷用瓷[1]。无论龙泉窑场性质如何，以大窑为中心的窑区在这一时期始终为官家供应大量用于日用、祭祀、赏赉等功用的高品质青瓷。而体量如此巨大而厚重的高质量大缸，从成本到功能上讲远非民间可以承担和使用，很有可能属于官器。

故宫博物院收藏有龙泉瓷器1300多件，属于清宫旧藏元代青瓷16件，明代青瓷157件[2]，其中龙泉窑青釉凤尾尊高达73厘米（图一〇），龙泉窑青釉菱花式大盘的口径达62.5厘米（图一一）。时代被定为明代的高37.6厘米，口径53.5厘米的龙泉窑青瓷大缸和龙泉窑青釉刻花缠枝莲纹大缸为1949年后划拨文物（图一二），体量虽大但器壁最厚处仍远小于在大窑采集到大缸标本，釉色质量也逊于标本。普遍认知中最具典型意义的明早期官用瓷质大缸，如景德镇御窑遗址出土的宣德款青花龙纹缸和正统地层出土的青花云龙纹缸（见图九），两种器型按其尺寸比例计算，分别与《江西省大志》卷七所载“瓷缸”和“鱼缸”两类器型对应[3]。正统龙缸体形巨大，造型拙朴，上文已推测龙泉青瓷大缸在尺寸和重量上都可能超过前者，观察已见龙泉青瓷超大型缸的残件也可知至少存在两种以上的器型。由明清皇家宫殿和皇家园林的陈设可见，与宫殿建筑群相配设置的大型缸普遍为铜、铁等金属质，如位于太和门前的弘治十八年（1505）铁缸为紫禁城内目前存世最早的官制铁缸。陶瓷质大型缸是否具有与金属缸相同的建筑学意义和消防功能，学界尚未有定论，但大型瓷缸作为鱼缸、荷缸、果缸和明代墓葬里用作长明灯的大缸等宫廷所需的实际功用类型均有记载和发现。

虽然从大窑窑址发现的诸多大缸残片和此次检测分析结果表明至少在龙泉大窑地区烧造过高品质的大缸类产品，且时代特征和胎釉成分均与枫洞岩窑址出土的明早期官用青瓷相近，但由于缺少官用龙泉窑青瓷超大型缸的传世实物和直接的文献证据，这类青瓷超大型缸是否真正烧制成功，或是否像景德镇御窑正统时期烧造的大缸一样接受验收、运解京城等问题尚无法定论。面对当时官府庞大的需求量和目前仅发现极少数量的青瓷大缸残件，主要原因应源于极大的烧造难度。“凡器之高大件，最难烧

1 沈岳明：《“制样须索’龙泉窑》，《文物天地》2016年第7期。

2 王光尧：《关于清宫旧藏龙泉窑瓷器的思考——官府视野下的龙泉窑》，《龙泉大窑枫洞岩窑址出土瓷器》，文物出版社，2009年。

3 “大样鱼缸高二尺八寸，阔三尺；二样鱼缸高一尺八寸，阔二尺五寸；三样鱼缸高一尺六寸，阔一尺五寸；大样瓷缸高一尺三寸五分，阔二尺九寸；二样瓷缸高一尺三寸，阔二尺六寸；三样瓷缸高一尺二寸五分，阔二尺二寸五分。”（明）王宗沐纂，陆万垓增修：《江西省大志》“陶书”，成文出版社有限公司，1989年。

图一〇 龙泉窑青釉凤尾尊

图一一 龙泉窑青釉菱花式大盘

图一二 龙泉窑青瓷缸

图一三 龙泉窑青釉刻花缠枝莲纹缸

造”[1]，烧造大器是古代所有窑场面临的技术难题。即使是在明清两代拥有最先进成熟的瓷业技术的景德镇御器厂，革新技术成功烧制并供御前使用大型龙缸产品，依然因龙缸烧制难度之大、费材耗物之巨而多次停烧，凡浮梁民变和“窑神”童宾以骨作薪之说也因龙缸而生，相关研究学者们多有论述。相对已具备成熟大器制作技术的景德镇御器厂，在明中期奉敕烧大龙缸时仅能达到“十无二三”“百不得五”的烧成率[2]，文献中亦多见龙缸屡烧不得一的记录，即使烧成也有“坠裂”“惊碎”“瑕璺不堪”和“跻、

1 （清）蓝浦、郑廷桂：《景德镇陶录》，浙江人民美术出版社，2019 年。

2 “上忽命烧大缸，围至六七尺，所用土料、青料既多，比入火，十无二三完好者。”参见（明）王世懋：《窥天外乘》。“龙缸花瓶之类百不得五。”参见（明）陈有年：《陈恭介公文集》。

扁、损、挫之患”等缺陷[1]，而龙泉青瓷大缸的烧成率则较之更低。薪火传承至民国时期，“百器之中而获美满完璧者，不过区区数件耳”[2]。直到现在拥有科学测温技术辅助，龙泉木岱口自清代使用至今的曾氏龙窑柴火烧成青瓷的合格率仅为百分之十几[3]。普通器型的烧造率已是很低，更可想最难烧制的大缸情况。

青瓷大缸烧制不成功或成品量极低的情况也反映出龙泉窑在明中期衰落的主要原因为其竞争力下降的观点[4]。纵观窑业发展史，龙窑窑炉技术的革新相对缓慢，虽有成熟的焙烧温度时间控制技术，但超大器本身胎体极其厚重，烧造时因龙窑空间较大而难以受热均匀，易导致坍塌、破裂或釉面问题，成品率不高。相较景德镇御窑厂丰富多样的产品，龙泉窑青瓷趋于单一，目前可以对照出的按“官样”生产的御用青瓷种类与景德镇相去甚远。且龙泉窑官用瓷器运输至京的路线也不如景德镇便捷，反而在海外能见到更多传世品[5]。宣德时期，景德镇御窑厂开始成功仿烧龙泉青瓷，很快研发出高品质的青瓷官窑大器（图一四），又使用缸窑成功烧制“豆青色瓷缸”“豆青磁素缸”等青釉大缸[6]，全面掌握了包括大缸在内各类官用青瓷的先进技术，同时终结了龙泉窑继续烧制官用青瓷大缸的可能。

六、研究结论

第一，于龙泉大窑岙底窑址群采集到的青釉大缸标本的时代特征与元明时期高质

1 《明史・志第五十八・食货六》：（正统）“宫殿告成，命造九龙九凤膳案诸器，又造青龙白地花缸，王振以为有璺，遣锦衣指挥杖其督官，敕中官往督更造。”《浮梁县志・卷八》：（隆庆）“其龙缸降发体式，底阔肚凸，多致坠裂。五彩缸样，重过火色，多系惊碎。”《景德镇陶录・卷四》：“口面既大，坯数又高，造时必倍其坯，式较劣，取优者送窑经烧，难保不有跻、扁、损、挫之患。”

2 民国三十三年（1944）宝溪乡乡长陈佐汉给龙泉县县长徐渊若的报告，转自沈岳明：《龙窑生产中的几个问题》，《文物》2009年第9期。

3 沈岳明：《龙窑生产中的几个问题》，《文物》2009年第9期。

4 王光尧：《关于清宫旧藏龙泉窑瓷器的思考——官府视野下的龙泉窑》，《龙泉大窑枫洞岩窑址出土瓷器》，文物出版社，2009年。

5 秦大树、施文博：《龙泉窑记载与明初生产状况的若干问题》，《龙泉大窑枫洞岩窑址出土瓷器》，文物出版社，2009年。

6 “缸窑，明厂有龙缸窑……有烧通青双云龙宝相花缸、青双云龙缸、青双云龙莲瓣大缸、青花白瓷缸、青龙四环戏潮水大缸、青花鱼缸、豆青色瓷缸等式。”参见（清）蓝浦、郑廷桂：《景德镇陶录・卷五》，浙江人民美术出版社，2019年。

图一四　明宣德仿龙泉青釉带座梅瓶（景德镇御窑博物馆藏）

量龙泉青瓷相近，经检测与大窑枫洞岩窑址考古出土明早期官用青瓷样本的胎釉成分基本一致，说明样本拥有相近的原料来源和配方。岙底地区作为龙泉窑业的传统核心产区，采用了龙泉窑最优质的原料。

第二，相较枫洞岩出土青瓷标本，青釉大缸样品胎体成分中氧化钾较高，铁含量较低，说明其原料经过更加严格的选择，粉碎、淘洗等处理工艺更为精细。

第三，大缸标本釉面中的气泡小而密，釉的断面分层痕迹明显，说明在烧造过程中的最高烧成温度要略低于其他的样品，加热和保温时间要久于其他样品。结合文献和龙窑窑炉的考古研究情况，烧造时将超大尺寸器物安排在窑尾的位置是合理的。

第四，根据龙泉青釉大缸标本的厚度推测其尺寸巨大，胎体沉重，体量可能不亚于景德镇御窑遗址正统地层出土的青花云龙纹大缸。因其品质高、体量大、耗材多和烧造难度等原因，且不适于普通百姓使用，龙泉大缸为官用瓷器的可能性较大。如果此类青釉大缸属于官用产品，那么其采集地大窑岙底地区也可能存在与枫洞岩类似的生产官用青瓷的窑址。

（原载于《南方文物》2020 年第 5 期）

故宫宝蕴楼明清建置变迁考辨

——以史料档案和考古发现为考察中心

吴 伟

辛亥革命推翻了清王朝的统治，也改变了紫禁城的命运。1914 年，民国政府将交付的紫禁城前朝区域开辟为中国第一座国立博物馆——古物陈列所的所在地。成立伊始，为了满足展陈、保管文物的功能需要，古物陈列所依次修整前朝的各大殿座，设置展览陈列室；又清理出“西华门内、武英殿西”的清代建筑旧基，在此兴建文物库房，名曰宝蕴楼（图一）。

图一 西华门内、武英殿西之宝蕴楼及咸安门鸟瞰

虽然宝蕴楼至今只有区区百年的历史，然其所在地——“西华门内、武英殿西”则是自紫禁城营建以来就客观存在的。由于宝蕴楼建筑式样的“革新”，原明清两朝“西华门内、武英殿西”的宫殿建筑几乎不复存在，只有仅存的咸安门提示着门内宝蕴楼现坐落的地方原应是咸安宫的所在地。但是在紫禁城的历史上，并非此一处曾被称为咸安宫。因而很多学者在这一问题的解读上出现了矛盾，在宝蕴楼所在的“西华门内、武英殿西”建置变迁问题上，特别是清咸安宫官学迁入尚衣监后这段时期建置问题上有着不同的看法和争议。

为了解决这些问题，笔者在汇总、辨析前人研究成果的基础上，尽所能地对“西华门内、武英殿西”位置相关的文献档案进行了收集和梳理，根据史料学的原则，将所有相关的文献按照可信度从高至低分为五个层级。第一级：实物资料与宫廷档案（包括图档）；第二级：时人编纂的当朝史书；第三级：宫廷外时人的记述、宫廷界画画作；第四级：后代对前朝代历史的编纂记述，也包括清末及民国时期出版的各种史料；第五级：现当代学者著作及言论。文献层级越高，可信度越高。另一方面，利用笔者在宝蕴楼进行古建修缮和考古发掘的工作机会，通过将史料文献和实物发现相互印证的方法，来梳理出笔者对紫禁城“西华门内、武英殿西”建筑群变迁历史的理解和看法。

一、明代尚膳监、大庖之所在

首先，有必要确认紫禁城建成初期，“西华门内、武英殿西”（即今宝蕴楼之所在位置）的设置情况，然而谈到北京宫殿的落成，则不得不谈到明初南京宫殿建置的影响。

明初定都南京，定大内宫殿于南京城东侧钟山西趾之阳（今中山门内御道街一带），格局为“坐北向南，前庑后寝，后妃六宫以次序列”。南京宫城内的“西华门内，武英殿西”的位置其在档案、正史中记载几无，但是随着南京明故宫遗址的勘探与发掘，明南京大内宫殿的西路武英殿建筑群及东路文华殿建筑群逐渐明晰，印证了相关文献的记载是基本可靠的。于是在第一、第二级史料相对缺乏的情况下，笔者利用最接近当时情况的第三级史料略窥一二。明王樵《方麓集》有载：“大庖在西华门内，尚膳监在西中门内（按：西中门在皇城之内、宫城之外，明北京城同）。”[1] 明黄省曾的《建业大内记一首》叙述更为清楚：“又经武英殿至大庖，庖之祭器皆木色，咸朱，凡祭

1 （明）王樵：《方麓集》卷十一《金陵杂记·皇城》，《弇州四部稿》外六种，上海古籍出版社，1993 年。

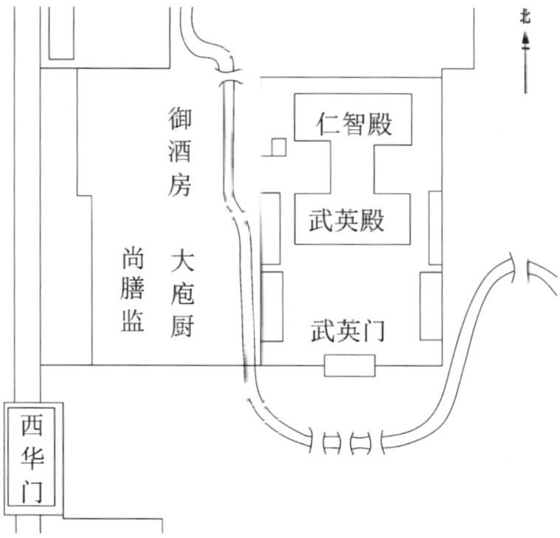

图二 朱偰据《酌中志》复原的《明代宫禁图》局部（武英殿区）

列于红几，几上咸刊定荐物品，位祭则携几以往。由西华门、西上门以出。”[1]这两条文献佐证：大庖早在明初，就已经在南京宫殿内，大概位置应该在西华门内、武英殿西侧附近。

后成祖迁都北京，又开始大规模地建设北京大内的城垣、宫殿。但基本上都是以南京宫殿为蓝本，主体格局仍依照南京宫殿。“西华门内、武英殿西”处也不例外，基本上因循其旧制。现存比较可信的第三级史料——晚明大内宦官刘若愚《酌中志》中有载：“东南曰思善门，门外桥西曰武英殿（按：门外桥即断虹桥），命妇朝皇后于此。再西曰大庖厨，尚膳监，乃第一员总理及管理、佥书所居也。”[2]另外，明末清初孙承泽的《春明梦余录》也记载：“武英殿西曰大庖（厨），曰尚膳监。”[3]《日下旧闻考》中亦引用了《春明梦余录》的这段记载[4]。虽然《日下旧闻考》属于第四级文献，但其保留了很多原始史料，考证严谨，可信度比较高，可以做前两条的补充和印证。综合上述三条文献的记载，基本可以推定：现宝蕴楼所在位置最初为明代北京宫殿大庖、尚膳监的所在，尚膳监在明代掌供养奉先殿并御膳与宫内食用之物，且基本延续的是明初南京宫殿的建置。与南京大内相比，北京宫殿“西华门内、武英殿西”处不仅设置大庖厨，而且又将原来位于西中门内的尚膳监改为安置在武英殿西侧，与大庖厨同归于一处。这也是以目前朱偰为代表的近现代学者比较认可的观点[5]（图二）。当然，无论是大庖厨还是尚膳监的建筑始建年代并不能确定，但通过现存文献来看，其始建时代下限应不晚于明晚期。

1 （明）黄省曾：《五岳山人集》卷三二《建业大内记一首》，齐鲁书社，1997年。

2 （明）刘若愚：《酌中志》卷十七《大内规制记略》，第149页，北京古籍出版社，1994年。后辑于明代吕毖的《明宫史·金集·宫殿规制》，略有改动，本文一般以始出文献或单行本为准。参见《明宫史·金鳌退食笔记》，第18页，北京古籍出版社，1982年。

3 （清）孙承泽：《春明梦余录》，北京古籍出版社，1992年。

4 （清）于敏中等编纂：《日下旧闻考》卷三三《宫室·明一》，第507页，北京古籍出版社，1981年。

5 朱偰根据刘若愚的《酌中志》复原的《明代宫禁图》，参见其《明清两代宫苑建置沿革图考》附图，故都纪念集第二种，民国36年4月（1947）。

二、清初至乾隆十五年（1750）尚衣监之所在

由于史料的缺乏和限制，明朝大庖厨、尚膳监的建筑格局、形制以及建修沿革不得而知。特别是明末李自成之乱后，紫禁城宫室多有焚毁，但史料记载极为简略，目前均是通过清初紫禁城宫殿的复建记录来了解大致情况，更不用说这段时期“西华门内、武英殿西”的建置历史了。但纵观文献史料，紫禁城西南角处建筑群似乎在明末清初的纷飞战火中逃过一劫，如南薰殿、武英殿等。不仅李自成曾在武英殿进行过短暂的即位典礼，清军入京到顺治帝登基最初的这段时间也是在武英殿摄政。因此与武英殿一“河”之隔的“西华门内、武英殿西”处所在当时并没有被焚毁，但是否仍用作大庖厨、尚膳监的功能，则不得而知。

故暂且放下这段空白，此后有明确记载“西华门内、武英殿西”处建置情况的应属清康熙年间的舆图《皇城宫殿衙署图》（以下简称《康熙图》），关于此图的真伪与绘制年代，刘敦桢已有详细的考证，确认此图为康熙十八年（1679）或不晚于十九年（1680）之前所绘[1]。然朱偰观点与刘敦桢略有不同，他认为此图应成图于康熙二十一年（1682），理由有二：①文献记载康熙二十一年建咸安宫，图中已有录入；②若毓庆宫、惇本殿建于康熙十八年，为何图中并未载入[2]？这里笔者倾向于刘敦桢的观点，在此稍做论证：《日下旧闻考》引《明宫殿额名考》（《春明梦余录》亦载）：“嘉靖十四年五月……更咸熙宫曰咸安宫。”可见明嘉靖十四年（1535）即有咸安宫，而这段更替在朱偰的《明清两代宫苑建置沿革图考》却被遗漏了，故后来文献中记载的康熙二十一年建咸安宫的情况应该是清复建咸安宫时的记录；另外，宫殿的兴建与定宫殿额名往往并不同步，宫殿建成而无殿名的情况在紫禁城历史中也比比皆是。

但无论哪一种学者观点，都肯定了《康熙图》作为第一级史料的价值。图中在武英殿的西侧一组院落建筑内明确标示出“尚衣监”的衙署名称及清晰格局，这是目前明清史料记载中最早明确此处建置情况的文献，而明代原在此处的“尚膳监”在图中改位于西华门外、护城河以西稍北的地方（图三）。众所周知，明代内府宦官体制共有十二监、四司、八局，统称二十四衙门，十二监中就包括尚膳监、尚衣监。尚膳监前文已述，尚衣监在明代为掌造御用冠冕、袍服、履舄、靴袜的机构。根据《酌中志》

1 刘敦桢：《〈清皇城宫殿衙署图〉年代考》，《中国营造学社汇刊》第六卷第二期，1935 年。

2 朱偰：《明清两代宫苑建置沿革图考》附图，第 67 页，故都纪念集第二种，民国 36 年 4 月（1947）。

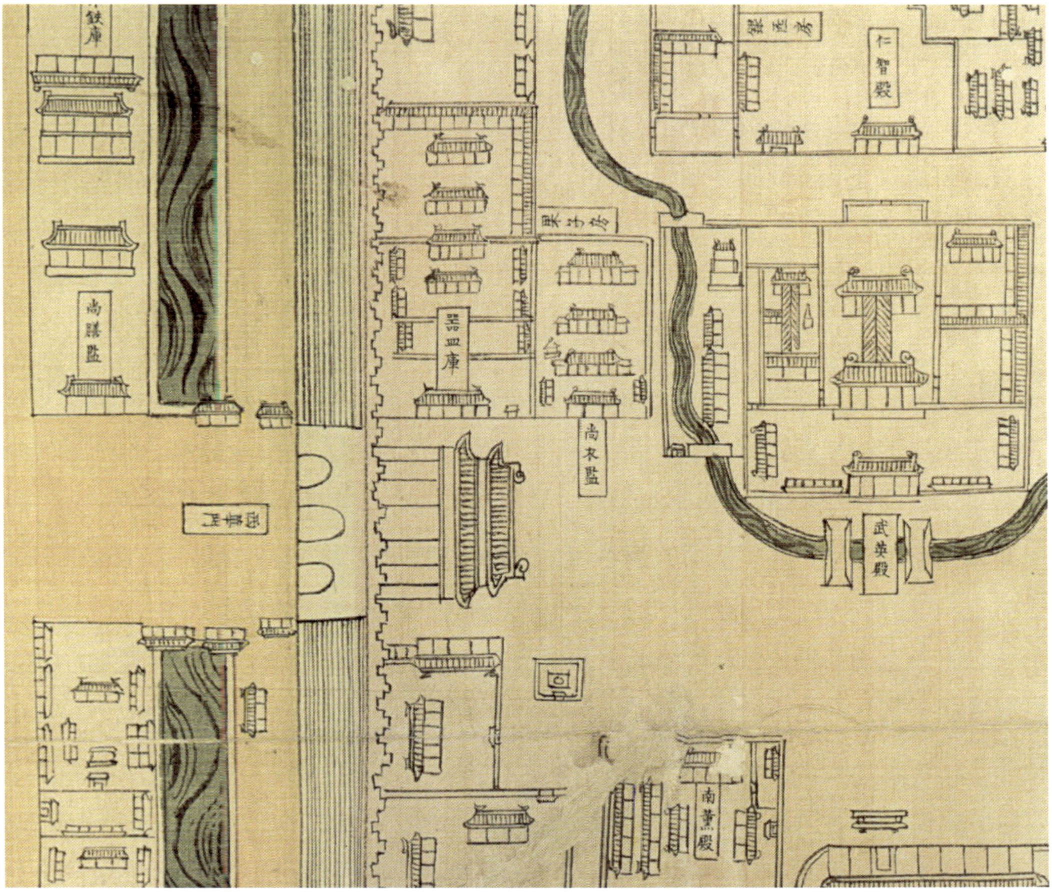

图三　清康熙年间《皇城宫殿衙署图》局部（武英殿区）

的记载，尚衣监有两处位置：一处在“紫禁内城之外北安门，东曰黄瓦东门，街南曰尚衣监，街北曰司设监”；另一处在“大高玄殿稍西曰石作，曰圆明阁。又西曰乾明门，门里迤南曰兵仗局，曰西直房，即尚衣监之袍房也”。这两处均不在宫城内。虽然缺少直接的史料证据，但可以肯定的是，尚衣监是在清初期、最晚不晚于康熙十九年被迁入紫禁城内的。在尚衣监迁入“西华门内、武英殿西”的同时，尚膳监也同时迁出紫禁城，那么具体是什么时间呢？

要回答这个问题，则有必要梳理一下明末清初内廷制度的变迁。在清军入关前，以皇太极为首的统治阶层吸取明朝宦官衙门弊端的教训，设立了一套以满族包衣组织为核心的制度体系来管理宫禁事务，这可以看成是清内务府的前身。然而在入主中原后，为了政权平顺的过渡与政治统治的稳固，清朝统治阶层没有完全弃用，而是部分保留并沿用原来的内监旧制。最突出的例子便是清顺治十一年（1654）到顺治十八年

（1661）旋设旋废的十三衙门时期，当时清内廷有两套班子在同时运作服务，既有如尚衣监、尚膳监这些旧有明遗内监机构，也有如茶房、膳房这样给清朝皇室服务的皇属包衣组成的早期内务府组织。在十三衙门时期，清朝统治阶层一直没有放弃对旧有体制的削弱与变革，同时在不断增强与完善内务府的职能与组织，这些工作为后来清内务府的发展与完备奠定了基础[1]。到顺治十八年，十三衙门被裁撤，内务府化进程启动：尚膳监被改为采捕衙门，康熙十六年（1677）被改为都虞司[2]；御用监被改为广储司，康熙十六年又将尚衣监、内库并入广储司。

按照常理，“尚膳监”与“尚衣监”这两个称谓在康熙十六年（1677）之后的宫廷档案史料中就不应出现，但回头再看那幅《康熙图》便会发现：图中依然出现了“尚膳监”“尚衣监”的名称，且同一幅图中并没有出现“采捕衙门”“广储司”这样康熙年间设置的机构称谓，而使用的基本都是清初旧名。这或许是因为康熙初年着手对裁撤的十三衙门机构内务府化，实际上真正改革的进程是相对缓慢并滞后的。但《乾隆京城全图》（以下简称《乾隆图》）同时又说明了另外一个问题[3]。此图与《康熙图》一样，都是研究康、乾两朝京城宫殿变迁的第一级重要史料。关于《乾隆图》的考证，杨乃济在总结前人研究的基础上引用内务府档案，确认了此图应在乾隆十五年绘成，这是目前公认比较可信的[4]。图中在“西华门内、武英殿西”位置的院落中标识出“上衣监”（即尚衣监），在“尚膳监”的位置却已经改名“都虞司”（图四）。明显此处变更是受康熙十六年（1677）改制的影响，但“尚衣监”一词却仍然存留，并且建筑位置、格局亦没有变化，仍然位于“西华门内、武英殿西”。这是为什么呢？并且康熙之后的“尚衣监”跟明代“尚衣监”甚至顺治时期的“尚衣监”还是同样性质的吗？于是笔者又查阅了不同层次的史料，列举如下：

第一级史料有：

乾隆元年（1736）《奏报奉旨查出库存顺治年间谕旨敕书等档案数目折》（附：查

---

1 祁美琴：《清代内务府》，中国人民大学出版社，1998 年。

2 （清）于敏中等编纂：《日下旧闻考》卷七一，北京古籍出版社，1981 年。

3 本文采用的《乾隆京城全图》为 1940 年占领北平的日本兴亚院华北联络部政务局调查所缩印版本，现藏于东洋文库。另外三个版本分别为：1940 年故宫文献馆缩印出版的《清内务府藏京城全图》；1995 年北京市古代建筑研究所、北京市文物局文献资料中心以故宫本为蓝本，日本版为参照的《加摹乾隆京城全图》；2009 年由故宫博物院、中国第一历史档案馆以原宫藏内务府珍本为蓝本，参考《京城全图》卷轴本出版的《清乾隆内府绘制京城全图》。日本版虽残破不堪，但未做加摹，是比较原始、可靠的版本。

4 杨乃济：《〈乾隆京城全图〉考略》，《故宫博物院院刊》1984 年第 3 期。

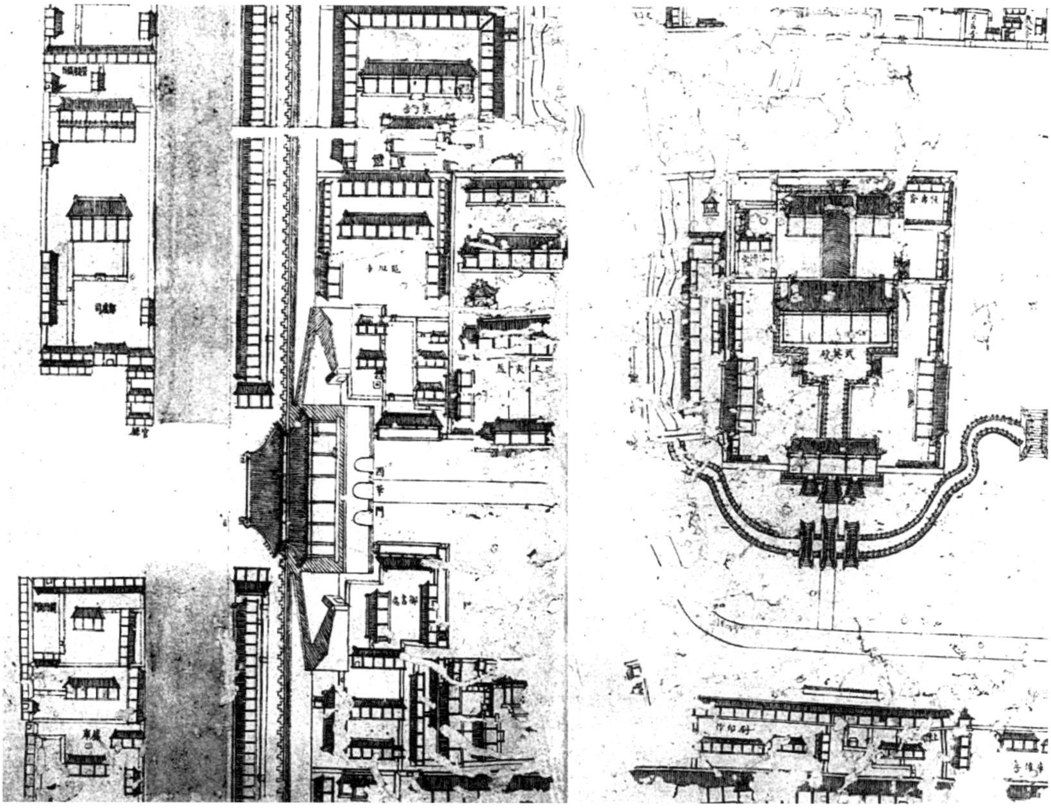

图四　清《乾隆京城全图》局部（武英殿区）

出库存顺治年间档案数目清单）：

尚衣监顺治十一年起至十七年共题奏本三十四个、折子二十四个、黄册六本；尚膳监顺治十一年起至十七年共题奏本二百八十五个、折子五十三个、黄册二十本。[1]

乾隆二十一年（1756）《奏销英华殿北边拆墙等工所用银两》：

武英殿西夹道北头添安门口一座，改砌周围大墙，凑长一百二十四丈七尺二寸，头停苫背，瓦黄色琉璃脊瓦料，尚衣监东面大墙一道，长二十八丈一尺，外面抹饰红泥，提刷红浆，里皮找补抹饰等工程俱已修理完竣。[2]

1　中国第一历史档案馆藏：《奏销档》192-029。

2　中国第一历史档案馆藏：《奏销档》234-166。

嘉庆十五年（1810）《奏为銮轿坐褥等项归衣库存贮遇差由銮仪卫领取事》：

查轿乘上应用貂皮狼皮坐褥向存臣卫收贮，不免有虫蛀脱毛之患，至官员穿褡褸临差咨取，差竣仍交衣库收贮，此项坐褥请照褡褸例，差毕时交尚衣监领回。[1]

第二级史料有：

（乾隆）十六年，因咸安宫旧址，改建寿安宫……二十五年，又奉旨将广储司、兆祥所、尚衣监改建皇子住房三百六十间。又重修咸安宫官学二十七间。[2]

第三级史料有清吴振棫《养吉斋丛录》：

尚衣监后殿宇二层，旧时亦为皇子所居。乾隆间改为三通馆、清字经馆，嘉庆间为实录馆、文颖馆。[3]

通过以上史料，可以获取以下历史信息：

第一，乾隆年间统计顺治十三衙门时期尚衣监的官方档案可以看出，顺治时期的尚衣监，仍然是皇家服饰方面的管理机构，此与明代尚衣监机构设置类似（尚膳监与尚衣监类同）。

第二，通过第一级史料第二条，可知乾隆年间档案中仍然有“尚衣监”一词出现，说明“尚衣监”这一机构在乾隆朝仍然存在，档案中指明其位于武英殿西侧，此与《乾隆图》是完全吻合的，可以互为佐证。

第三，第一级史料中第三条有清嘉庆时期的“尚衣监”档案，记载更为具体，明确尚衣监在嘉庆朝仍然发挥功用，分管存储轿乘坐褥。

第四，通过第二级史料及第三级史料可以看出（吴振棫为嘉庆至道光时期人物），尚衣监一直到清末似乎仍然存在，并没有明确革除的记载。

因此，可以确信的是，康熙朝开始改革旧制、设置内务府诸衙门机构，并未裁撤“尚

1 中国第一历史档案馆藏：《奏案》05–0547–102。

2 《钦定大清会典事例》（光绪朝）卷八六三《工部》，清光绪二十五年（1899）原刻本影印，新文丰出版公司。

3 （清）吴振棫：《养吉斋丛录》卷一七，第180页，北京古籍出版社，1983年。

衣监”，应该只是“并入”。但是康熙之后的“尚衣监”与顺治时期及以前的“尚衣监”明显不同，表现有三：

首先，康熙时期，明确将尚衣监并入了广储司，尚衣监不再是独立的机构，从属于广储司管理，而顺治及前朝是作为主要管理机构存在的。

其次，从上述嘉庆时期的档案来看，尚衣监的功能明显“缩水”。前文说过，尚衣监在明代为掌造御用冠冕、袍服、履舄、靴袜的机构，在北安门街南，另外有一处就是大高玄殿西侧的西直房，即尚衣监的袍房。清初顺治十三衙门时期，主要内廷机构沿袭明旧制，同时期史料中也并没有看到设立了其他类似的衙署机构，仍以尚衣监为管理皇家服饰的主要机构。自康熙始，尚衣监并归广储司，广储司在皇家服饰方面下设有衣库（专门负责收藏皇帝和宫廷使用的纺织产品和衣服）、缎库、皮库，各库下设有染作、衣作、绣作、皮作、帽房、针线房等，都是将尚衣监原来的功能剥离出来。通过嘉庆的那条档案记载来看，尚衣监已经与衣库并列，至少是分管轿乘坐褥储存的库房，地位与功能远远低于顺治时期及前朝时期的“尚衣监”，并不再是管理机构。

最后，从第一级的档案文献中发现，清代以“尚衣监”为名发出的奏章文书均是在顺治十三衙门时期，而统计出现“尚衣监”字眼的官方档案后发现，乾隆朝以后各朝几乎不见“尚衣监”一词的出现，这从侧面可以见证“尚衣监”在内务府设立之后，地位功能方面的变化：虽存有尚衣监一名，但功能地位不如之前。

既然尚衣监已被肢解并不再重要，且属于旧制，为什么清朝统治者不彻底裁撤掉？在历史上，少数民族在统治汉人社会的同时，往往保留并吸取了一定的汉族文化传统与制度，最终目的还是为了巩固统治，清内务府也不可避免地吸收和遗留了一些明代内监体制的特点和影响，并伴随终身。比如，尚膳监在康熙十六年被裁撤改为都虞司，宫内饮食归内务府御茶膳房负责，但下面这条文献记载：

道光二年（1822）《奏为元旦太和殿筵宴应进饽饽桌张事》：

> 皇太后御慈宫举行庆贺筵宴，所有皇太后、皇后御筵及内庭主位馔筵交尚膳监敬谨备办，其亲王郡王应进桌张羊酒，照依乾隆二十六年成案亦交内务府代为办理。[1]

1　中国第一历史档案馆藏：《奏案》05-0623-025。

由此可见，尚膳监似乎在清代一直保留着，并没有废除，只是在某种独特的场合出现，这种变化跟尚衣监的目的是一致的，是形式大于存在，与之前相比实际功能、建置规模已经不可同日而语。

因此在梳理完清初尚衣监、尚膳监的变迁沿革后，再看《康熙图》和《乾隆图》中的“西华门内、武英殿西”尚衣监的建筑空间，两图建筑格局基本一致，有很强的延续性。《康熙图》中主要建筑格局为：三进院落，周以围墙，南向。大门一座计三间，前殿一座，面阔五间，东西挟屋（又称耳房）各一间，东西配殿各一座，各计三间。后殿一座，面阔五间，东西挟屋各一间，院落偏西有一亭，疑似井亭。后罩房一座，面阔五间，东西挟屋各一间。

《乾隆图》与《康熙图》略有不同，由于《乾隆图》版本较多，本文主要参考版本较早的“日版”：三进院落，南向，大门一座计三间（加摹版本的《乾隆图》错误地绘成六间），图中比《康熙图》多了东西挟屋各一间，且挟屋后檐可见直棂高窗，大门台阶前接连三踏跺，这与今天西华门内现存的咸安门建筑几乎一致。日版图中尚衣监东部残损严重，但笔者注意到，在大门挟屋的西外侧，院墙内绘有一倒座房，间数不明。另外在大门和前殿之间，似有一条甬路连接，这是《康熙图》中没有的；其他东西配殿、后殿、井亭均与《康熙图》一致，仅后罩房为七开间，而并非《康熙图》中的五开间另加挟屋各一间。

虽然《康熙图》与《乾隆图》都属于层次比较高的史料，但是作为图档，仍然有固有的缺陷，一是绘制细致程度，就尚衣监处而言，显然《乾隆图》要比《康熙图》绘制更为精细，包括台阶、甬路都予以展现；二是有无错绘、漏绘之处。由于人工传统绘图的缺陷（《乾隆图》中也运用了部分近代透视绘图），建筑主体被平面化，容易引起遮挡，微小建筑就不容易被画上，包括错绘的情况也是经常存在的。因此两图中很多建筑的差异并不意味着在康熙十八年至乾隆十五年之间发生了建修变化，其中有很重要的原因是《康熙图》不如《乾隆图》细致，这个是需要注意的地方。另外，从今天留存的咸安门建筑来看，咸安门还基本保持着《乾隆图》中尚衣监大门的原样，虽然《康熙图》中尚衣监大门没有绘制两挟屋，但是由于挟屋与大门是共有地基和台明，结合对咸安门台基实地勘察来看，并无迹象表明在这期间或其他时期有过扩建台基、增建挟屋的情况。而后罩房的变化极有可能是《康熙图》的绘制者漏绘或简绘所致。综合上述因素可以基本确定，在两图绘制期间真正有可能发生建修变化的，只有可能是大门挟屋两侧的倒座值房。

图五 咸安门西耳房西侧值房基址

但总的来说，两图绘制的差距不大，同时两幅图档的建筑形象很明显指向了今天现存的咸安门，这说明咸安门的前身就是清初尚衣监的大门。另外，在 2014~2015 年对宝蕴楼、咸安门的修缮过程中，笔者通过参与考古发掘发现了地下早期尚衣监时期众多建筑遗存资料，更加确认了这一事实：

其一，在咸安大门西耳房的西外侧，发现了面阔两间、坐南朝北的两间倒座值房遗址（图五），这与《乾隆图》中绘制的建筑是一致的。由于《康熙图》中没有出现，而且值房的基础层位和做法明显晚于咸安门本身基础，笔者推测值房应在清康熙十八年至乾隆十五年间增建而成。

其二，通过对宝蕴楼院落的发掘，从地层和遗迹关系上确定宝蕴楼所在院落即叠压在尚衣监（咸安宫）时期的院落上（图六）。

宝蕴楼院落内地下发现砖砌柳叶海墁院落，在院落中央清理出一条南北向的甬路，高于院落地面，宽 6.5 米，甬路表面残存白灰浆面，较咸安门台明低约 20 厘米。通过解剖沟可见甬路两侧有拦土墙，其外有砖砌台帮封护，内部为层层碎砖与夯土交错填

图六 院落遗址发掘正射影像

筑，推测甬路原为砖砌甬路（图七）。甬路南端连接咸安门北侧台基中部，北端被宝蕴楼主楼门廊叠压打破，在宝蕴楼主楼门廊两侧发现有垂带踏跺（图八），根据位置可以推定宝蕴楼主楼下叠压着早期正殿基址，甬路应与正殿南侧台基中部对接，与咸安门形成工字殿布局。同样，在咸安门北侧台基与甬路衔接的两侧，也各清理出一座垂带踏跺，与咸安门次间面阔一致，宽 4.6 米。踏跺周围及咸安门北侧台帮下发现一圈保存完好的“褥子面”散水，并一直延伸到西值房前檐（图九）。

在甬路西侧院落地面上还发现房址一处，不见于《乾隆图》。房址坐东朝西，从残存的柱顶石来看，共三开间，室内地面原为方砖铺墁，后多有修葺。南稍间及明间室内地面似有一灶坑的痕迹，内填有红烧土碎渣及煤渣等包含物，从灶坑与地面的叠

图七 院落海墁地面及甬路东侧台帮

图八 宝蕴楼主楼门廊东侧尚衣监正殿踏跺遗迹

图九 咸安门北侧踏跺及院落西部晚期房址遗迹

图一〇 宝蕴楼西配楼与西配殿基础的叠压关系

压关系可见：该房是直接建造于院落地面之上，时代相对院落地面较晚。

同时，在宝蕴楼西配楼南墙基处清理时，笔者发现宝蕴楼墙基的放脚砖直接叠压在尚衣监西配殿的基址之上，且面阔进深范围基本一致，并且宝蕴楼西配楼东南角基础旁发现了咸安宫西配殿东南角的埋头石（图一〇）。

其三，在咸安大门东耳房以东的位置，经过清理发现了东值房的遗址、东院墙及散水遗址及尚衣监与武英殿院落之间的夹道土面遗址，这与《康熙图》和《乾隆图》上所绘的一致（图一一）。

其四，在宝蕴楼主楼的四个外角均发现了原尚衣监时期大殿四个角的埋头石的残迹——安置埋头石的方形土衬石，上面设有卯眼以安放埋头石底部的榫头（图一二）。在四角内侧相应的位置分别又发现了三处安置埋头石的方形土衬石及埋头石，这就确定了原有大殿的面阔、进深及平面格局，并且内部四个要比外面四个进深要大一些，这就意味着两稍间基础进深尺寸略小于中间，与《乾隆图》几乎能完全对应上（图一三）。可见大殿基础做法并不是一块整体，极有可能是五开间带两耳房的格局。

通过图档和考古发现印证，今天的咸安门应至少是清初的尚衣监大门，而宝蕴楼

图一一　咸安门东值房、东院墙及夹道遗址

图一二　宝蕴楼主楼东北角方形土衬石及基槽遗迹分布情况

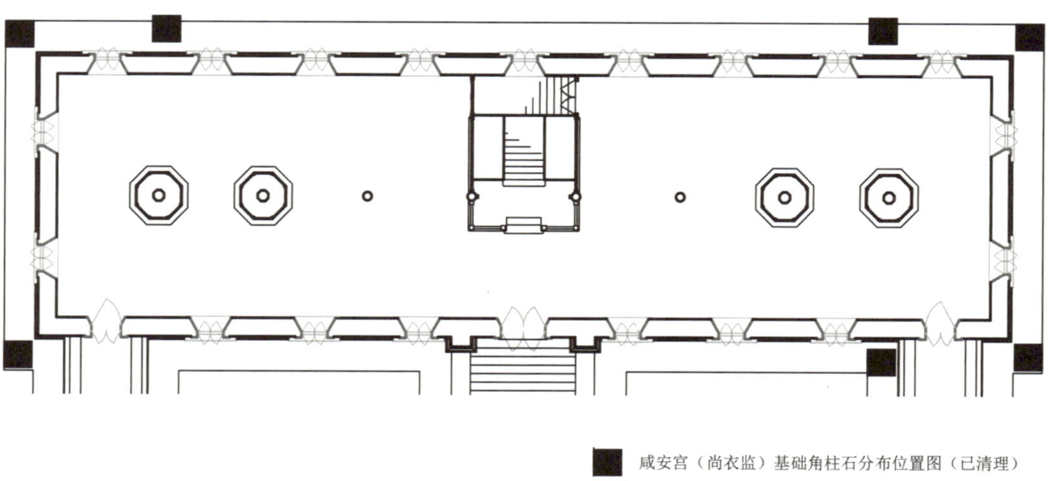

图一三　宝蕴楼主楼四周尚衣监正殿基础角柱分布示意图

图一四 咸安门南立面

图一五 咸安门扶脊木螳螂勾头做法

图一六 咸安门椽尾卷杀做法

图一七 咸安门双步梁头插榫采用藕批搭掌榫做法

建筑基础叠压下的至少是清初尚衣监正殿及两配殿的基址所在，那能不能说明这就是明代大庖或者尚膳监处所所在的位置呢？所发掘出来基址的是清初重建还是因袭明代建筑？在 2014~2015 年对咸安门进行修缮的过程中，笔者发现咸安门的大木形制仍保存有典型的明代建筑技法，表现如下：

一是咸安门为面阔三间带琉璃博风悬山式屋宇式宫门，两侧各带琉璃博风悬山耳房（挟屋）一间，这种做法在紫禁城现存建筑中内是孤例，在清式建筑中也极为罕见，而多见于明及明之前做法（图一四）。

二是发现的咸安门的扶脊木截面不似清代典型的六边形，而是五边形，上不设脊桩；正门上的扶脊木各段连接处使用明代常见而清代不见的螳螂勾头榫卯做法。且中段扶脊木向两头出榫，为明式做法，而清代各段扶脊木均朝东或朝南出榫（图一五）。

三是咸安门东耳房的檐椽尾卷杀做法是典型的明代做法，清代不见此种做法（图一六）。

四是大木细部的形制更接近于明式做法而非清式，并在单、双步梁与中柱衔接处使用了宋至明代常见的“藕批搭掌榫”，而不同于清式做法（图一七）。

图一八 咸安宫西配殿基础基槽内碎砖夯土层剖面

除此之外，笔者在咸安门台基边及西配殿遗址边缘设考古探坑进行解剖发现，包括咸安门及西配殿基址在内的尚衣监建筑地基均采用的是典型的明代基础做法，即在基槽内用黏土碎砖交互夯筑（图一八）。

综上可以推定：今天的咸安门及宝蕴楼叠压下的建筑基址，始建于明代，清代沿用，至清末毁灭前未有大的建筑格局变动，因此宝蕴楼所在的“西华门内、武英殿西”建筑基址，在明代即为大庖（尚膳监），清初尚衣监接管沿用，一直沿用至清末。

但无论是康熙时期还是乾隆时期，按照当时尚衣监的功用，似乎不应有规制如此之高的建筑用房，所以将尚衣监搬迁到此处，并且给予独立院落建置的时间，只有可能是旧制盛行、变革激烈的顺治王朝改迁并遗留下来。那么在康熙设置内务府之后，尚衣监功用就不断被剥离，再也不需要那么大院落空间及众多建筑群，房屋自然也就闲置，特别是在《乾隆图》绘制后不久，尚衣监的房屋慢慢被腾挪他用，“西华门内、武英殿西”处的建置功能从此之后变得异常复杂多变，这也是本文下文所面临的核心问题之所在。

三、乾隆十六年（1751）迁咸安宫官学入尚衣监

前文所引第二级史料《大清会典》中记载：乾隆十六年，咸安宫旧址改建寿安宫。看起来与当时的尚衣监无关，但实际上这个时间点非常关键，它揭开了尚衣监处的建筑布局进行功能调整的序幕。这一阶段也是众多学者争议的焦点所在，本文则从史学批判的角度来梳理这一段历史。

首先确认一下咸安宫的沿革情况。明代咸安宫的情况比较简略。主要有如下几条

间接史料：

明嘉靖十四年（1535）引《明宫殿额名考》：

嘉靖十四年五月，更咸熙宫曰咸安宫。[1]

明万历四十四年（1616）：

上遣内侍至二部侍郎林如楚私寓宣中旨，以奉御汪良德奏准修理咸安宫也。[2]

明天启年间（1621~1627）：

客氏……住乾西二所，天启初年，移住隆德殿之西南曰咸安宫。[3]
客氏初住乾西直房，时迁咸安，穆庙陈皇后宫也。[4]

在没有更高层级史料的情况下，这几条文献相互印证，比较可靠。在明代位于隆德殿（清太极殿）西南的咸安宫即明初咸熙宫之所在。明朝紫禁城内的咸熙宫，与哕鸾宫相对，位于今天内廷外西路寿康宫以北，英华殿以南，即在今寿安宫的地盘上。嘉靖十四年，改咸熙宫名为咸安宫。明咸安宫是天启皇帝朱由校的乳母客氏曾居住的地方。入清以后，清初咸安宫处的情况有如下史料记载：

《大清会典》（雍正朝）：

（康熙）二十一年。改建咸安宫为宁寿宫。[5]

《大清会典》（光绪朝）：

---

1 （清）于敏中等编纂：《日下旧闻考》卷三四《宫室》，第532页，北京古籍出版社，1981年。
2 （清）夏燮：《明通鉴》卷七五，第2922页，中华书局，1959年。
3 （明）刘若愚：《芜史小草》卷一三，第360页，《稀见明史史籍辑存》，线装书局，2003年。
4 （明）朱权等：《明宫词》，第46页，北京古籍出版社，1987年。
5 （清）允禄等监修：《大清会典》（雍正朝）卷一九七，文海出版社，1995年。

（康熙）二十一年，建咸安宫。[1]

首先，关于清初咸安宫情况的记载，并没有第一级史料，但出现的两条二级官方史料——雍正朝《大清会典》与乾隆、光绪朝《大清会典》观点迥异。很明显雍正朝《大清会典》关于康熙二十一年（1682）咸安宫改建宁寿宫的记载是史官笔误。理由有二：一是清初在明末宫廷大火焚毁的基础上，处于恢复建设时期，不大可能进行改建活动；二是宁寿宫有明确记载建于康熙二十七年（1688），次年新宫成，所在地为明仁寿宫旧址，明显与第一条史料相矛盾，所以根本不可能从外西路的咸安宫改建而来。此外，前文已经提到，康熙二十一年对咸安宫应该是复建或者修理，并不是真正意义上的新建，朱偰因此认为《康熙图》成图于康熙二十一年便受此误导。根据一级史料《奏销档》一条满文档案《康熙帝谕旨着毓庆宫小阿哥移居咸安宫准其入祭神位事》的记载，康熙时期的咸安宫，是被用作皇子的住所[2]。康熙皇帝也曾将废太子允礽囚禁于此。

《清史稿·列传七·诸王六·圣祖诸子》：

理密亲王允礽，圣祖第二子。康熙十四年十二月乙丑，圣祖以太皇太后、皇太后命立为皇太子……（四十七年）九月乙亥……集诸三大臣谕……废太子……设毡帷上驷院侧，令允礽居焉，更命皇四子与允禔同守之……还宫，召允礽入见，使居咸安宫……（四十八年）三月辛巳，复立允礽为皇太子，妃复为皇太子妃……五十一年十月，复废太子，禁锢咸安宫……雍正元年，诏于祁县郑家庄修盖房屋，驻扎兵丁，将移允礽往居之。[3]

但是部分学者似乎把废太子允礽囚禁的咸安宫（今寿安宫）就等同于西华门内的咸安宫，这是一个明显失误。分析原因有两方面：一方面是作者本身没有梳理清楚咸安宫的历史沿革；另外一方面可能受到引用文献的误导，特别是参考了章乃炜的《清宫述闻》，《清宫述闻》在记叙宫廷建筑时明显是按照民国时期紫禁城已有建筑布局而编目。实际上早在乾隆年间，咸安宫就已经从今寿安宫处迁至西华门内，因此章乃炜

1 《钦定大清会典则例》卷一二六，文渊阁四库全书版，中国台湾商务印书馆，1982 年；又载于《钦定大清会典事例》（光绪朝），卷八六三《工部》，清光绪二十五年（1899）原刻本影印，新文丰出版公司。

2 中国第一历史档案馆藏：《奏销档》491-146-1。

3 赵尔巽等撰：《清史稿·列传七·诸王六·圣祖诸子》，中华书局，1977 年。

将咸安宫条归于外朝西华门内一区，寿康宫后列寿安宫条也是可以理解的。但是问题在于，他在写寿安宫条时，仅提到“寿安宫为明咸安宫旧址，清乾隆十六年改建，二十六年重修”。而在咸安宫条下，《清宫述闻》引王先谦《东华续录》详细注释了康熙时期废太子允礽匝禁于咸安宫的史料，但这段史料显然应该注释于寿安宫条下，且章乃炜并没有解释两个条目下均出现咸安宫一词之间的关系，此处稍显混乱，因此误导了之后的学者，认为清康熙时期咸安宫就出现在了西华门内[1]。

另外一个问题，有学者引用昭梿的《啸亭杂录》:“雍正中，设八旗官学，凡三品，设咸安宫官学在西华门内。”他们认为雍正七年（1729），初建咸安宫官学时，就已经设置在西华门内的咸安宫。如果前文没有发现他们认定康熙朝咸安宫位于西华门内是误解的话，这种解释似乎合情合理。但是经过史料批判，昭梿在《啸亭杂录》中关于咸安宫官学的创建记载肯定是有问题的，这个问题不仅迷惑了很多学者，甚至也包括了朱偰[2]。并且昭梿的《啸亭杂录》作为笔记，引用时要注意对照一、二级史料进行印证，比如：

一级史料有：

清雍正三年（1725）：

（满文）营造司知会掌仪司修理咸安宫房。[3]

二级史料有：

清雍正五年（1727）：

在咸安宫墙前西空地盖造板房二十五间，以便改班贮放器具。[4]

清雍正六年（1728）：

上曰：咸安宫内房屋，现在空闲。著于内府佐领管领下幼童及景山官学生内，选

1 参见章乃炜：《清宫述闻》“咸安宫”条及“寿安宫”条，北京古籍出版社，1988年。

2 朱偰：《明清两代宫苑建置沿革图考》，第75页，故都纪念集第二种，民国36年4月（1947）。

3 中国第一历史档案馆藏：内务府掌仪司行文档全宗号5案卷号502。

4 故宫博物院编：《钦定总管内务府现行则例二种》第一种第一册卷一，海南出版社，2000年。

其俊秀者五六十名。或百余名。委派翰林等教习。彼处房屋亦多，且有习射之处。再挑选乌拉人几名于伊等读书之暇，令其教授清话、弓马。时加训导。其上进之子。又加勤学。庶可得收有用之材？[1]

上曰咸安宫内房屋，现在空闲，看景山官学学生功课未专，于内府佐领管领下幼童及景山官学生内，选其俊秀者五六十名。或百余名。委派翰林等即著住居咸安宫教习，彼处房屋亦多，且有射箭之处。其学房住房尔等酌量分割修理。[2]

清雍正七年（1729）：

咸安宫内，修理读书房三所。每所分给学生三十名……读书诸生，令其清晨入学，日暮散归。如遇暑雨秋寒，教习学生内有情愿在内者，著宿居学内……其所派太监即令管理官学官员，统辖其满汉教习所食俸银钱量及官给饭食并汉教习等应得衣服住房（乾隆二十四年十月因房间年久倾圮，呈准交回官房租库）。[3]

清乾隆十二年（1747）：

覆准于咸安宫官学内设立蒙古学房。[4]

清乾隆十六年（1751）：

（乾隆）十六年改咸安宫为寿安宫。[5]

通过以上文献可以看出，雍正七年（1729）设置咸安宫官学时，其地点应该仍然在康熙时期咸安宫（今寿安宫）所在的位置，这是有充分依据的。首先，根据《清史稿》

1 《钦定大清会典事例》（嘉庆朝）卷九〇七《内务府》，会典总编官托津等，嘉庆二十三年（1818）七月初三日，《近代中国史料丛刊三编》第十七辑，文海出版社有限公司，1992年。

2 故宫博物院编：《钦定总管内务府现行则例二种》第五册《咸安宫官学卷》，第47页，海南出版社，2000年。

3 故宫博物院编：《钦定总管内务府现行则例二种》第五册《咸安宫官学卷》，第47页，海南出版社，2000年。

4 《钦定大清会典事例》（嘉庆朝）卷九〇七《内务府》，会典总编官托津等，嘉庆二十三年（1818）七月初三日，《近代中国史料丛刊三编》第十七辑，文海出版社有限公司，1992年。

5 《钦定大清会典则例》卷一二六，文渊阁四库全书，中国台湾商务印书馆，1982年。

记载，雍正元年（1723），将囚禁在咸安宫的允礽移往宫外居住，与雍正七年设立咸安宫官学时，“看到咸安宫房屋空闲”的记载吻合；其次，清代官学的设置与命名与所在处所密不可分，如景山官学。咸安宫官学也是因为地处咸安宫而得名，但雍正时期的咸安宫已被证实仍然位于寿康宫后的位置，并无其他迁移记录，因此与雍正七年设立在西华门内的咸安宫官学这种说法是自相矛盾的；最后，乾隆十六年为母祝寿改咸安宫为寿安宫，将位于原咸安宫的官学，迁移至尚衣监处，尚衣监因咸安宫官学的迁移而改名咸安宫。这已经得到众多信史记载的印证，因此昭梿的《啸亭杂录》关于这段记载有误。所以雍正三年对咸安宫的修缮与雍正五年咸安宫加建板房其实都是指的寿康宫后的咸安宫，《清宫述闻》亦把雍正五年的这条史料归入西华门内咸安宫条下，也是有问题的。

四、乾隆二十五年（1760）对尚衣监的改变与利用

乾隆十六年将咸安宫官学搬迁至尚衣监处之后并没有停止对这一片地域建置的调整，其后又发生了更加复杂的变化：

（光绪）《顺天府志》卷九《京师志九》：

咸安宫学，在器皿库之西，东向，房二十有七楹（按内务府册）……乾隆十六年，改建寿安宫，移置西华门旧尚衣监。二十五年复移于此。道光二十三年核减月费膏火，同治年间编纂方略，借学舍开馆修书，于是学生到学益希。光绪八年管理尚书志和总裁少詹事宝昌酌立章程，稍为整顿矣。

《日下旧闻考》卷七一引《内务府册》：

咸安宫学在寿康宫长庚门内，雍正七年设。乾隆十六年改建寿安宫，移置西华门内旧尚衣监，二十五年复移于器皿库之西，东向，共房二十有七楹。又云：咸安宫学，雍正六年，世宗恩命特设，以教育内府三旗子弟及景山官学中之俊秀者。[1]

---

1 （清）于敏中等编纂：《日下旧闻考》卷七一《官署》，第47页，北京古籍出版社，1981年。

这两条三级文献中，引用了一条非常重要的文献——《内务府册》。从名称看来，似为可信度较高的一级文献，但实际上，笔者查询多处并没有发现《内务府册》的原始材料及出处，只能通过其他史料相互印证推敲其可信度。首先，由前文所引文献可知，此条文献对咸安宫官学始建的位置及初次迁移到尚衣监的记载是可靠的，至于为什么称尚衣监为“旧”，有可能是将官学迁移到尚衣监处时即将尚衣监改名咸安宫。唯一不见于其他文献记载的是：乾隆二十五年（1760）将咸安宫官学移到器皿库的西侧，并详细说明了方向和房屋数量。

关于这一条，在前面引文中可以找到两条相关史料：

《钦定大清会典事例》：

（乾隆）二十五年，又奉旨将广储司、兆祥所、尚衣监改建皇子住房三百六十间。又重修咸安宫官学二十七间。

《钦定总管内务府现行则例》：

咸安宫内，修理读书房三所（乾隆二十四年十月因房间年久倾圮，呈准交回官房租库）……

先看二级文献《钦定总管内务府现行则例》，文中提及的咸安宫读书房三所应该还是在长庚门内（今寿安宫）的位置，而在这段文后其清代编纂者加注了乾隆二十四年（1759）将年久失修的学房交予官房租库的这件事情，但其中并没有提及乾隆十六年将咸安宫官学迁入尚衣监的事宜，因此如果不了解这段历史，的确容易引起困惑。但是结合《钦定大清会典事例》文可知，《钦定总管内务府现行则例》中所收回的年久失修的官房应该是咸安宫官学迁入尚衣监处的学房，可以解释为：乾隆二十四年（1759）将这些房屋收回官学租库，二十五年又将这部分房屋修整改为皇子住房，同时重修了尚衣监西侧的房屋安置咸安宫官学。如此，各种史料与《内务府册》的相关记载才能理顺。但问题出就出在这乾隆二十五年重修的二十七间学舍及其位置上，阅览《乾隆图》便会发现，乾隆十五年的图中，尚衣监的西侧是器皿库，但器皿库的西侧便是紫禁城西城墙。又据《内务府册》的记载，器皿库紧邻尚衣监西侧的确是可信的，从字面上理解的话，器皿库西侧与城墙之间是根本就没有多余的空间来安置这二十七间学舍。因此这段记载困惑着很多研究者。笔者按照史学研究方法，把相关记载、论述按照史料编纂的时间和级别罗列如下：

《国朝宫史》：

殿北为内务府公署，为果房，为冰窖，为造办处。西为尚衣监，其后殿宇二层，为皇子所居。再西为咸安宫，教习八旗大臣子弟肄业处。[1]

《国朝宫史续编》：

武英殿西为咸安宫，门三楹，正殿五楹，左右殿各三楹，为恭制御服之所。其后殿宇二层，今为恭修高宗纯皇帝实录馆。又西为教习内府三旗及满洲八旗大臣子弟肄业处，是为咸安宫官学。[2]

清乾隆吴长元《宸垣识略》：

尚衣监在武英殿之西，内殿宇二层，今为清字经馆，再西为器皿库。咸安宫在器皿库西，为教习八旗大臣子弟肄业处。其北有河流，自西北而东南，为内金水桥之经流，俗名筒子河。三通馆在筒子河东墙门内。方略馆在三通馆东，当武英殿后，南向。回子馆学在右翼门外，东向。缅子馆学在右翼门外造办处南。造办处在白虎殿后房。[3]

清乾隆《日下旧闻考》：

武英殿西、咸安宫东夹道内，东有三通馆。

清嘉庆吴振棫《养吉斋丛录》：

尚衣监后，殿宇二层，嘉庆间设文颖馆。

1 （清）鄂尔泰、张廷玉等：《国朝宫史》卷一一《宫殿一》，第199页，北京古籍出版社，1994年。

2 （清）庆桂等编纂，左步青点校：《国朝宫史续编》卷五三《宫殿三·外朝三》，第429页，北京古籍出版社，1994年。

3 （清）吴长元辑：《宸垣识略》卷二，北京古籍出版社，1983年。

民国陈宗蕃《燕都丛考》：

紫禁城外朝西路建置，由熙和门西出为武英殿，今为古物陈列所，殿门制与文华门同。……武英殿之北为方略馆，为军机章京纂辑方略及直宿之所。再折而北，东向者为回子（馆）学、缅子（馆）学。又正北为内务府官署，（一）为果房，为冰窖，为造办处。殿西为咸安宫，宫五楹，左右各三楹，为尚衣监，制御服皆于此。其后殿宇旧为皇子居（乾隆二十四年，奉旨将广储司、兆祥所、尚衣监改建皇子住房三百六十间，是尚衣监为皇子居特改自乾隆时，后又改为别馆矣），嗣为三通馆，为清字（经）馆。又西为咸安宫学。[1]

民国《清宫述闻》：

武英殿西为咸安宫，门三楹，正殿五楹，左右殿各三楹，为尚衣监，为三通馆，为实录馆，文颖馆。又西为器皿库，为咸安宫官学，为蒙古官学……武英殿西为尚衣监（《国朝宫史》）……武英殿西为咸安宫。门三楹，东西配殿各三楹，为恭制御服之所（《国朝宫史续编》）。（作者按：尚衣监设在配殿内）[2]

先看其中清代的三条主要史料，虽然《国朝宫史》及《国朝宫史续编》均为二级史料，为官修史书，其中《国朝宫史》时代最早［乾隆七年（1742）开修］，吴长元的《宸垣识略》稍晚，其书根据康熙时朱彝尊的《日下旧闻》和乾隆帝敕编的《日下旧闻考》两书增删重写而成。《国朝宫史续编》最晚，为嘉庆朝成书。表格对比如下：

表一 清三种文献中咸安宫、尚衣监的位置关系

<table>
<tr><th rowspan="2">史料出处</th><th colspan="3">所在方位示意</th></tr>
<tr><th colspan="2">东</th><th>西</th></tr>
<tr><td>《国朝宫史》</td><td>咸安宫
教习八旗大臣子弟肄业处</td><td></td><td>尚衣监
后殿宇二层为皇子所居</td></tr>
<tr><td>《宸垣识略》</td><td>咸安宫
教习八旗大臣子弟肄业处</td><td>器皿库</td><td>尚衣监
内殿宇二层，今为清字经馆</td></tr>
</table>

1　陈宗蕃：《燕都丛考》第一编，第46~48页，北京古籍出版社，1991年。

2　参见章乃炜等：《清宫述闻》咸安宫条等，北京古籍出版社，1988年。

续表

史料出处	所在方位示意		
	东		西
《国朝宫史续编》	咸安宫官学 教习内府三旗及满洲八旗大臣子弟肄业处		咸安宫 恭制御服之所 后殿宇二层，今为恭修高宗纯皇帝实录馆

由表一可知，各位撰史者在描述“西华门内、武英殿西”时，对相关名称并没有严格约定。以致乾隆朝同一史料中出现了“尚衣监”与“咸安宫”并存的情况，而到了嘉庆朝则出现了“咸安宫”与“咸安宫官学”并存的现象。实际上，迁入到尚衣监西侧的“咸安宫”就是“咸安宫官学”，尚衣监改称咸安宫之后其功能仍然是“恭制御服之所”，说明在咸安宫官学迁到西华门内时，的确是将咸安宫的殿名一并带过来了。而在咸安宫官学迁入尚衣监初期，尚衣监处可能并没有正式改名挂匾，这其中应该有个过程，等尚衣监处正式改名为咸安宫时，推测应该在乾隆二十五年，西侧的咸安宫官学新校舍建成之时或前后。此时出现旧称在文献中非常常见，也并不意外。而真正被时人所熟知并接受，应该要到嘉庆之后，因为这时史料中已经基本均称尚衣监为咸安宫（前文已述，乾隆之后的官方档案史料中几乎不见尚衣监的记载），但偶有例外。总之，一般来说称咸安宫是宫殿名，而称尚衣监应该是咸安宫的职能衙署名，两者并不矛盾，有一条一级史料很好地说明了这个问题：

乾隆三十三年（1768）《宫殿油画工程总理处为呈明咸安宫南边御书处东至干肉库等改砌墙垣等事》：

西华门内北边，咸安宫学房南边，御书处东至干肉库等处墙垣，凡下肩抹饰青灰处所俱应拆砌，其墙顶俱照武英殿西夹道院墙顶做法改砌……再咸安宫西官学房并御书处院墙门座，俱应改做……宫禁重地，体制不合，公同酌拟改做门楼，二座头停调箍头脊，卷棚式成造，除将拆下槛框砖瓦等项拣选抵用外，其过木门扇板片单薄，且有糟朽损坏处所若照旧安装，难以经久，应行换新，其拆下旧料交于营造司作为别项应用。[1]

此条史料中“咸安宫西官学房”很好地解释了“咸安宫”与“咸安宫官学房”的位置关系，其中提到咸安宫官学房有南边的院墙门座改做门楼的记载，正好说明了咸

1 中国第一历史档案馆藏：《内务府来文》2006。

安宫官学的南门并不是咸安宫所在的咸安门，也就证实了咸安宫官学的确是设置在咸安宫所在院落（即原尚衣监之所在）外的西侧，这正是“宫禁重地，体制不合”的原因。笔者找到了一张民国初年的老照片，也仍然能看到咸安宫官学学房南边的门楼（今已经拆除此门改为通道），此又为一证（图一九）。

还有一点，《宸垣识略》谈到了尚衣监与咸安宫之间有器皿库，虽与前文中的《内务府册》是契合的，但《国朝宫史》及《国朝宫史续编》在叙述中，均缺失了器皿库一说，但很难就此断定没有。虽然《国朝宫史》更早，但也写得更简略，不能确定是真的没有还是省略之举，此处不能一概而论。因为有两个原因必须知晓：一是现今大多数人所认识的器皿库实际上还停留在乾隆十五年《乾隆图》中时的建置，但谁也不知道乾隆十五年之后器皿库会发生什么改变（目前没有发现详细的相关史料档案记载），如果咸安宫官学真安置在了器皿库之西，器皿库在乾隆十五年之后往尚衣监一侧东挪一点，给咸安宫官学让出位置也是说得通的，从《乾隆图》上可以看到咸安宫西侧房屋众多；二是根据如下史料记载，器皿库在咸安宫官学迁入尚衣监西边不久后，就腾挪到西华门外去了。所以《国朝宫史续编》及很多后来大多数文献记载中没有出现器皿库是很正常的。

图一九 民国初年（1912 前后）拍摄的西华门内、咸安门前景象

嘉庆十三年（1808）《为修理器皿库收贮木器库房等项支领银两事》：

西华门外南城根营造司器皿库收贮花梨木器，库房三座，内中一座计七间。[1]

嘉庆十八年（1814）《总管内务府大臣英和等奏为修理西华门等房间查验事》：

西华门外迤南收贮器皿连房四座，每座七间，内南起三座拆盖，北一座并诸旗房二间俱拨正。[2]

同治元年（1862）《同治帝谕西华门器皿库失火延烧连房著内务府察名究办事》：

本月初三日，西华门外器皿库不戒于火，延烧大连房二十余间。[3]

也许有人会问，日本冈田玉山等在日本文化二年［时值嘉庆十年（1805）］刻成的《唐土名胜图会初集》中介绍清北京京城和皇宫时，刻画大内武英殿的西侧为一未命名的院落，而再西侧为器皿库，再西为咸安宫，这条史料是否与笔者刚才的解释相矛盾（图二〇）[4]？那么为什么他们不都按照嘉庆时的称谓如《国朝宫史续编》中分别叫作咸安宫和咸安宫官学呢？怎么嘉庆时还有器皿库的出现？其实这一点也不矛盾，《唐土名胜图会初集》中“西华门内、武英殿西”所刻画的未命名院落其实就是尚衣监，而器皿库西边就是咸安宫官学。但认真看过《唐土名胜图会初集》的人都知道，这本书虽成于嘉庆朝，但是并不是日本人当时去中国根据所见所闻而绘制的，而是根据中国流传到日本的书籍画册绘制成的“导览图”，其中书中列举京城部分的主要参考书目为清乾隆时人吴长元的《宸垣识略》，因此这个问题便可迎刃而解。此外，1865 年周培春绘的《北京地里全图》同样印证了吴长元《宸垣识略》此处的记叙（图二一），并且更加明晰。

1　中国第一历史档案官藏：《内务府呈稿嘉营》卷一九三。

2　中国第一历史档案官藏：《奏案》05-0568-034。

3　中国第一历史档案馆：《咸丰同治两朝上谕档》，第 624 页，广西师范大学出版社，1998 年。

4　［日］冈田玉山等编绘：《唐土名胜图会初集》卷一《京师·大内·大内总图》，第 13 页，日本文化二年（1805）皮纸和刻本。又 1985 年，北京古籍出版社整理、影印出版了《唐土名胜图会》。

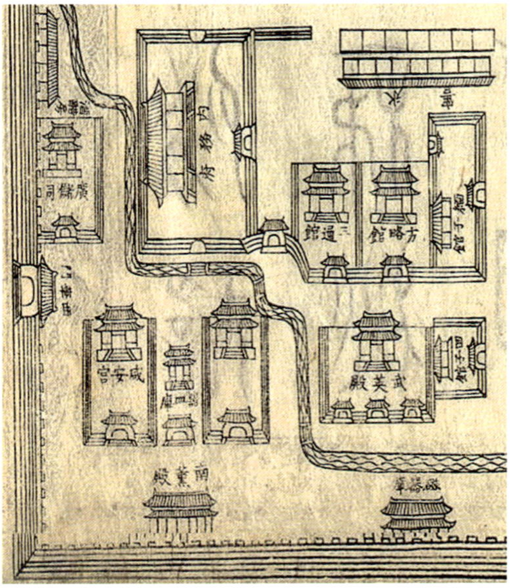

图二〇 清嘉庆《唐土名胜图会初集》所绘大内中咸安宫（局部）

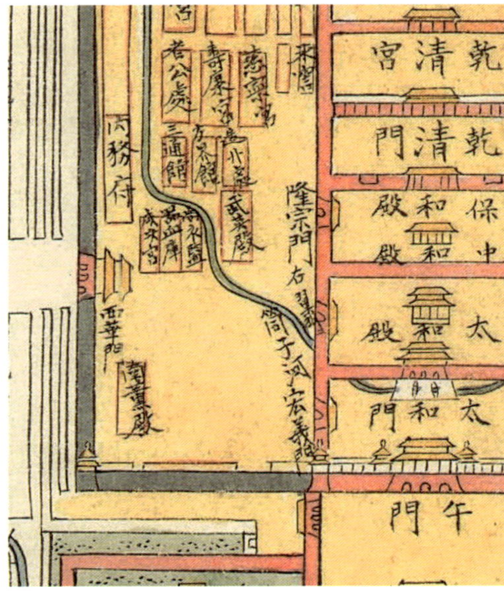

图二一 1865 年周培春《北京地里全图》所绘咸安宫周边（局部）

五、乾隆二十五年后尚衣监（咸安宫）处的变迁

下面梳理一下乾隆二十五年后尚衣监（咸安宫）的建置情况。由上可知，乾隆二十五年尚衣监处已经不仅是尚衣监的建置，改名之后的咸安宫只占用了原来尚衣监三进院落的前部分院落，前文所引多条文献中的“后殿宇二层”应该是指在乾隆二十五年时，将原本咸安宫官学收回的官房后面院落改作了皇子居所。

乾隆三十二年（1767）《总管内务府奏为咸安宫后有改修房一处拨给三通馆应用事》：

咸安宫后有改修大所房一处，计二十余间，现在空闲，请将此房间拨给该馆足敷应用，如此既于膳房肉库可省挪移之费，而于该馆收藏书籍抄录编辑亦甚为近便。[1]

我们可将这条一级史料中的“大所房”可看成皇子居所名称上的变化（类似南三所）的证据，而且确切可知，乾隆三十二年便改皇子居所为三通馆（陈宗蕃认为即字经馆），这跟众多史料中的表述是基本一致的，因此前文《日下旧闻考》关于三通馆位置的论

1 中国第一历史档案馆藏：《奏案》05–0242–048。

述并不准确。往后到了嘉庆朝，根据不同时期功能需要，三通馆又先后被改为实录馆、文颖馆。后文颖馆火毁，原尚衣监的三进院落建筑格局终结：

嘉庆二十四年（1819）《奏为文颖馆失火事折》：

十九日酉刻文颖馆大火……咸安宫大殿保住，至亥刻熄止，共延烧大小房三十二间……系厨役李海云、方在功、傅隆居住屋内所起。[1]

同年《奏报遵旨意派员修整咸安宫正殿后檐熏损之处情形折》：

文颖馆房间现经火毁，着紫禁城内值年之总管内务府大臣和世泰、苏楞额派员督率苏拉人等，渣土即行出运干净，其地毋庸重建房舍，归并安宫（按：咸安宫）管理。门座基址平治后一律补筑墙垣，并着将咸安宫正殿后檐熏损之处，作速粘修齐整。责令于十一月十五日以前事，所需工料银两，罚令该馆总裁曹振镛、戴联奎赔缴……即派员将咸安宫正殿后檐熏损之处修理整齐，并将残毁墙垣、拆毁渣土运净及补砌墙垣于十三日一律完竣。其所需工料，苏拉饭食，银五百九十八两八钱七分九厘，即遵上曰令该馆总裁曹振镛、戴联奎赔缴。捡出楠木五件，除净折见方七十五尺一寸请交圆明园应用。烧糊大小松木请交营造司作为木柴，生铁方砖六块，灶门四个，生铜棍二根，凑长一丈九尺五寸，一并交营造司存贮。[2]

由前述文献及上两条奏折可见，清嘉庆朝文颖馆的范围应从“咸安宫大殿”，即第二进院落开始算起，因此只有前一进院落实属咸安宫（尚衣监），再由1900~1901年德国测绘的紫禁城平面图可见（图二二），20世纪初的咸安宫基本保持嘉庆文颖馆火毁后的原样，同时图中咸安宫大门、大殿及两侧挟屋、配殿的规制也基本与《乾隆图》《康熙图》中的形象包括火毁的档案记载一致。这不仅证实了咸安宫在第一进院落，同时直到清末，咸安宫所在院落也没有发生大的变动。

需要注意的是，在乾隆十五年及之前，尚衣监尚有三进院落，且后殿、后罩房均为单层建筑物，但尚衣监改名咸安宫之后的文献中却都记载“后殿宇二层”，实

1 中国第一历史档案馆藏：《奏销档》496-060。

2 中国第一历史栏案馆藏：《奏销档》497-248。

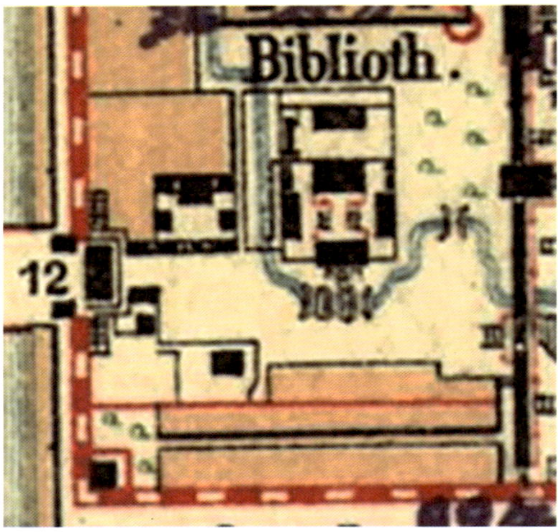

图二二 1900~1901 年紫禁城咸安宫区域平面 [1]

际上文献中的“后殿宇二层”中的“层”即为“重”（进）的含义。下面这例文献很好地进行了解释：

嘉庆十五年（1810）八月初四日丙戌《为修理内城隍庙头二层山门房间支领银两事》：

紫禁城内城隍庙首领太监高喜报称：本处头层琉璃门一座，头停瓦片脱节，走兽不全，灰片酥减，油什脱落，两边随墙顶瓦片破坏，正脊脱落，二段墙身灰片脱落，下肩砖块糟减。二层山门三间，头停渗漏，瓦片破坏，前檐椽望连檐瓦口间有糟朽脱落……[2]

梳理完这些关键问题，可以发现不少学者在相关论述中常常认为：在咸安宫官学迁至尚衣监处后，尚衣监改设于配殿，但无一人列举出相关文献出处。然而根据前文梳理的结果，并没有发现史料中有尚衣监因咸安宫官学的迁入而挪腾房屋的记载，那么为什么这些学者会得出咸安宫官学迁入尚衣监，而尚衣监就改设于配殿的结论呢？可能很多人会这样想：咸安宫官学迁入时，必然会占据很多房屋，尚衣监因此腾出房屋给官学。但在没有任何史料有指向信息的情况下贸然得出这样的结论是不严谨的。但笔者还是找到了错误的源头，即所引《清宫述闻》：

武英殿西为咸安宫。门三楹，东西配殿各三楹，为恭制御服之所(《国朝宫史续编》)。（作者按：尚衣监设在配殿内）

对照《国朝宫史续编》原文不难发现，《清宫述闻》在引用《国朝宫史续编》的

1　1900~1901 年，德国威廉二世派遣东亚远征军团与其他七个国家（英国、法国、俄罗斯、美国、日本、奥地利、意大利）组成八国联军先后赴中国镇压义和团运动。在此期间，德国皇家普鲁士兵工学会制图部根据德国远征军的调查绘制了此图。参见 http://www.wdl.org/en/item/44/。

2　中国第一历史档案馆馆藏：《内务府呈稿嘉营》225。

这段史料时，漏掉了“正殿五楹”一句，更草率的是《清宫述闻》作者在未加校对的情况下，在此条后注解了“尚衣监在配殿内”的结论，这看起来是对咸安宫官学迁入的合理解释，实际上是不严谨的。而后人又未对晚期文献加以判别，便拿来即用，从而放大了史料中的谬误，以讹传讹，便导致了今天很多学者对真实历史理解的偏差。以致在其文中受此结论影响，甚至得出《啸亭杂录》中描述林清起义中写道“由西华门进入尚衣监”中的“尚衣监”是设置于咸安宫的西配殿内的错误观点。

另外一个问题是，有部分学者认为：乾隆二十五年确实在尚衣监西边为咸安宫官学新建校舍二十七间。但和《内务府册》所描述的“东向二十七间”不同的是，他们所认为的新校舍建成后的格局为：门楼叫咸安门，北有影壁一座，再北是前、中、后三层院落，每院正房三间，东西厢房各三间，共二十七间。有的文章中还注明此文献出处为《内务府文化教育·道咸一》档案，然而笔者除了《内务府册》根本找不到这条文献的原始出处，并且目前亦无发现其他清代史料中有关于二十七间新校舍的叙述。此外，他们的这种说法从已有的史料和实地情况来看也明显是错误的：第一，他们所谓的新校舍的格局，其实就是参照《乾隆图》中尚衣监的格局，前文已论证，尚衣监就是后来的咸安宫建筑群之所在；第二，关于咸安门、咸安宫，史料已有记载非常明确，咸安门三楹，咸安宫正殿五楹，东西配殿各三楹，与新学舍“每院正房三间，东西厢房各三间，共二十七间”相矛盾，很显然后者的说法是一种假象（同时与后一章节查阅到的官学学房修缮档案中的房屋建置亦不符）；第三，他们认为咸安门的北侧有影壁一座，根据前引考古发掘成果，在咸安门与咸安宫正殿之间有一条高台甬路，此处设置影壁明显不合理；第四，按照他们的理解，在尚衣监西侧设置的咸安宫建筑群是一组带中轴线的完整院落，但根据今天的咸安宫院落位置，与武英殿之间只有一条夹道的间距，不足以安置尚衣监。因此笔者完全有充足的理由怀疑这条资料的来源和真实性。但今天故宫博物院的官方网站上，在介绍咸安宫时，仍然使用了这条没有任何出处的文献：

乾隆二十五年，在尚衣监西边为咸安宫官学新建校舍，门三间，门内影壁一座，内为三进院，每进院正房三间，东西厢房各三间，共有房二十七间。新建校舍依官学的名称仍命名为咸安宫。

六、结语

在对上述各种史料、各种研究进行了细致客观的分析、梳理、批判和论证之后，笔者总结了今宝蕴楼所在“西华门内、武英殿西”明清时期建置变迁的历史（图二三）。

第一，宝蕴楼所在的“西华门内、武英殿西”在明朝的记载较为简单，从仅有的史料记载来看，应是依照明南京宫殿的规制，在北京宫殿内为内监衙门——尚膳监、大庖之所在。

第二，清朝初期，极有可能在顺治“十三衙门”时期，将保留有明内监体制的尚衣监迁入“西华门内、武英殿西”处，同时将尚膳监迁出西华门外。根据考古发掘和建筑特征，清初尚衣监的三进院落应是沿用了明尚膳监（大庖）时的建筑格局。

第三，清康熙初年裁撤十三衙门、设置内务府，尚衣监因此并入内务府广储司，但一直没有被裁撤。由《康熙图》到《乾隆图》可见，直至乾隆十五年，尚衣监在建置上还维持着清初的三进院落格局，没有大的变动。在这段时期内，雍正七年设立了咸安宫官学，其地点位于寿康宫后、长庚门内的咸安宫处，即今寿安宫之所在。

第四，清乾隆十六年，咸安宫被改建为太后使用的寿安宫。由于尚衣监在归并内务府广储司后，其功能、规模、建置均不能和明内监或顺治“十三衙门”时期相比，有诸多闲置房间，因此将咸安宫官学迁入尚衣监院落内，尚衣监占用第一进院落，而官学主要占用后两进院落，但尚衣监三进院落的整体格局没有被改造的迹象。

第五，清乾隆二十五年前后，尚衣监处发生了一系列建置调整。首先，迁入尚衣监的咸安宫官学的学房房屋年久倾圮，因此乾隆二十四年将这些房屋收回官房租库，并在尚衣监西侧的区域为咸安宫官学新建二十七间校舍，并于乾隆二十五年正式迁入咸安宫官学。原尚衣监西侧的器皿库可能为了安置咸安宫官学学房的使用需求，向东侧房屋挪移（咸安宫官学因此又在器皿库西），后器皿库迁出西华门外。

第六，乾隆二十五年进行了另一项工作就是对尚衣监所在的三进院落中后两进院落建筑进行改造使用。乾隆二十四年将尚衣监内原咸安宫官学的校舍收回官房租库后，并没有重新归入尚衣监，而是在乾隆二十五年的时候，将这些房屋改建为皇子居所（大所房），因此只有前面一进院落化为尚衣监之所在，同时因官学的原因而被改名为咸安宫。乾隆三十二年，咸安宫后的皇子居所又被改为三通馆（字经馆），到了嘉庆朝又先后被改为实录馆、文颖馆。这段时期并不属于前院咸安宫（尚衣监）的建置，也不归其管理，直到嘉庆时文颖馆火毁，甚至危及咸安宫大殿，才将火毁的文颖馆所在

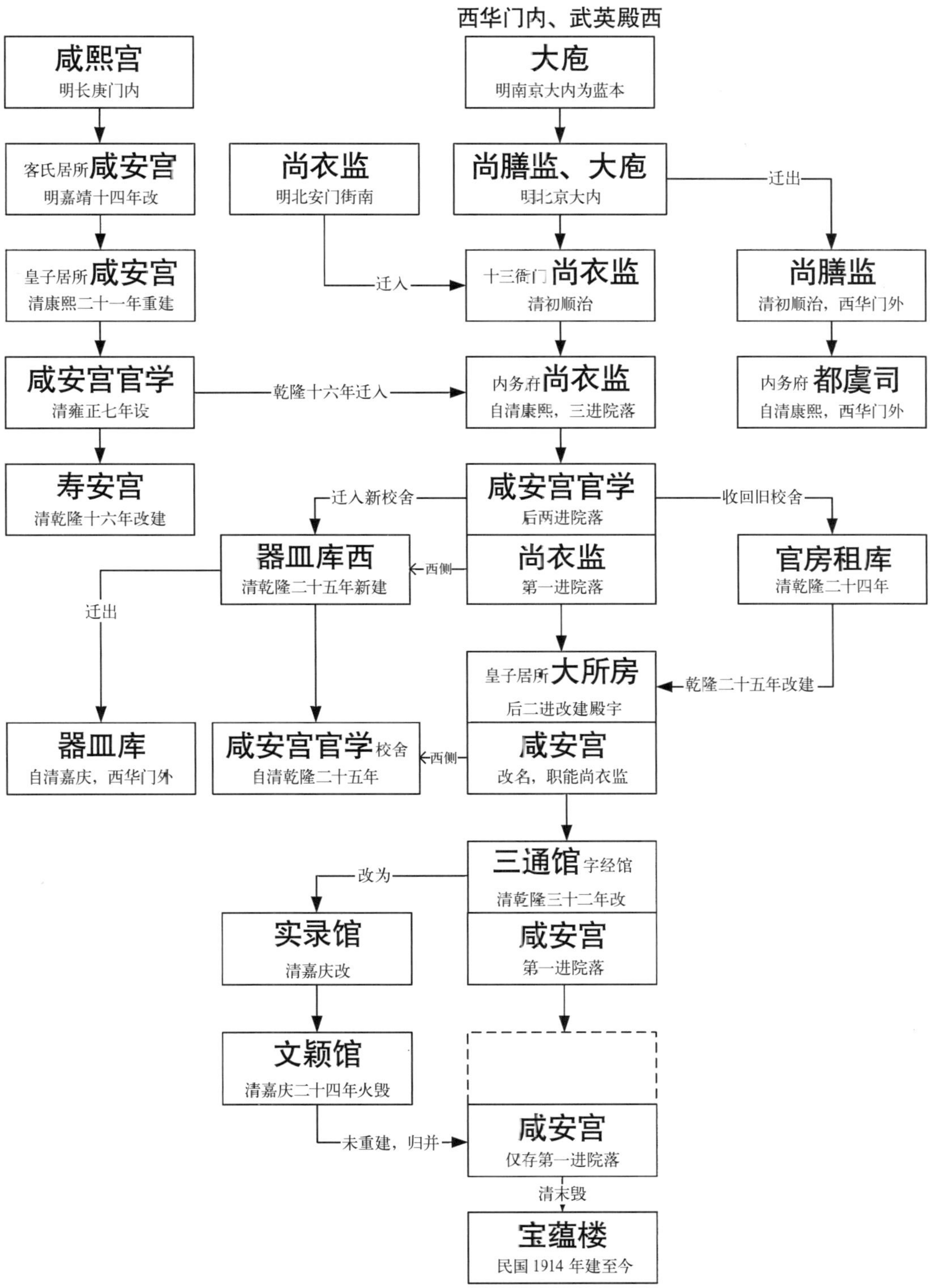

图二三 宝蕴楼所在位置明清建置历史沿革图

后面院落又重新并归前院的咸安宫，这种格局一直延续到清末咸安宫的掩埋（一说是咸安宫毁于清末大火，但未查到原始文献记载），于是今天所见到的咸安门及宝蕴楼地盘之所在，即为清咸安宫（原尚衣监第一进院落）之所在。

当然在这其中还是有一些问题无法解决，比如新建二十七间校舍到底在哪？建置如何？朝向到底是东还是南？咸安宫的详细建修及院落情况到底如何？等等。这些都需要更多更重要的史料和实物依据来支撑相关的结论。在这些研究过程中，需要我们秉承对史料的鉴别和批判原则，在可信的史料基础之上，结合利用考古及建筑等多学科研究方法，来为紫禁城历史的各项研究活动服务。

（节选自《故宫古建筑保护工程实录——宝蕴楼》，故宫出版社，2020年）

对明代早期景德镇御窑青釉瓷器的思考

——以与龙泉青瓷的比较为中心

单莹莹　邬书荣　汪哲宇

青瓷创烧于东汉，是最古老的瓷器品种。东汉以迄元代，青瓷始终是中国瓷器的主流品种之一。江西景德镇，五代时期以烧造青瓷和白瓷为主，两宋时期青白瓷成为主流产品，元代以青白瓷、黑釉瓷、卵白釉瓷为主，还有青花、蓝釉、孔雀绿釉、红釉等新品种[1]，青瓷非常少见。明代早期，景德镇御器厂烧造的瓷器中又出现青釉瓷器。这一时期的青釉瓷器，与景德镇五代时期的青瓷完全不同，而与浙江龙泉青瓷的釉色非常相似，一般称之为仿龙泉青釉瓷器。

对明代早期景德镇御窑青釉瓷器，过去少有专文进行研究。论及这类青瓷，主要泛论其模仿龙泉瓷器釉色，缺乏深入分析。方婷婷、江建新撰文，详细介绍了景德镇出土的仿龙泉窑瓷器[2]。根据出土时间的先后，这些资料主要分为两批。第一批是 20 世纪 80 年代以来，景德镇珠山御窑遗址出土的明代永乐至成化时期青釉瓷器遗存；第二批是 2014 年景德镇御窑遗址珠山北麓出土的一批正统至天顺时期的御窑瓷器，其中包括大量青釉瓷器。这批资料不仅对认识该时期景德镇御窑生产具有重要意义，而且为我们认识明代早期景德镇御窑青釉瓷器的发展提供了更为丰富的资料。本文以景德镇御窑遗址出土的青釉瓷器为基础，通过与龙泉青瓷进行多方面对比，可以发现明代早期景德镇御窑青釉瓷器与龙泉青瓷之间有着比较深入的技术交流。

一、景德镇御窑遗址出土的明代青釉瓷器

景德镇御窑遗址出土的明代青釉瓷器，年代从永乐延续至成化时期。永乐青釉瓷器

1　江建新：《景德镇窑业遗存考察述要》，《景德镇陶瓷考古研究》，科学出版社，2013 年。

2　方婷婷、江建新：《浅谈景德镇出土明代仿龙泉窑瓷器》，《故宫博物院院刊》2020 年第 5 期。

图一 永乐青釉净瓶

图二 宣德青釉六方花盆托

图三 宣德青釉梅瓶

图四 正统至天顺青釉刻花侈口碗

仅发表过一件1982年出土的青釉净瓶（图一）。据王光尧先生文章[1]，2002~2004年御窑遗址考古发掘中，永乐红釉瓷器埋藏坑同时出土青釉瓷器，但未介绍数量。其他出土资料中未见永乐青釉瓷器，可见御窑遗址出土永乐青釉瓷器数量之少。宣德时期生产的青釉瓷器数量较多，1982~2004年，御窑遗址陆续出土几批宣德青釉瓷器，器类多样，器型有碗、盘、碟、洗、钵、高足杯、花盆、花盆托（图二）、蟋蟀罐、梅瓶（图三）、渣斗等。2014年，御窑遗址珠山北麓出土了一批正统至天顺时期的青釉瓷器，器型以侈口碗（图四）、鸡心碗（图五）为主，外壁普遍刻花，纹饰为各类缠枝花卉。这批青釉瓷器数量多，

1 王光尧：《关于清宫旧藏龙泉窑瓷器的思考——官府视野下的龙泉窑》，《中国古代官窑制度·二》，故宫出版社，2017年。

图五 正统至天顺青釉刻花鸡心碗

图六 成化青釉双耳炉

器型单一。至于成化时期青釉瓷器，在20世纪80年代和2002~2004年的发掘中，均出土有大量成化青釉瓷器。通过御窑遗址考古现场照片，可见数量庞大的成化青釉瓷器堆积，直接倾倒于斜坡或地层低洼处。成化以后烧造的青釉瓷器，在御窑遗址中非常少见。

在不同的历史阶段，明代御窑青釉瓷器的釉色和质感逐渐发生变化。永乐、宣德青釉瓷器釉层较厚，多数为乳浊釉，釉色青绿，釉面有冰裂纹[1]；少数宣德青釉瓷器釉的透明度较高，有明显气泡[2]。成化青釉瓷器釉色略泛灰色，釉层较厚，开大纹片，多有缩釉[3]。口沿、底足多以施紫金釉或薄刷酱色釉的方式形成“紫口铁足”的效果（图六），与南宋官窑瓷器的口沿、底足效果相近[4]。根据釉色、釉质的区别，一般认为永乐、宣德青釉瓷器是仿龙泉青釉，成化青釉瓷器是仿南宋官窑釉[5]。正统至天顺时期的青釉瓷器，釉色青绿、釉面有冰裂纹，更接近永乐、宣德青釉瓷器的特征，而与成化青釉瓷器区别更大，应为仿龙泉青釉的系统。

总结前文可知，明代景德镇御器厂在永乐时期开始烧造青釉瓷器，并在釉色和质感上模仿龙泉青釉，该时期出土物极少。宣德时期，御器厂烧造的青釉瓷器数量大大增加，仍以模仿龙泉青釉为主，器类丰富，造型多样。正统至天顺时期，御器厂仍大量烧造仿龙泉青釉瓷器，目前仅见碗类器物，流行刻花装饰。成化时期，虽然御器厂烧造大量青釉瓷器，但几乎不见龙泉釉瓷器，而以仿官釉瓷器为主。成化以后，景德镇御窑青釉瓷器产量减少。

1 香港市政局、景德镇市陶瓷历史博物馆:《景德镇珠山出土永乐宣德官窑瓷器展览》，第214~217页，1989年。

2 香港市政局、景德镇市陶瓷历史博物馆:《景德镇珠山出土永乐宣德官窑瓷器展览》，第202、203页，1989年。

3 北京大学考古文博学院、江西省文物考古研究所、景德镇市陶瓷考古研究所：《江西景德镇明清御窑遗址发掘简报》，《文物》2007年第5期。

4 景德镇市陶瓷考古研究所、徐氏艺术馆：《成窑遗珍——景德镇珠山出土成化官窑瓷器》，1993年。

5 景德镇市陶瓷考古研究所历次展览图录中，均持此种观点，见前注1、4所引景德镇御窑瓷器展览图录。另见北京大学考古文博学院、江西省文物考古研究所、景德镇市陶瓷考古研究所：《江西景德镇明清御窑遗址发掘简报》，《文物》2007年第5期。

二、明代景德镇御窑仿龙泉青釉瓷器与龙泉青瓷的相似性比较

明代景德镇御窑瓷器和龙泉青瓷的相似性，已有学者关注。明代早期，景德镇御器厂和龙泉窑烧造了一批器形、纹饰相同或相近的器物，如墩式碗、大盘、玉壶春瓶、执壶、梅瓶、器座、壮罐、绶带耳葫芦式扁瓶，等等。同样的造型和纹饰，龙泉窑烧造青瓷，以釉下刻花表现纹饰，景德镇御器厂烧造青花、釉里红、白釉等品种，偶见青釉瓷器，以釉下彩绘或刻花表现纹饰。对此现象，学者们已基本达成共识：这是由于两地均依照宫廷颁发的官样进行生产的缘故。这一观点得到了文献和实物两方面的支持。

而本文要讨论的景德镇御窑仿龙泉青釉瓷器与龙泉青瓷的相似性，与使用官样而导致的器形和纹饰的相似性不同。比较宣德时期景德镇御窑仿龙泉青釉瓷器和龙泉青瓷可以发现，二者的相似性不仅局限于釉，部分景德镇青釉瓷器的胎、器形、刻花装饰和垫烧方式，均与龙泉青瓷有共同点。而且，这些共同特征，在景德镇很难发现技术源流，却与龙泉窑的技术传统更加接近。

宣德时期景德镇御窑青釉瓷器与龙泉青瓷的共同特征表现在以下几个方面：

其一，釉。诚如学者已经指出，明早期景德镇御窑青釉瓷器，与龙泉青瓷釉色非常相近，但龙泉窑历史悠久，各时期釉色不同，景德镇御窑青釉瓷器与哪一时期的龙泉青瓷釉色相近呢？龙泉地区早在晚唐五代时期开始烧造青瓷，北宋初期流行薄而透明的淡青釉。北宋中后期一般呈青绿色釉，釉层仍然较薄，具有一定的玻璃质感。南宋前期，釉层变厚，釉色呈青灰色或淡青色。南宋后期，龙泉釉由石灰釉改进为钙钾釉，釉的高温黏度增大，釉层更厚。自此以后，龙泉釉向厚釉、乳浊釉的方向发展，元、明皆如此。南宋晚期至元代早期，釉色有粉青、豆青、梅子青、米黄等色泽，其中以粉青和梅子青为龙泉青瓷的标志性产品。元代，釉色以豆青、青绿、梅子青为主。明代前期，釉色以青绿、豆绿为主色调[1]（图七）。对照龙泉青瓷釉的发展过程可以发现，多数宣德御窑青釉瓷器，如青釉仰钟式花盆（图八）、青釉三足盆托、青釉菱花口碟等，釉色青绿或豆青，釉层较厚，釉质偏乳浊，与厚釉、乳浊釉、釉色呈豆青色的龙泉釉更为相似，即更接近元代中晚期至明前期的龙泉釉。

论及明代景德镇仿龙泉釉，有认为明代景德镇模仿宋代龙泉釉色的传统观点。如

1　秦大树：《龙泉窑的历史与研究》，《中国龙泉窑》，中国华侨出版社，2015 年。

北宋龙泉窑青釉五管瓶

南宋龙泉窑青釉花口碗

元龙泉窑青釉执壶

明早期龙泉窑青釉刻花梅瓶

图七 各时期龙泉窑瓷器代表釉色

《饮流斋说瓷》:"明仿龙泉，与宋无甚大异，惟其色略淡，其釉略薄耳。"[1] 据景德镇御窑遗址出土的仿龙泉釉瓷器判断，这种观点难以成立。

其二，胎。明代景德镇御窑瓷器的胎多数为白色，胎质细腻。而宣德时期部分青釉瓷器的胎为灰白色，胎质较粗。江小民指出，宣德时期烧造天青釉（可能为仿汝釉）、

1 许之衡原著，叶喆民译注:《〈饮流斋说瓷〉译注》，第 31 页，紫禁城出版社，2005 年。

图八 宣德青釉仰钟式花盆

灰白釉瓷器（可能为仿哥釉）时，为追求与汝釉、哥釉更为相近的颜色，特意改变胎土配方，使胎呈灰色[1]。据此推测，为了追求与明代龙泉青瓷的灰白胎色接近，景德镇御窑在青釉瓷器的胎土配方上可能也做了相应的调整。

其三，器形。与龙泉青瓷造型相近的景德镇御窑青釉瓷器主要是碟、盘类器物。

宣德款青釉菱花口碟，口作菱花式，侈口、折腹、平底、圈足。内外壁刻花装饰，也有内外壁素面者。此器形不见于景德镇御窑其他类瓷器，但在龙泉窑非常普遍。中国台湾鸿禧美术馆收藏一件宣德款刻划缠枝花卉纹菱花口碟标本，可见此类碟剖面结构[2]，与枫洞岩窑址 Gb 盘最为相似，考古报告推断其生产年代为明成化时期[3]。江西省永修县明正统九年（1444）魏源墓出土造型相同的龙泉窑刻花菱口碟，年代稍早。海南省博物馆收藏有相同的龙泉青釉碟，西沙玉琢礁出水，说明这类瓷器曾用于外销[4]（图九）。

宣德青釉侈口盘，盘侈口、弧腹、底部弧平、圈足。其造型以及胎体较厚的特征与枫洞岩窑址出土的 FII 盘非常接近，这类盘属于枫洞岩窑址第三期，年代为明洪武至宣德时期[5]。景德镇御窑同时期烧造的瓷盘，虽有造型相近者，但均胎体轻薄，口沿

1　江小民：《明御窑遗址出土瓷器上的宋元文化因素浅析》，《明清御窑瓷器——故宫博物院与景德镇陶瓷考古新成果》，故宫出版社，2016 年。

2　舒佩琦：《艳色纷陈——鸿禧美术馆藏明清单色釉瓷》，《陈昌蔚纪念论文集》第九辑，陈昌蔚文教基金会，2019 年。

3　浙江省文物考古研究所、北京大学考古文博学院、龙泉青瓷博物馆：《龙泉大窑枫洞岩窑址》，文物出版社，2015 年。

4　该文物在中国（海南）南海博物馆“探海寻踪——中国水下考古与南海水下文化遗产保护”展览中展出。

5　浙江省文物考古研究所、北京大学考古文博学院、龙泉青瓷博物馆：《龙泉大窑枫洞岩窑址》，文物出版社，2015 年。

景德镇宣德款青釉菱花口碟

景德镇宣德款青釉菱花口碟（中国台湾鸿禧美术馆藏）

龙泉窑枫洞岩窑址 Gb 盘

龙泉窑青釉菱花口碟（明正统九年魏源墓出土）

龙泉窑青釉盘（西沙群岛出水）

图九 景德镇御窑和龙泉窑青釉菱花口碟的对比

景德镇宣德青釉侈口盘底

景德镇宣德青釉侈口盘

龙泉窑枫洞岩窑址 FII 盘

图一〇 景德镇御窑和龙泉窑青釉侈口盘的对比

较锐利，圈足窄细，与龙泉瓷盘胎体厚重、圈足圆钝的风格完全不同（图一〇）。

其四，刻花装饰。宣德时期，景德镇御窑青釉瓷器以素面居多，部分瓷器上有刻花装饰，其刻花技法和个别纹饰与龙泉窑非常相似。如宣德青釉刻花侈口盘，内底心刻折枝花卉，内腹壁刻缠枝花卉，所刻线条较宽，有斜刀刻花的特点。明代早期，景德镇御窑瓷器的胎装饰技法，主要是印花和细线刻划。而这种宽线刻划、略带斜刀的刻花方式是明代龙泉窑最为普遍的刻花方式。蔡玫芬指出，由于龙泉窑釉层厚，必须刻划又粗又深的线条，才能够表现出纹饰[1]（图一一）。

此外，景德镇青釉瓷器上的一些纹饰，在龙泉窑瓷器中非常流行。如宣德青釉唇

1 蔡玫芬：《国立故宫博物院所藏明代龙泉窑青瓷》，《碧绿——明代龙泉窑青瓷》，“台北故宫博物院”，2009 年。

景德镇宣德青釉刻花盘

明中期龙泉窑青釉刻花盘

图一一 景德镇御窑和龙泉窑青釉刻花盘的对比

景德镇宣德青釉唇口洗

龙泉窑青釉 Bb 盆

图一二 景德镇御窑和龙泉窑青釉刻划水波纹器物的对比

口洗，内壁所刻水波纹，是元、明龙泉青瓷的流行纹饰，在景德镇其他瓷器上几乎未见（图一二）。

其五，装烧方式。景德镇御窑青釉瓷器，多采用景德镇本地的垫烧方式，主要有两种：一种是整个外底不施釉，用垫沙垫烧；一种是圈足端不施釉，用垫饼垫烧。有一类青釉盘的垫烧方式与此不同，如宣德青釉刻花侈口盘，裹足满釉，外底中心有一圆形刮釉区域，呈火石红色，其内有灰白色圆环痕迹，是支烧具与外底黏连留下的。这种垫烧工艺与元代中晚期至明代的龙泉青瓷相同。这一时期

宣德青釉刻花侈口盘底部

龙泉窑枫洞岩窑址FⅢ盘底部

图一三 景德镇御窑和龙泉窑青釉盘的底部对比

龙泉窑采用裹足满釉、外底刮釉一周（也有外底刮釉呈圆形、与景德镇青釉刻花侈口盘刮釉方式相同者）、使用碟形垫具垫烧的方式[1]，因此其底部刮釉区域会留下圆环状的灰白色垫烧痕迹。这是龙泉窑特有的垫烧方式。景德镇仅在部分青釉瓷器上使用了这种垫烧方式，很可能是受龙泉窑的直接影响（图一三）。

宣德青釉鼓钉花盆托，敛口、浅腹、三足，上腹部贴饰一周鼓钉。该器形在明初景德镇瓷器中非常少见，而流行于龙泉窑和钧窑。钧窑瓷器中的同类器被称为花盆托，与花盆配套使用。龙泉青瓷中的同类器被称为洗式炉。虽然造型相同，但其底部特征和垫烧方式不尽相同，体现出各窑自身特色。钧窑花盆托底部刷芝麻酱色护胎釉，有一周支钉痕，窑址出土有锯齿形支钉，是花盆托的垫烧具。据枫洞岩窑址考古报告，有一类明代龙泉窑洗式炉底部呈圆形凸起，不施釉，为垫烧部位。景德镇宣德青釉鼓钉花盆托的底部亦呈圆形凸起，不施釉，与明代龙泉窑洗式炉的底部处理方式相同。成化时期，景德镇青釉三足炉底部平弧，无圆形凸起，垫烧方式改为垫烧于三足足端，形成了自己的造型特征和垫烧方式（图一四）。

前文列举的景德镇御窑青釉瓷器与龙泉青瓷的相似之处，主要集中于宣德时期御窑青釉瓷器。正统至天顺时期，虽然景德镇御窑青釉瓷器的釉色与龙泉釉仍较为相似，但很多特征已经发生变化。首先，釉的玻璃质感更强，与龙泉青瓷的乳浊釉

1 徐军：《从枫洞岩窑址的发掘试析元明龙泉青瓷分期和特征》，《龙泉大窑枫洞岩窑址出土瓷器》，文物出版社，2009 年。

景德镇宣德青釉鼓钉花盆托

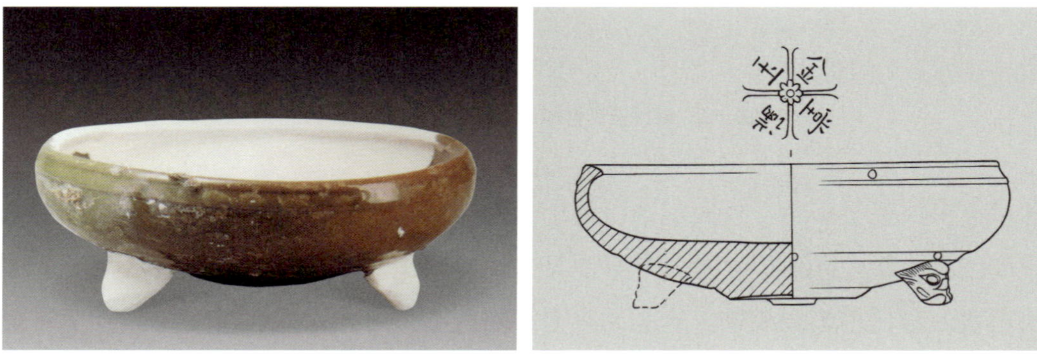

龙泉窑枫洞岩窑址 DaII 炉

钧窑鼓钉三足花盆托

图一四 景德镇御窑、龙泉窑和钧窑鼓钉三足花盆托（或洗式炉）的对比

差别较大。需要指出的是，宣德时期一些青釉瓷器气泡明显，玻璃质感强，如宣德款青釉花口碗（图一五）、宣德款青釉刻花唇口洗等，说明该时期景德镇已出现龙泉乳浊釉技术体系之外的青釉技术。第二，正统至天顺时期的青釉侈口碗、鸡心碗，胎体变薄，器形特征与景德镇御窑其他釉色的碗完全相同，与龙泉窑器形没有关联。第三，该时期青釉碗普遍刻花，且为细线刻划花。青釉瓷器上的纹样，在同时期青花碗、青白釉碗上可见完全相同者，说明这些纹样是严格依照官样进行生产，纹饰

图一五 宣德青釉花口碗

的样式和刻划方式均非学习借鉴自其他窑场。第四，该时期青釉瓷器的垫烧工艺均为圈足端刮釉、垫烧，与景德镇其他类瓷器相同。综合以上四点，正统至天顺时期，青釉瓷器除却在釉色上尚与龙泉青瓷有相似之处外，其他方面已完全是景德镇御窑的技术体系。

三、结论

通过上文的比较，可以得出三个结论。第一，宣德时期景德镇御器厂烧造的青釉瓷器，不仅釉色与龙泉青瓷相近，部分瓷器在胎、器形、刻花装饰、垫烧工艺等方面，均与龙泉青瓷有相似之处。这些二者共有的技术，主要是龙泉窑的技术传统，而在景德镇其他瓷器中非常少见，说明这应是景德镇御器厂学习龙泉窑制瓷工艺的结果。第二，景德镇御窑青釉瓷器表现出的龙泉窑技术特征，是元代晚期至明代早期龙泉窑的技术。因此，景德镇御器厂对龙泉窑的学习和模仿，不是过去一般认为的模仿宋代龙泉窑瓷器，即不是仿古，而是对同时期其他窑场技术的吸收和引进。第三，从明代御窑青釉瓷器的整体发展过程看，永乐、宣德时期是引进和学习龙泉窑技术的时期，部分瓷器上仍保留有龙泉窑的技术特征。从宣德时期开始，景德镇御器厂已注重将龙泉窑技术与景德镇制瓷工艺相结合，如在青釉瓷器中融入景德镇瓷器的器形、青花写款技术等。正统至天顺时期，除了青釉以外，青釉瓷器的其他方面已完全采用景德镇本土的制瓷工艺。

有学者认为，根据景德镇民窑仿烧龙泉青瓷的情况，可推测明代龙泉窑工匠可能将龙泉窑的技术带到了景德镇[1]。根据本文的比较，明代宣德时期，景德镇御窑青釉瓷器在胎、釉、器形、刻花装饰、垫烧方式等各个方面均与龙泉青瓷有相似之处。如此全面而深入的技术交流，说明明代龙泉窑工匠很可能确实到达了景德镇，并为御器厂烧造瓷器。

1 王建保：《景德镇戴家弄窑址发现的明代青釉瓷器》，《东方收藏》2016 年第 2 期。

故宫南三所影壁东侧建筑垃圾埋藏坑的发现与研究

唐雪梅

2015 年 9~10 月，应故宫博物院高压电力增容工程所需，在南三所影壁东侧十余米处开挖了一条南北向的管线沟（图一、图二）。值得关注的是，在管线沟内发现了大量且分布较为集中的建筑垃圾。由此，我们初步判断这里可能是一处埋藏坑遗迹。本文将对这一埋藏坑的初步清理状况以及其中较为典型的出土物进行介绍，并尝试推测分析该埋藏坑的年代与形成原因。从已有发现来看，紫禁城内类似性质的遗迹并不罕见，且在一定程度上改变着这一区域内地面整体面貌，由此带来的影响同样不可忽视。

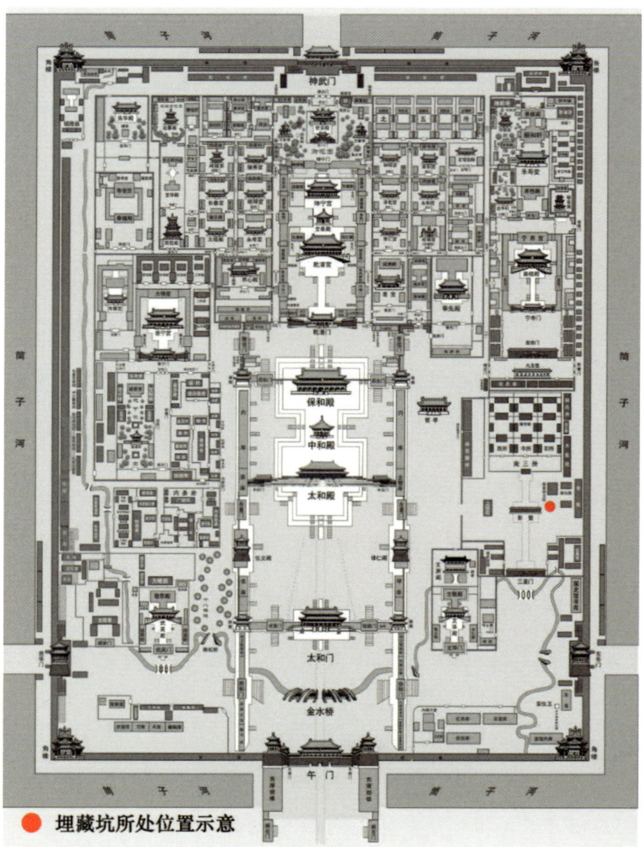

图一 埋藏坑所处位置示意图

图二 管线沟面貌

一、埋藏坑的基本情况及出土遗物

工程开挖的管线沟平均长约 25 米，宽约 1.5 米，深约 3 米。跟踪工程的挖掘进展，并结合观察沟壁所显示的地层剖面获知，在深度距离地面大约 0.6 米处起，始见相对集中的建筑材料堆积。堆积范围内土质相对疏松，土色黄褐。由此，我们推测这应该是一处埋藏坑，开口于表土层下。对于这一埋藏坑，我们只是跟踪工程进行清理记录，并未做进一步考古发掘。因此，所见遗迹范围受工程挖掘范围限制：可见埋藏坑深度约 2.5 米，南北长度约 25 米，东西宽度至少 2 米。

埋藏坑内出土遗物种类丰富、数量多，且多为建筑废料：所见主要有青花瓷片（图三）、琉璃残件（图四）、碎砖石（图五、图六）、瓦残片（图七）、白灰块（图八）、铁钉（图九），以及一些较大的石质构件（图一〇）和石墩（图一一）等。

从堆积均为建材类遗弃物或残件来看，可推测这应该是一处建筑垃圾的埋藏坑。该坑规模尚不清楚，但遗物保存状况尚可，这为我们的分析提供了便利（图一二）。

图三 青花瓷片

图四 琉璃残件

图五 砖石

图六 砖块

图七 瓦残片

图八 白灰块

图九 铁钉

图一〇 石质构件

图一一 石墩

图一二 埋藏坑局部

二、埋藏坑的年代与成因

该遗迹在发现时已有被扰动过的迹象，且出土遗物也无法提供准确的年代信息，因此无法直接对遗迹做出年代判断。然而在紫禁城范围内，由于受地理范围客观限制，加之受到历史因素的影响，使城内区域整体的地层面貌存在一定的统一性。因此，通过比对城内相近区域的遗迹层位关系，可以推测该埋藏坑的年代信息。从位置上来看，这处埋藏坑所在的挖掘区域距离配合南三所门外电力增容管线工程进行考古发掘[1]的区域很近。通过对比两处遗迹开口层位所在深度可知，该遗迹在地层关系上与南三所外清代建筑遗址所处深度具有一致性。南三所门外电力增容管线工程工地的地层关系表明：改建于乾隆时期、东西三路布局的南三所建筑群，是有规划地拆除早期建筑、统一平整地面之后起建的。结合这一情况，我们认为这个建筑垃圾埋藏坑的年代应该也属于清代。再考虑到坑内所见出土物年代最晚者应为乾隆时期的琉璃建筑构件，则这一埋藏坑的年代应该不早于乾隆时期。

在通过对比推定遗迹年代的基础之上，紫禁城内为何会有类似这样的建筑垃圾埋藏坑被遗留下来，便成了一个值得探讨的问题。同时，对于其形成原因的讨论，也会为遗迹年代的进一步论证提供线索。需要明确的是，仅就南三所影壁东侧这个建筑垃圾的埋藏坑而言，其规模与坑中包含物均不具有唯一性，因此我们不能够简单地将文献档案中的记载与这个埋藏坑具体的形成过程去对应。但在紫禁城内这一面积有限且较为特殊的区域之中，我们却可以根据此处埋藏坑所处的大概位置和其明确属于建筑垃圾埋藏的性质，对其形成原因进行推测。

这一建筑垃圾埋藏坑所在的位置属南三所这片建筑群的区域范围之内，位于现在南三所前的影壁东侧。南三所是由东中西三路组成、并以中线为轴线对称分布的建筑群："过桥有殿宇三所。凡大内俱黄琉璃瓦，唯此用绿，为皇子所居。其前为王公、文武大臣轮班宿卫值房。"[2]埋藏坑以西即为南三所的主轴线所在。另据《日下旧闻考》的记载，可知清乾隆时期埋藏坑所在区域附近应为王公和文武大臣轮班宿卫值房所在[3]，其东侧为内养狗处[4]。关于南三所的修建历史，经前人考证可知[5]，如今所见的这组建筑在明代直至清初尚未存在，明代这一区域曾为慈庆宫所在，具体殿宇又有端本宫、端敬殿、撷芳殿等名。直至乾隆十一年（1746），才改建为三所，以供皇子居住，直

1　故宫博物院考古研究所：《紫禁城内的考古发现——故宫明清建筑遗址 2014 年的发掘收获》，《中国文物报》2015 年 1 月 9 日。

2　（清）鄂尔泰编纂，左步青点校：《国朝宫》卷十一《宫殿一》，第 198 页，北京出版社，2018 年。

3　"文华殿东稍北有石桥三，过桥有殿宇三所，凡大内俱黄琉璃瓦，惟此用绿，为皇子所居。其前为王公文武大臣轮班宿卫直房。"参见（清）于敏中等编纂：《日下旧闻考（一）》，第 172 页，北京古籍出版社，1983 年。

4　"内养狗处在东华门内东三所前路东，房十有九楹。"参见（清）于敏中等编纂：《日下旧闻考（二）》，第 1195 页，北京古籍出版社，1983 年。

5　单士元：《故宫南三所考》，《故宫博物院院刊》1988 年第 3 期。

至我们今日所见[1]。这一关于南三所建置沿革的明确考证，除使我们了解到这片建筑群的修建历史外，也为我们提供了这一区域相关建筑工程的兴建情况。另乾隆三十一年（1846）的《内务府奏销档》中有明确记载："查撷芳殿改建三所房间，系乾隆十一年三月内兴工，次年竣工，迄今二十年，未加粘修……又因阿哥等于二十六年移出之后，其外围茶饭值房等项房屋，俱改为各处值房。今遵旨修理，给阿哥等居住……"可知除大型的改建工程外，在乾隆三十一年，还曾对三所实施了一次较为全面的修缮工程。如此大量的修建工程必然会产生大量的建筑废料，因此对于南三所这一区域建筑群进行改建与修缮工程的明确记载，在可能为建筑垃圾的来源提供线索之外，也为相关建筑垃圾的形成提供了年代上的参考。

那么，以南三所修缮改建工程产生的建筑垃圾为代表，紫禁城内建筑改建修缮所产生的建筑垃圾都是如何处理的呢？皇宫内对于垃圾的处理也无外乎运送出宫与就地填埋两种方式。考虑到建筑垃圾具有特殊性，通常体量大而重，且不会对环境产生影响，因此在施工同时就地掩埋应该较为合理。因此南三所区域这一建筑垃圾埋藏坑内堆积，极有可能就是埋藏坑附近的建筑在进行某次施工后的部分遗留物。沿着这样的思路，结合上述文献中的记载与年代推测，似乎可为探讨这处建筑垃圾埋藏坑的形成提供一定的参考：这一埋藏坑的形成很可能与清乾隆时期南三所建筑群以及附近其他建筑的建造或修缮工程相关。

在紫禁城之内，类似这样的建筑垃圾埋藏坑并不只此一处。除建筑垃圾埋藏外，还发现有多处各类性质的废弃物埋藏坑，2014 年夏就在南大库区域发现了废弃玉料及其他工艺品废料的集中埋藏[2]以及打碎的瓷片埋藏[3]等。打碎瓷片的集中埋藏坑在多处都有发现。当然，不同时代、不同性质的埋藏坑，其具体的形成原因自然各不相同。然而综合紫禁城内各类性质埋藏坑的发现情况，可以认为这类被集中处理的宫廷内非生活产生废料，应存在一种较为特殊的垃圾处理方式，这类废弃物并不会运送出宫，而是就地掩埋。值得探讨的是，对于紫禁城内建筑垃圾就地掩埋的处理方式，除了限

1 （清）吴振棫：《养吉斋丛录》卷十七"三座门北，殿宇三所，覆以绿瓦，亦旧时皇子所居，俗称阿哥所，或称所儿。中曰撷芳殿，仁宗初出宫时邸地也。嘉庆间，宣宗及诸皇子亦尝居此。道光间，隐志贝子薨逝所中，久无居者。至二十八年正月，文宗始将居焉"。

2 故宫博物院考古研究所：《紫禁城内的考古发现——故宫明清建筑遗址 2014 年的发掘收获》，《中国文物报》2015 年 1 月 9 日。

3 故宫博物院考古研究所：《故宫南大库瓷片埋藏坑发掘简报》，《故宫博物院院刊》2016 年第 4 期。

于垃圾体量与人力使用等客观原因外，还应与其属于皇宫内产生垃圾的性质相关，从而体现出制度上的意义。例如南大库瓷片埋藏坑的发现可能与清代宫廷内定期的库房清点制度相关[1]。

进一步思考不难发现，宫内这种废弃物的处理方式只是形成埋藏坑的直接原因，其背后的问题是为什么会对这部分垃圾做这样的处理。虽然作为具体埋藏物的性质不同，但它们被留在宫内做就地掩埋处理的原因却具有共性。这种共性与制度相关联，绝不仅仅体现在紫禁城内部。以玉器与瓷器残片的埋藏坑为例，其形成原因从以往的众多发现中是有迹可循的。尤其是在瓷器废弃物的处理上，多个窑场遗址中都有埋藏坑或集中掩埋现象的发现。在修内司官窑考古发掘的过程中，就发现对残次品的处理方式是在窑厂的区域内挖坑把残次品集中销毁并埋在坑内。这种做法在景德镇明代御器厂的表现尤为明显。景德镇御窑考古发掘成果表明，明御器厂对残次品的处理办法，从洪武到宣德时期是在景德镇御器厂范围内把残次品集中销毁并成坑或成堆掩埋[2]（图一三）。窑址产生的窑业垃圾是尚未到达使用环节的残次品，但它们与宫内产生的部分废弃物同样具有皇家属性。因而官窑或御窑遗址中这种集中处理残次品的方式，与宫廷处理废弃器物所采用的处理方式大致相同，这都是为了有效地避免宫廷皇家用器流入民间的结果。这也是随着皇权的不断强化，皇帝为维持自身特殊权力所建立的制度框架之下的必然。当然，考虑到人力物力的局限，对类似南三所影壁东侧发现的这种大型建筑垃圾或废料进行就地掩埋也是最为经济便利的处理方式。

三、埋藏坑可能产生的影响

从 20 世纪六七十年代起，在配合各种工程建设的过程中，已有诸多对于紫禁城内所见地层情况的分析与研究[3]。故宫考古研究所成立以来，更是配合院内各项施工工程开展了多项科学的考古发掘与研究工作。

紫禁城内地层的形成同其他遗址相同，都是伴随着旧的活动面被废弃，而后新的活动在其上形成新的堆积，如此往复才成为我们现在所见的地面。从多年来紫禁城内

---

1 故宫博物院考古研究所：《故宫南大库瓷片埋藏坑发掘简报》，《故宫博物院院刊》2016 年第 4 期。

2 王光尧：《明代宫廷陶瓷史》，第 142、145 页，紫禁城出版社，2010 年。

3 白丽娟、王景福：《故宫建筑基础的调查研究》，《紫禁城建筑研究与保护——故宫博物院建院 70 周年回顾》，第 286~315 页，紫禁城出版社，1995 年。

图一三 明初瓷片堆积（图片引自权奎山：《2002~2004 年景德镇出土明代御窑瓷器概说》，《景德镇出土明代御窑瓷器》，文物出版社，2009 年）

可供观察的地层情况来看，可以明显看出院内地层随着人们的活动不断堆积，这种堆积也导致了宫内地平面高度的不断上升。例如故宫考古研究所在对南三所之东的东城墙基进行抢救性发掘的过程中，可见发掘地点现代地面高度相较于明永乐时期的地面高度，上升了约 85 厘米[1]。由此可见，宫内地面的上升速度并不算缓慢，地层叠压的状态也并非十分规律且平缓[2]。

紫禁城从明初建成至今一直处于被延续使用的状态，并时常经历部分重修或改建，这种经历可能是导致地平面高度上升的原因之一。诸多埋藏坑的发现，似乎为我们思考这一问题提供了更多的启示：宫内存在有因各种原因不便于或不允许将丢弃的废料、垃圾等运送至宫外而就地掩埋的处理方式，甚至形成了某种处理制度。这种特殊的废

1　故宫博物院考古研究所：《故宫东城墙基 2014 年考古发掘简报》，《故宫博物院院刊》2016 年第 3 期。

2　这一现象在紫禁城内的诸多考古发掘点中都有所体现。另如故宫博物院考古研究所：《紫禁城内的考古发现——故宫明清建筑遗址 2014 年的发掘收获》，《中国文物报》2015 年 1 月 9 日。

弃物处理方式，不仅仅为埋藏坑的出现提供了理由，还可能反映出这些埋藏坑对于紫禁城地面整体所产生的影响。当人们不断地进行地下掩埋活动的同时，也是一个不断垫高地面的过程，且这个行为很可能会导致地平面上升的速度加快。因此，各类因素导致的宫内众多此类活动的出现，加之所辖面积有限、埋藏物的体量大小不一，为紫禁城内地平面高度不平均地加速上升提供了可能。若是如此，那么这类埋藏坑的影响就更加不容小觑，它们的形成至少可以为紫禁城内地层叠压特点的形成，以及城内地面高度较为快速地上升提供一种相对合理的解释。观其背后，则是明清时期严格的管理制度，反映了明清时期皇权高度集中的统治状态。

清乾隆倚虹堂考析

张晓玮

乾隆十六年（1751），正值乾隆帝的生母崇庆皇太后六旬万寿，乾隆帝命人在高梁桥河畔新建一座行宫，因倚桥而建，故御赐“倚虹堂”名，并为其御书匾额。倚虹堂建成后，帝后可在此易辇进宫，也可在此乘舟至颐和园。至清末，倚虹堂一直作为清代皇家往来紫禁城与京郊御道途中的一座码头行宫。

乾隆时期，大型纪实性画卷崇庆皇太后六旬《万寿图》中，对倚虹堂区域场景有清晰的描绘。然而，梳理清代档案史料，其中对于倚虹堂相关内容的记载，却与《万寿图》内所绘规制、方位等有不同之处。本文特借助并比对现有文献史料，在此对倚虹堂的建造、规制及功用进行一番考析，以求接近于历史真实，并探究倚虹堂对于乾隆帝的特殊意义。

一、《万寿图》中的倚虹堂

乾隆十六年，适逢崇庆皇太后六旬万寿节，乾隆帝为其母举行了盛大的庆祝仪式。其间，乾隆帝命令臣工在自颐和园至紫禁城，凡太后凤辇所经的道路两旁，均沿途搭建彩棚、乐亭、经阁和戏楼，以便皇太后一路游街赏景，接受百姓群臣的恭贺，之后再经西华门入宫接受百官朝贺。同时，乾隆帝还命令画工，照此前康熙皇帝的做法，将此次庆典的沿途街景绘制成一幅长卷。长卷耗时十年完成，并作为庆祝皇太后七旬万寿的贺礼觐献给崇庆皇太后。此即今日收藏于故宫博物院的崇庆皇太后六旬《万寿图》四卷，共计120余米。

本文所讨论的倚虹堂（图一）是《万寿图》第二卷《川至迎长》末尾所绘制的一座建筑。从画卷中可见，长河两岸，张灯结彩，热闹非凡。其两岸及冰面上排布着负责安保的侍卫二三十人，有的握刀，有的配箭，有的执旗，很是雄武威严。岸边分段陈设着竹、松、桃、灵芝、梅等各式花卉盆景，还有各路神仙样式的抬阁表演，扮相精致。一旁戏台内也正表演戏曲，吹唱班正兴致盎然。长河彼岸是一段回廊，廊内两

图一 高梁桥旁倚虹堂

图二 高梁桥上牌坊

侧悬挂着五彩的宫灯，还站立着仙女童子，节日气氛浓重，俨然人间仙境一般。河面上横跨一座桥，桥面有南北两座朱漆三门牌坊，其上写有“永泽”“资安”的匾额清晰可辨（图二）。据史料记载，高梁桥上有两座牌坊：“南之南面曰‘长源’，北面曰‘永泽’；北之北面曰‘资安’，南面曰‘广润’。”[1] 据此推断，那么图中此桥，正是长河上白石桥以东，临近西直门处的高梁桥。

画面中，在高梁桥的北端，即长河此岸，坐落着一座卷棚灰瓦殿宇，此即是倚虹堂（图三）。该殿宇坐西向东，院门三楹，门两侧连有八字影壁，有一进院落，分南北两个跨院。该院落粉饰一新，朱漆柱子的围廊内张灯结彩，有十余位文武官员在院内闲叙等候。依照高梁桥的方位可知，应是在倚虹堂东宫门外，停放着皇太后华丽喜庆的万寿金辇，正在等待皇太后由冰床改乘金辇后，由陆路经西直门回宫。

1 （清）于敏中等编纂：《日下旧闻考》卷九八，北京古籍出版社，1981 年。

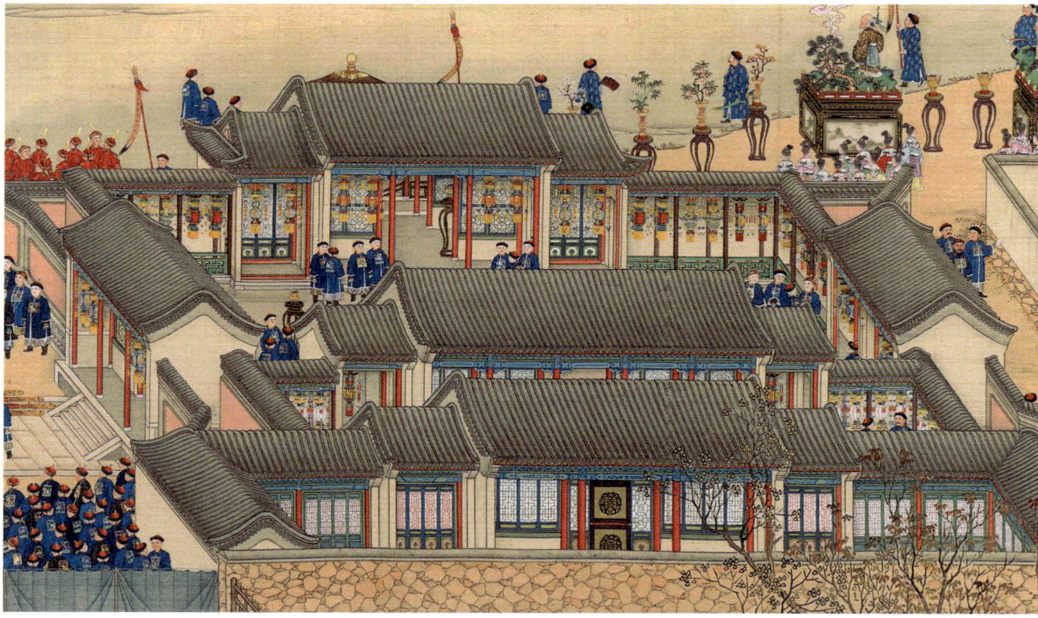

图三 倚虹堂格局

自东宫门口至高梁桥上，有着红衣的仪仗队三十余人，另有文武官员数十人，均等候在桥两侧以及宫门口两侧。倚虹堂南墙外，有数位官员和着红衣的仪仗队等候，还有一个黄色顶棚露出，应该是太后所乘坐的冰床顶盖。由此猜测，倚虹堂南可能是一五楹穿堂门，应是太后乘冰床自长河上岸至此，步入倚虹堂。画面中倚虹堂的西端，也是和东宫门完全相同的制式，朱漆三楹门两侧连有八字影壁，墙外八字影壁两侧也有数位官员在交谈等候中。只是单从图中的角度难以看出这里是否也是一处宫门。

以上这段画面的场景里，陈设多样、色彩明艳，丰富的细节中尽显皇家威仪。这段画面虽已是第二卷卷尾，却显得十分夺目。由此可见倚虹堂在皇太后贺寿路线上的重要地位。

二、倚虹堂的建造与规制

《万寿图》虽是纪实性画卷，但仍需从档案史料中找寻真实的历史记载，以尝试梳理、拼缀出倚虹堂的原貌。

乾隆十六年，御制《题倚虹堂》诗云："桥畔堂成辛未年（辛未年为圣母六旬大庆，自长河乘冰床至高梁桥，易辇进宫，建堂于是），大安登辇庆敷天。崇基已见祥贻永，盛典行将举继前。来往每因裁咏什（西直门为御园必经之路，来往观农，率有诗勒于壁

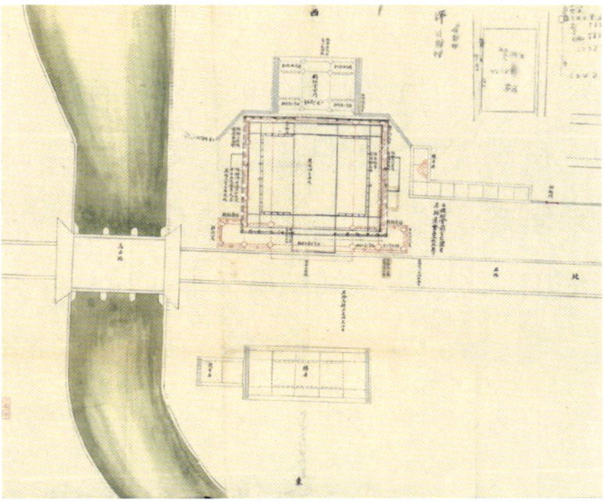

图四 西直门外倚红堂高梁桥地盘尺寸图

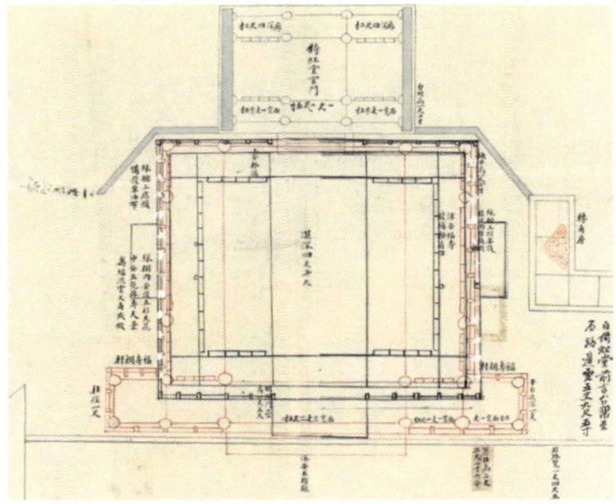

图五 西直门外倚红堂高梁桥地盘尺寸图（局部）

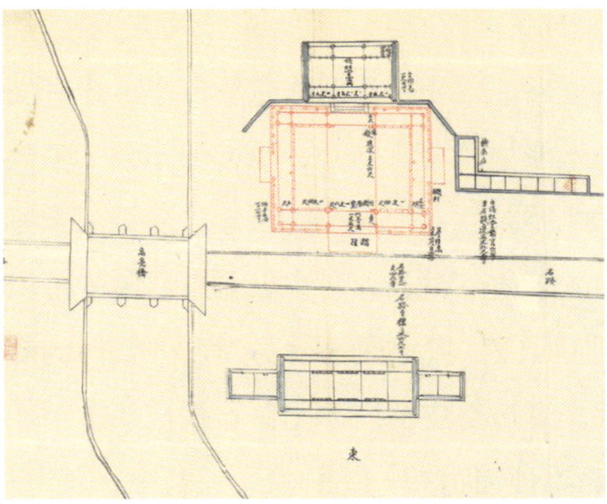

图六 倚虹堂宫门前搭设彩殿三间丈尺地盘图

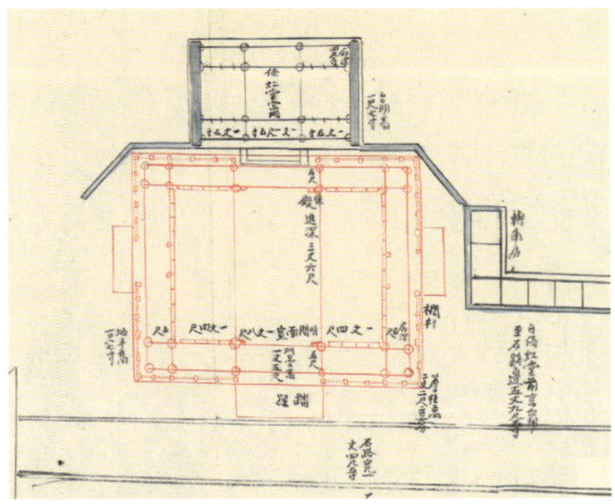

图七 倚虹堂宫门前搭设彩殿三间丈尺地盘图（局部）

间），雨旸惟是廑农田。虹光银渚一湾映，春色皇州万禩绵。”[1] 这是最早见于档案的对于倚虹堂的记载。乾隆帝在诗作中，道出了敕建倚虹堂的时间及缘由。又据史料记载："西直门外高梁桥之北宫门五楹，正宇为倚虹堂……乾隆十六年，圣母皇太后六旬万寿自长河至高梁桥易辇进宫，因建是堂。"[2] 这些史料均明确指出了倚虹堂建造的时间、位置以及建造缘由。与《万寿图》所描绘的场景对照来看，图中高梁桥、倚虹堂、长河的相对位置清晰无误，即倚虹堂在西直门外高梁桥北，且临长河，位于河北岸，这些均符合历史记载。

故宫博物院藏建筑图纸中有两张光绪二十年（1894）"西直门外倚虹堂高梁桥地盘尺寸图"（图四、图五）和"倚虹堂宫门前搭设彩殿三间丈尺地盘图"（图六、图七）。

1 （清）于敏中等编纂：《日下旧闻考》卷七七，北京古籍出版社，1981 年。

2 （清）于敏中等编纂：《日下旧闻考》卷七七，北京古籍出版社，1981 年。

两幅丈量图对于倚虹堂宫门建筑数据、倚虹堂外距离石路等数据和彩棚添饰细节等都进行了详细的标注。通过其搭设彩殿所丈量的尺寸，可以大致看出倚虹堂曾经的规模。综合两图数据可知，倚虹堂宫门是穿堂式建筑，所画宫门为四柱三楹，前宫门廊深四尺二寸，面宽三丈二尺五寸，后宫门规制相同，地面至瓦檐高一丈四尺，宫门深约二丈。彩殿主体建筑是外围一圈回字形廊道，中间设明间，两侧设次间的格局。东西总进深四丈六尺，南北总面宽五丈六尺，明间面宽一丈八尺，次间面宽一丈四尺，回廊宽五尺。此两图上均明确标明“倚虹堂宫门”五字，由此证实了倚虹堂作为实体建筑，且被定位为行宫的真实性。

然而，据两图所标注的方位，此处倚虹堂宫门为西宫门，殿宇是坐北朝南，这点和万寿图中所画有明显不同。正如乾隆御制诗《自长河泛舟至万寿山杂咏八首》云:“高梁（桥名，为往来通衢，久未葺治，命将作易而新，之于桥东西作重坝障水，以利甃筑，复于坝外架便桥济行人）岁久事重修，戽水横堤筑两头。今日倚虹权不到（倚虹堂在高梁桥北，其西门临河，泛舟每自门外始，桥既撤，即非跸路所经，遂循河南岸西行至乐善园前始登舟），更从西始放轻舟。”[1]由乾隆帝的诗作可以看到自倚虹堂可以溯河而西行至河南岸的乐善园（今动物园），且西门临河，而《万寿图》中临河的却是南宫门。笔者随后查看了《清代绣漪桥起至长春桥麦庄桥广源闸白石桥高梁桥至铁棂闸止修理河道工程画样》（图八、图九）、《高梁河河道图》（图一〇），其中，长河、倚虹堂、高梁桥、西直门的地理方位关系（图一一），一致相同且非常清楚。那么倚虹堂临河的宫门应是南门，而诗作中的表述存有歧义。另外，在丈尺地盘图中与西宫门相对的东向台基处，标有“踩踏”二字，可以表明应是皇太后自此出倚虹堂，之后乘金辇沿石路离去。这一点与万寿图所绘相符。

此外，在仅有的一些关于倚虹堂的史料中，笔者还发现了一张藏于中国国家图书馆的倚虹堂的宫门旧照(图一二)。从图中的外文题字可以看到摄影者应是一位外国人，那么照片应该是摄于清末或民国时期。照片中的倚虹堂宫门是五楹建筑，从其临河的方位来看，此宫门应该是倚虹堂的南宫门（图一三）。至此，我们从材料中可以分析得出倚虹堂应存有三座宫门，这便与《万寿图》中所画三面存有宫门相符。再结合样式雷的《倚虹堂》《倚虹堂古船坞地盘画样》《倚虹堂清挖河泡船道图》[2]等图纸，倚虹

1 《御制诗三集》卷八二，《清高宗（乾隆）御制诗文全集（六）》，第569页，中国人民大学出版社，2013年。

2 因2020年疫情闭馆，无法提供藏于国家图书馆的样式雷图档原图。

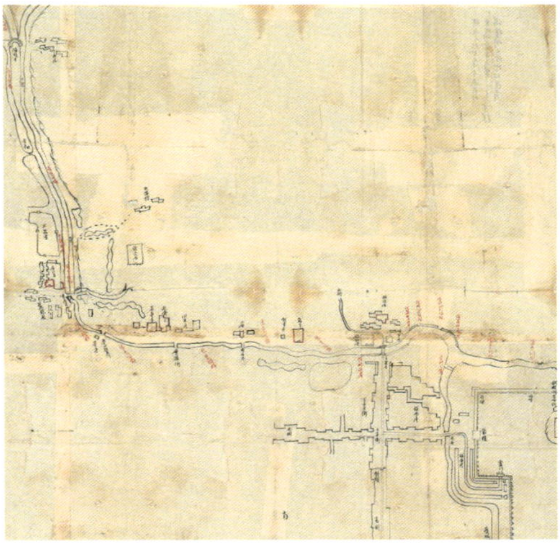

图八 清代绣漪桥起至长春桥麦庄桥广源闸白石桥高梁桥至铁棂闸止修理河道工程画样

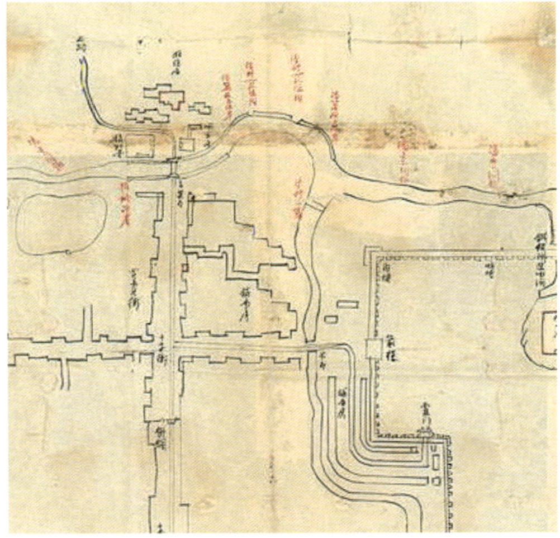

图九 清代绣漪桥起至长春桥麦庄桥广源闸白石桥高梁桥至铁棂闸止修理河道工程画样（局部）

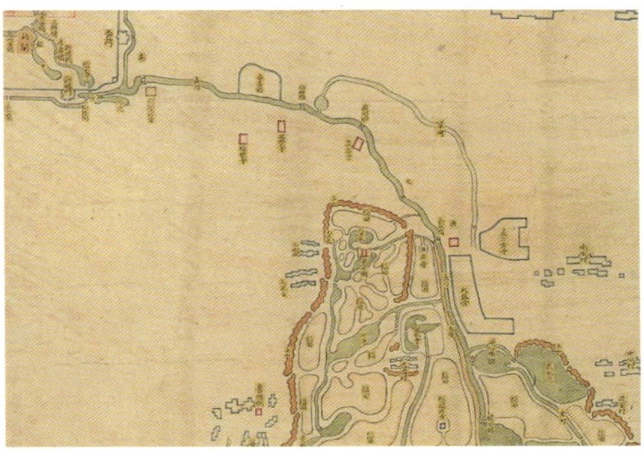

图一〇 高梁河河道图

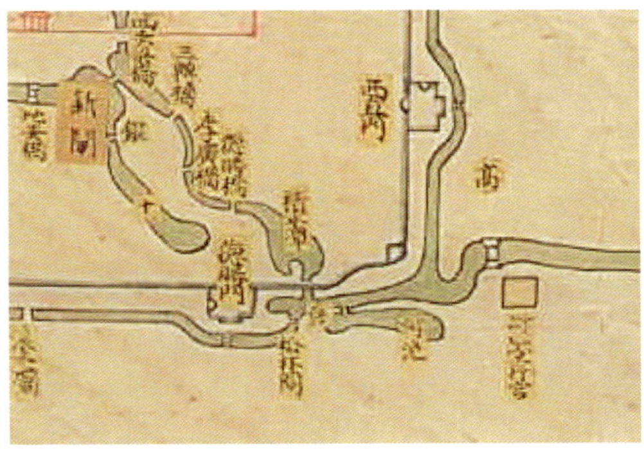

图一一 倚虹堂行宫位置

堂的方位、宫门及殿堂等基本问题，可以得到合理解释了。

概括而言，倚虹堂应位于西直门外高梁桥西北，紧临长河北岸，其院落坐北朝南，其宫门分南门五楹，而东门、西门各三楹。结合史料所记载的“西直门外高梁桥之北，宫门五楹，正宇为倚虹堂”[1]。我们可以判定，倚虹堂的北房为正殿，其五楹南房中间穿堂门外则紧邻长河，应是倚虹堂码头，这样便于冬季冰床停靠、登船和下船；而倚虹堂正殿的东、西配殿则分别是其东宫门、西宫门，其中，东宫门外正是铺设的石板御道。皇太后换乘万寿大轿时即是从倚虹堂出东宫门，继而向西直门行进。

此外，据《日下旧闻考》记载，“皇上临幸御园，每于此侍膳视事，宫门额曰‘云

1 （清）于敏中等编纂：《日下旧闻考》卷七七，北京古籍出版社，1981 年。

图一二 倚虹堂旧貌（中国国家图书馆藏）

图一三 拆卸前的倚虹堂宫门（中国国家图书馆藏）

楣星鄂'，与'倚虹堂'额皆御书"[1]。由此可知，"倚虹堂"的匾额，是乾隆帝在1751年建堂时亲笔所题。其中，"云楣星鄂"的匾额应悬挂于宫门门楣，而院落内坐北朝南的"正宇"门楣，则应是悬挂了"倚虹堂"的匾额。在倚虹堂南宫门对岸，即长河南岸建有船坞（图一四），共有三座坞棚，每座13间，日常用来储存龙舟和冰橇，以备皇家随时换舟或易辇。

1 （清）于敏中等编纂：《日下旧闻考》卷七七，北京古籍出版社，1981年。

图一四 倚虹堂船坞

三、倚虹堂的功用

倚虹堂作为乾隆帝敕建的一座行宫，最早是作为皇太后万寿庆典途中的休憩易辇之处，平日则成为帝后往返京郊御道的必经之地。乾隆帝在此常常借景抒怀，该行宫又成为其临时办公之所。

其一，倚虹堂的首要功用是贺寿易辇。

乾隆十六年是乾隆的母亲崇庆皇太后的六十大寿，乾隆帝为母亲万寿所筹建的众多献礼工程纷纷竣工，京郊长河岸边的倚虹堂行宫便是其一。崇庆皇太后的寿辰是十一月二十五日，大庆期间，正值寒冬三九，天气异常寒冷，乾隆帝在此处特别建造一座殿宇，“以备圣母临憩御辇”[1]。建成后，六旬庆典期间，崇庆皇太后先于前一天在万寿寺接受外国使臣进贡的寿礼和朝廷大臣的祝寿；之后，乘冰床沿着冰封的长河来到倚虹堂，接受文武百官的跪拜祝寿；随后，皇太后在此整装易辇，改乘万寿金辇，沿石板御道向南过桥后入西直门，继续向紫禁城方向出发。

皇太后六旬后，逢七旬、八旬庆典时，都是在倚虹堂小驻，整装易辇。如《钦定大清会典事例》记载：“三十六年，皇太后八十圣寿，十一月丙辰……皇太后幸万寿

1 《御制诗四集》卷五，《清高宗（乾隆）御制诗文全集（七）》，第 307 页，中国人民大学出版社，2013 年。

寺拈香，至倚虹堂停跸。”[1]乾隆帝也每每于万寿大庆之前，令有司将倚虹堂重新做一番整修。如乾隆御制诗《倚虹堂作》记载：“传餐憩倚虹，修饰预兹供大庆。”[2]乾隆帝曾作《倚虹堂题句》，来表达自己对于万寿大庆以及修饰倚虹堂的重视：“桥畔前辛构栋檐，本因登辇事庄严。难言茅土风堪尚，却视丹青色已淹。今岁重逢大庆举，十年一度焕新瞻。似兹便更新千度，究亦吾心未觉厌。”[3]乾隆二十六年十一月十五日，逢皇太后七旬万寿，“上奉皇太后驾幸万寿寺、正觉寺拈香，至倚虹堂停跸。奉皇太后御步辇，上乘骑前导，王公、宗室、满汉文武大臣官员及四部郡王霍斯集等各于恭祝万寿，亭前依次跪迎”[4]。记录皇太后八旬盛况的《八旬万寿盛典》中描绘了倚虹堂的四周景象：“倚虹堂南倚高梁桥，两岸浅水粼粼，东为水亭廊庑衔接，如浮梁跨水，水上小艇打桨往来，西望长河一带亭阁参差，烟波渺弥，迤南则郊防列肆，万瓦如栉，右为莲花台，演四方来贺剧。”[5]

皇太后八旬至九旬期间，乾隆帝每驻跸倚虹堂，都会题诗祈愿即将到来的皇太后的九旬大庆，诗作中均会提及对于倚虹堂的修葺。然而，皇太后于乾隆四十二年（1777）病逝，并没有能够等到九旬大庆。

至清末光绪年间，慈禧太后的六旬万寿也照例经由倚虹堂换乘金辇。档案记载：“万寿庆典王大臣世铎等会同礼部奏称，明岁皇太后六旬万寿，自颐和园还宫。金辇由何处乘御及跸路经由之处。请旨遵行一折。……慈禧端佑康颐昭豫庄诚寿恭钦献皇太后懿旨，还宫日，由颐和园东宫门外彩殿乘辇，经由石路，至倚虹堂少坐，进西直门地安门，至西华门内咸安门外彩殿降辇，乘轿还宫。”[6]对此，有史料也记载并描述了慈禧太后六旬时的庆贺场景，与崇庆皇太后时十分相似：“过彩坊为倚虹堂，圣驾进宫于此传膳。倚虹堂南倚高梁桥，东为水亭廊庑衔接，西望长河，亭阁参差，烟波渺弥，迤南则郊廛列肆，万瓦如栉，右为莲花台，演四方来贺剧，直南一山耸

---

1 （清）昆冈等修，（清）刘启端等纂：《钦定大清会典事例·卷二三九·礼部》，第15页，《续修四库全书》，上海古籍出版社，2003年。

2 《御制诗三集》卷十，《清高宗御制诗文全集（五）》，第393页，中国人民大学出版社，2013年。

3 《御制诗三集》卷十三，《清高宗御制诗文全集（五）》，第438页，中国人民大学出版社，2013年。

4 中国第一历史档案馆编：《乾隆帝起居注（二〇）》，乾隆二十六年十一月十五日己酉，广西师范大学出版社，2002年。

5 （清）阿桂等纂：《八旬万寿盛典·典礼》卷七九，《钦定四库全书》第660册，第619页，中国台湾商务印书馆，1986年。

6 《德宗景皇帝实录（五）》卷三二一，光绪十九年二月庚午，第13页，《清实录》，中华书局，2008年。

起楼阁，又折而东直抵西直门。”[1]同时，为表示重视，光绪皇帝还特别令人在倚虹堂也加彩棚装饰："谕军机大臣等，明岁皇太后六旬万寿，自颐和园还宫，应备彩殿。颐和园东宫门外一座、倚虹堂一座（图一五）、咸安门外一座。着工部敬谨办理。”[2]光绪帝对待倚虹堂行宫，如同颐和园东宫门和咸安宫外一样。足以可见，倚虹堂作为行宫直至清末仍有重要地位。

图一五 倚虹堂宫门前拟搭彩棚两山图（中国国家图书馆藏）

其二，倚虹堂是皇家水陆御道途中的必经之所。

据史料记载："倚虹堂在高梁桥，乾隆辛未孝圣皇太后六旬万寿自长河乘冰床至桥，易辇进宫，因建堂，于此以备小憩，其后遂为御园往来中伙之所。”[3]这里是指倚虹堂除了作为万寿大庆时的行宫，日后还成为皇帝往来紫禁城与京郊时休憩、进餐的必经之处，成为水陆御道换乘时的必经之所。其地处西直门外，东宫门外便是石板御道，其南门外即是码头，十分便利。

当年，乾隆帝或至畅春园处问皇太后安，或自己往来于京郊和紫禁城之间，中途基本都在倚虹堂落脚歇息并进餐，曾留下三十余首诗篇。乾隆帝有诗云："倚虹堂据路之中，憩以传餐岁岁同。”[4]说明倚虹堂地处水陆交通线中间，乾隆帝每年路过此地都在此传膳。又有诗记载："胪唱明廷得状元，回舆清晓出城门。倚虹堂畔轻舟俟，便可溯源涉沼园。”[5]乾隆帝在这首诗中写明出了紫禁城，到达倚虹堂，自此乘舟，便可以去御园等地了。

乾隆帝在《自倚虹堂泛舟至乐善园》诗中写道："桥畔数间屋，于斯可换舟。长

1 （清）吴振棫：《养吉斋丛录》卷十一，第 13 页，中华书局，2005 年。

2 《德宗景皇帝实录（五）》卷三二一，光绪十九年二月庚午，第 14 页，《清实录》，中华书局，2008 年。

3 （清）吴振棫：《养吉斋丛录》卷十八，第 10 页，中华书局，2005 年。

4 《御制诗四集》卷四三，《清高宗御制诗文全集（七）》，第 986 页，中国人民大学出版社，2013 年。

5 《御制诗五集》卷三二，《清高宗御制诗文全集（九）》，第 746 页，中国人民大学出版社，2013 年。

河夏水足，两岸树阴稠。既进还既止，溯洄非溯游。沼园逢乐善，隔岁一探幽。”[1] 又有抒怀如："石衢十里而遥耳，便以传餐憩倚虹（堂名在高梁桥侧）。京东往返复京郊，麦色芃芃茂总齐。郊外灌畦犹觉好，春云喜又远天低。”[2] 以及乾隆帝在《倚虹堂进舟即景》中写道："溪堂丹雘焕，庆典去年经。进舫斯为便，捡斋莫漫停。柳风轻送爽，麦夏茂含馨。”[3] 可见，乾隆帝每次于倚虹堂换乘、驻足、休憩与传餐，都非常喜爱欣赏堂前长河两岸的自然风光，尤其春夏美景，令人心情畅达。

乾隆帝之后，史料记载嘉庆帝也曾“谕内阁，朕本日自圆明园进宫，在倚虹堂传膳”[4]。光绪帝时，除万寿节以外，例如夏至祭礼时，慈禧太后也会小驻倚虹堂。光绪皇帝则在此“恭送后，至倚虹堂候过”[5]。再如，光绪二十二年，“上奉慈禧端佑康颐昭豫庄诚寿恭钦献崇熙皇太后幸醇贤亲王府。上更服摘缨，诣醇贤亲王福晋金棺前行奉移礼。复诣倚虹堂跪送”[6]。说明清末慈禧太后常在倚虹堂船坞乘船往来于紫禁城和京郊御园之间。慈禧太后去颐和园往往在倚虹堂船坞上船，经白石桥、万寿寺、麦钟桥、长春桥，直达颐和园和玉泉山。

可见继乾隆帝之后，尤其在光绪年间，清代帝后一般都是经由倚虹堂登舟至广源闸下船，入万寿寺行宫进茶休息，而后在万寿寺码头换船赴颐和园，倚虹堂成为帝后出入京郊的必经之所。因此，倚虹堂在乾隆以后仍然保留了下来，作为皇宫与万寿山之间水陆换乘的御路枢纽，一直使用到清朝末年。

其三，倚虹堂作为行宫也是皇帝的临时办公场所。

如前文所述，乾隆帝每每临幸御园，都在此“侍膳视事”，即在此传膳并临时处理政务。那么，倚虹堂不但是作为御用码头，还如同故宫养心殿、团城承光殿、白塔山悦心殿一样，成了皇帝的办公场所之一。

乾隆帝居倚虹堂时，往往感怀颇多，题写的诗作常提及倚虹堂建堂与太后万寿庆典，多数时候乾隆帝也表达企盼雨水丰沛惦念农事的心思，有时则是在此批阅奏章处理朝廷政事。如皇太后七旬前一年，乾隆曾作《倚虹堂》感怀："高梁桥侧倚虹

---

1 《御制诗三集》卷八一，《清高宗（乾隆）御制诗文全集》（六），第 554 页，中国人民大学出版社，2013 年。

2 《御制诗三集》卷五五，《清高宗（乾隆）御制诗文全集》（六），第 151 页，中国人民大学出版社，2013 年。

3 《御制诗四集》卷五，《清高宗（乾隆）御制诗文全集（七）》，第 307 页，中国人民大学出版社，2013 年。

4 《仁宗睿皇帝实录（五）》卷三三八，嘉庆二十三年正月戊辰，第 22 页，《清实录》，中华书局，2008 年。

5 《德宗景皇帝实录（六）》卷三九〇，光绪二十二年五月上乙巳，第 15 页，《清实录》，中华书局，2008 年。

6 《德宗景皇帝实录（六）》卷三九二，光绪二十二年六月壬申，第 9 页，《清实录》，中华书局，2008 年。

堂小驻传餐，趁早凉白壁题诗……赤心祈岁雨和旸，就中所庆迩来幸，戒满惟思此后长，分付上林略修饰，预欣明岁祝无疆……七旬万寿普天同庆，大典自照辛未举行，因付有司预为修饰。”[1] 乾隆帝在畅春园向皇太后问安后，途中路过倚虹堂休憩，便感慨十年一旬时间过得快，他看着冬末春初的雪景，心中念起的便是这冬将要迎来的万寿庆典，以及农民今年的麦收。他写道 ：“华节镫筵侍圣慈，畅春旋御敬安咨。旬余只似片时度，分寸阴诚有所思。气暄随雪落随消，积素还看护麦苗。已觉凭舆胜前此，更希甘雨继兹邀。春陌烟村品玉行，倚虹堂憩晓餐并。又当檐桷新丹雘，欣备今冬庆典呈。”[2] 他还有诗写道 ：“经筵祈社例还宫，路右传餐憩倚虹。修饰预兹供大庆，升恒无不效来同。初生河水今年盛，便望春膏四野通。屡岁壁题抒兴别，那殊一意祝绥丰。”[3] 在《西直门外》一诗中，乾隆帝笔下写道：“夏晓弗炎且薄寒，被霖足识衮而宽。麦虽失望黍禾茂，一雨郊原顿改观。”[4] 在农业社会，百姓靠天吃饭，收成如何，直接影响民生。乾隆帝为政治理国家，小到父慈子孝，大到国计民生，诸事挂心。

乾隆帝也常常在倚虹堂查阅奏章，如《国朝宫史续编》记载，乾隆帝“倚虹堂小憩传餐阅奏章”[5]。他清楚地知悉何为要务，还在倚虹堂作诗表达自己对于理政大事必然躬亲的态度 ：“大祀抡元胥正务，还宫有事在躬亲。倚虹堂憩长河畔，周阅前题略怆神。”[6] 乾隆帝在倚虹堂还曾收到战争捷报，喜悦之情溢于言表：“倚虹（堂名在高梁桥向屡有诗）小憩传朝膳，正值军营报喜音（阿桂等奏官兵攻克噶尔丹寺及噶朗噶等碉寨，竭三日四夜之力，攻获寨落一百十余处、战碉三十余座、寨房二千余间，其地距勒乌围不过数里）。”[7] 由此可见，倚虹堂作为乾隆帝的一处办公场所，相对符合乾隆帝的需求，乾隆帝于此才常常舒心小憩，览景抒怀，深思凝神。

---

1 《御制诗三集》卷六，《清高宗（乾隆）御制诗文全集（五）》，第 329 页，中国人民大学出版社，2013 年。

2 《御制诗三集》卷九十四，《清高宗（乾隆）御制诗文全集（六）》，第 767 页，中国人民大学出版社，2013 年。

3 《御制诗三集》卷十，《清高宗（乾隆）御制诗文全集（五）》，第 393 页，中国人民大学出版社，2013 年。

4 《御制诗五集》卷九，《清高宗（乾隆）御制诗文全集（九）》，第 342 页，中国人民大学出版社，2013 年。

5 （清）庆桂等编纂，左步青点校：《国朝宫史续编》卷二九《典礼二三·祭祀四》，第 473 页，北京古籍出版社，1994 年。

6 《御制诗五集》卷九，《清高宗（乾隆）御制诗文全集（九）》，第 342 页，中国人民大学出版社，2013 年。

7 《御制诗四集》卷三〇，《清高宗（乾隆）御制诗文全集（七）》，第 751 页，中国人民大学出版社，2013 年。

四、倚虹堂对于乾隆帝的特殊意义

倚虹堂自修建完成之后，乾隆帝常于此小驻且留下众多诗篇，言辞间体现了他对于长河两岸风光的欣赏之意，更频繁表露其一贯秉持的尊老崇孝观念，品读其中意涵，其背后还蕴含着乾隆帝内心深刻的文人情怀。

首先，倚虹堂彰显了乾隆帝疏浚长河的伟大功绩。

倚虹堂的修建原因虽是如乾隆帝所说为崇庆皇太后庆贺万寿，但其作为一处码头行宫而合理存在，却源于乾隆帝此前对于长河河道的疏浚工程。

长河是金元时期人工修建的一条连接玉泉山与京城的河流。金代为了引河水入城，开凿了从瓮山泊（今昆明湖）到今紫竹院区域的金水河，为中都以北的皇家苑囿提供水源。元代兴建了大都，郭守敬开白浮瓮山河，拓展瓮山泊，修建惠河河道，长河成为大都的主要供水河道，并建成广源闸、白石闸、高梁闸等水利设施。从元代起，长河成为一条皇家航线。到明代，皇帝谒陵回程也经由长河回宫。至明朝后期，河道年久失修，逐渐淤塞。

清康熙年间，在西郊修建了畅春园，康熙皇帝经常往来于京城皇宫和西郊御园之间。因此，康熙帝开始将疏浚长河河道提上日程。乾隆十四年（1749），为了解决西郊园林和稻田用水问题，给京城和大运河提供更充足的水量，也为了开通良好的水上御路，乾隆皇帝在西郊兴起了扩展昆明湖、开挖高水湖和养水湖、修筑香山引水石渠、开辟南北泄洪旱河、疏浚长河和万泉河等巨大的系列水利工程。

乾隆十六年，专门设立“长河工程处”，全面规划并完成清挖河底、局部拓展河道和整修驳岸等几项治河工程。长河以东是巴沟低地、其地面的平均高度在昆明湖和长河普通水位以下，河水极易东泛。为了保证河水顺利地流向京城，其中很重要的一项工程就是建筑一道河堤。于是工程处便在东堤上开口修建了河闸，以浇灌堤东的大片稻田，又在长春桥以北修建了与绣漪桥内昆明湖东堤同样质量的堤坝。

在全线清挖河底、疏通河道的同时，乾隆帝还对广源闸到白石桥一段加以拓宽，然后大量地填补柏木桩钉，设置挡土板片等，以堆砌加固驳岸，使整条河流都能通畅无阻。为了河道航行的需要，重新整修了广源闸、白石闸、高梁闸等几座河闸以及绣漪桥、长春桥、麦庄桥、白石桥、高梁桥等桥梁，又沿河设立安全建筑“堆拨房”，派兵看守巡逻。为了在途中休息和进餐，乾隆帝在长河沿岸修建了倚虹堂、乐善园、紫竹院、五塔寺、万寿寺等几处码头及行宫。倚虹堂成为帝后出都城后的第一站，自此乘舟至乐善园后西行。至此，通过乾隆皇帝的大规模修建，这条东起高梁桥倚虹堂，西至昆明湖南端绣漪桥，直至万寿山静明园的长达 12 千米的长河御道疏浚完成。

疏浚后的长河，成为皇家由京城通往西郊的御用水路，既可以灌溉沿线农田，又满足了京城用水的需要。乾隆曾为此赋诗一首："长河雨后波增涨，趁爽平明好进船。柳岸忽闻嫩簧响，始知复育化成蝉。"[1] 可见，乾隆帝能够修建倚虹堂完全得益于长河的疏浚。长河行宫既满足了皇家御道游览的换乘与休憩需求，更由此凸显并宣扬了乾隆帝治理河道、兴修水利的伟大功绩。

其次，倚虹堂展现了乾隆帝尊老崇孝的观念。

倚虹堂是当初为了庆祝崇庆皇太后六旬万寿而建造的，每隔十年，乾隆帝都命人将倚虹堂修葺一番，以迎接太后万寿。其诗作《长河进舟至昆明湖观农揽景因成四首》："倚虹堂畔放烟舟，庆典攸关事饰修。几度往来经指示，欢心无不为添寿。"[2] 以及《倚虹堂题句》："长河临北岸，向有倚虹堂。十岁一重焕，今年典更详（辛未岁恭祝圣母六十万寿始构此堂，七旬大庆曾经修葺丹雘。今年恭逢慈寿八旬，复饬治焕新以彰庆典）。真同天下养，永祝万龄庆。此际殷心者，惟祈若雨旸。"[3] 可知，乾隆帝对皇太后的健康祈愿以及对于为母贺寿的心念，在其驻跸倚虹堂的诗作中多次表白与抒发。

崇庆皇太后过世后，当乾隆帝再次路过倚虹堂之时，怀念起当初为庆祝母亲六旬建造倚虹堂："倚虹堂据路之中，憩以传餐岁岁同。今日过门而不入，痛思庆典竟成空。（此堂于辛未岁因恭祝圣母六十万寿而构，辛巳、辛卯遇七旬、八旬大庆，并加丹雘，本拟辛丑岁复事新葺，以祝九旬，岂意竟成虚愿，向年进宫路便，每于此传餐，今实不忍再入矣）。"[4] 直至四年后，乾隆才再次进入倚虹堂传膳，并写下诗作："四载春秋易燠寒，倚虹（堂名）依旧入传餐。壁诗偶一从头看，俯首无言只鼻酸（向年还宫以路便每于倚虹堂传膳，是堂因圣母大庆典易舟乘辇而建，自丁酉大事后不忍入者阅四年矣，壁题宛在，抚今追昔，实不忍卒读云）。"[5] 这里是指丁酉年皇太后过世，四年后再入倚虹堂，乾隆帝看到墙壁题诗的复杂心情。

可以说，乾隆帝以倚虹堂作为送给母亲万寿的礼物，更在其中倾注了其对于太后

1 《御制诗三集》卷五一，《清高宗（乾隆）御制诗文全集（六）》，第 76 页，中国人民大学出版社，2013 年。

2 《御制诗三集》卷一五，《清高宗（乾隆）御制诗文全集（五）》，第 459 页，中国人民大学出版社，2013 年。

3 《御制诗三集》卷九九，《清高宗（乾隆）御制诗文全集（六）》，第 836 页，中国人民大学出版社，2013 年。

4 《御制诗四集》卷四三，《清高宗（乾隆）御制诗文全集（七）》，第 986 页，中国人民大学出版社，2013 年。

5 《御制诗四集》卷八一，《清高宗（乾隆）御制诗文全集（八）》，第 512 页，中国人民大学出版社，2013 年。

的万般孝心。乾隆帝在位时从自身做起，对皇太后恭敬孝崇，在万寿等重大活动中邀请高龄老人前来庆贺，还特批为其定制贺寿时的黄袍服装[1]，为老人颁发奖励银牌、办千叟宴等，这些都展现了乾隆帝内心一贯秉持的对于尊老崇孝的推崇。

第三，倚虹堂蕴含了乾隆帝内心的文人情怀。

乾隆帝自幼得满汉名师教导，潜心学习汉文化，早年就对中国传统士大夫的文人风格心怀向往。他敕建万寿行宫，并借高梁桥为一弯彩虹般的“虹桥”的蕴意，为其题名“倚虹堂”。乾隆帝在此后驻跸时，题写了几十篇抒怀诗作，命人一一贴于堂壁，并时常睹壁凝神。

多数时候，乾隆帝小驻倚虹堂都是心情大好之时，如其《长河进舟至昆明湖观农揽景因成四首》：“倚虹堂畔放烟舟，庆典攸关事饰修，几度往来经指示，欢心无不为添寿。沼园小憩便教行，窃喜西山放晓晴，扑面青含风两岸，冀酬农父力田情。万寿精蓝河岸边，松杉出寺影苍然，今朝风利不成泊，试问阎黎可是禅……”[2]也如《自倚虹堂泛舟至乐善园》：“桥畔数间屋，于斯可换舟。长河夏水足，两岸树阴稠。既进还既止，溯洄非溯游。沼园逢乐善，隔岁一探幽。”[3]还有《高梁桥泛舟至乐善园》：“倚虹堂（在高梁桥侧）畔候兰舟，荡浆清晨试溯流。直进前番园未入，小留今度景聊游。露浓花际犹湛日，风飒林端已报秋。得句便教移舫去，笑予何事类驰邮。”[4]这些诗作都是乾隆即景而作，寄望农耕，企盼美好。

他也在倚虹堂很多题诗中表达自己的另一种心境：“倚虹堂故传餐处，触目前题意怆多。”[5]“倚虹堂憩长河畔，周阅前题略怆神。”[6]实际上除了表达对于无法服侍母亲的怅然，更有一种世事变迁、抚今追昔的感慨，甚至深藏着天子内心独有的孤寂与怆念之情。乾隆帝泛舟长河，驻跸行宫，其所见皆天地自然，其情感敏锐而复杂，其心怀满是家国天下，他却更喜欢如此这般像汉族文人士大夫一样览景吟诗，以寄情于此，抒怀心愿。

在敕建倚虹堂 11 年后，即乾隆二十七年（1762），乾隆帝第三次南巡之时，他见

1 参见拙文：《故宫博物院藏〈万寿图〉中耆老献寿场景初探》，《清宫史研究》，辽宁民族出版社，2017 年。

2 《御制诗三集》卷一五，《清高宗（乾隆）御制诗文全集（五）》，第 459 页，中国人民大学出版社，2013 年。

3 《御制诗三集》卷八一，《清高宗（乾隆）御制诗文全集（六）》，第 554 页，中国人民大学出版社，2013 年。

4 《御制诗三集》卷九一，《清高宗（乾隆）御制诗文全集（六）》，第 713 页，中国人民大学出版社，2013 年。

5 《御制诗四集》卷八七，《清高宗（乾隆）御制诗文全集（八）》，第 611 页，中国人民大学出版社，2013 年。

6 《御制诗五集》卷九，《清高宗（乾隆）御制诗文全集（九）》，第 342 页，中国人民大学出版社，2013 年。

扬州盐商洪氏的园子内有虹桥修禊一景，特为其园子赐名“倚虹园”。这次题写，应是乾隆帝触景生情，想起曾经江南文人虹桥修禊的场景，也由此表达对于江南文人以文会友、以文辅政的认可。以往乾隆帝喜爱借景南方，移天缩地改建为北方皇家园林，并赐以相同的匾名。这次却是乾隆帝少有的，将帝都堂名借用，赐给江南园林，恰恰也是他在扬州寻到了一处对于“倚虹”的共鸣。

既然倚虹堂有着特殊的修建原因和用途，但爬梳史料却未见乾隆帝曾像过往一样，为其敕建撰写题记以说明心意。即便是乾隆朝《起居注》也只是提到一次，其《清实录》中更是未见提及“倚虹堂”三字，而诸多心境都只记述在其御制诗作中。这是否说明“倚虹”一词在乾隆内心有着某种特殊意义？而乾隆帝当初题名“倚虹堂”的本意，长久以来或许很难以语言来直抒胸臆？这其中，与乾隆帝在扬州所感受到的文人士大夫“虹桥修禊”文化有怎样的关联？诸多深层问题，囿于篇幅，已另作他文详述[1]。

倚虹堂作为行宫一直沿用至清末，此后日渐损毁，对岸所建的船坞也在民国时被拆卖。倚虹堂久废不用，后来也被拆光。2002年，政府整修长河景观时，重建了倚虹堂码头。只是当年的倚虹堂在长河北岸，而新建的码头则位于南岸，与历史大相径庭。但至少经由梳理以上图文史料后，我们可以得知，目前的长河湾小区东段则应是昔日倚虹堂之所在。只是泱泱历史，殿宇不复，唯有从《万寿图》、御制诗中，再去怀想曾经岸柳荫荫、一派威仪的倚虹堂及其所经历的乾隆时代。

1 参见拙文：《乾隆皇帝的文人心结——御题倚虹堂及倚虹园之新见》，《清宫史研究》第十三辑，辽宁民族出版社，2020年。

紫禁城“西厂”考

宁 霄

紫禁城内“西厂”，由于位置隐秘，区域内又无古建筑，在一段时期内甚至没有了专门的名称，故长期未能为研究者所重视。现有必要对西厂本身，以及历史上西厂区域内的活动做一简单考述，以期为相关研究者提供一点帮助。

一、“西厂”一名的渊源

本文所考“西厂”，与大家熟知的明代西厂并无关系，而是清代在宫廷中出现的地理名称。就笔者目前所见各种史料，清代宫廷中“西厂”一词，最早出现是在康熙年间。《圣祖仁皇帝实录》卷二百二十七载康熙四十五年（1706）十月：

己丑（初五日）上御畅春园内西厂，阅试武举骑射技勇。[1]

由此至康熙六十年（1721），“西厂”在《圣祖仁皇帝实录》凡十八见，均是康熙帝于十月、十一月间连续两三日在畅春园“阅试武举骑射技勇”。此处的“西厂”指的是畅春园大西门外的马厂[2]。

雍正朝未见在畅春园“西厂”阅试的记载。仅见一条雍正帝命在“西厂子”等处设营的上谕。《世宗宪皇帝实录》卷一百三载雍正九年（1731）二月：

乙卯（二十二日）谕管理旗务大臣等：……满洲蒙古，每旗合派一百名，共八百名；八旗汉军，合派二百名，共一千名。在西厂子、圣化寺等处，设立一营……

1 本文下引《清实录》《上谕档》，无特别说明者，均采用中国第一历史档案馆藏档案。

2 樊志斌：《畅春园园林美学概说——兼论畅春园遗址的保护与遗址公园的建设》，《畅春园研究》，首都师范大学出版社，2015 年。

据《钦定日下旧闻考》:“出小西厂南门二里许，为圣化寺北门。”[1]《世宗实录》中的“西厂子”应与此“小西厂”同指畅春园西厂。而所以称“小西厂”者，推测或许是由于此时在相距不远的圆明园内也有了一个“西厂”。

圆明园西厂，指圆明园内西南部，四十景之一的“山高水长”区域。学界对其已多有研究，此处不再赘论[2]。“西厂”作为此区域的别称，最早见于乾隆六年（1741）的记载。《高宗纯皇帝实录》卷一百四十三载，乾隆六年五月：

壬辰（二十九日）上幸西厂子行围。

而关于紫禁城中“西厂”最早的记录，在雍正时已经出现。据雍正五年（1727）六月的一条满文内务府上传档的译文：

二十四日，宫殿监主侍陈福、宫殿监副侍苏培盛将钦天监所看启祥宫之西场地方本年不可盖造值房之朱折捧出时，传旨：本年既不可盖造，来年盖造可也。钦此。[3]

此条尚未见到满文原档，不确定“西场”是否为音译，但已明确了西场在启祥宫左近。又据《高宗纯皇帝实录》卷之一百七载，乾隆四年（1739）十二月：

甲午（二十二日）谕理藩院：本月二十四日，着在中正殿西厂子内，照去年之例，赏赐蒙古等饭食。嗣后每年赏给蒙古等饭食之处，临时提奏。

这里明确提到“西厂子”，而乾隆三年（1738）的《高宗实录》卷六十已提到了“中正殿赐饭”：

（初三日）谕：是月（正月）初十日，筵宴外藩蒙古于丰泽园。哲布尊丹巴呼图克图、

1 《钦定日下旧闻考》卷七十八，《景印文渊阁四库全书》第498册，中国台湾商务印书馆，1986年。

2 可参见贾珺：《清代离宫中的大蒙古包筵宴空间探析》，《建筑史论文集》2002年第3期；尤李：《圆明园山高水长武帐宴探析》，《圆明园学刊（2015）》，上海远东出版社，2015年；刘仲华：《清代御园中的军事操演与国语骑射》，《北京史学论丛（2016）》，中国社会科学出版社，2017年。

3 中国第一历史档案馆藏：长编60170。

章嘉呼图克图、噶尔丹锡勒图呼图克图等，亦着一体与宴。其坐次仍照中正殿赐饭之例。其支架蒙古账房及筵宴所用之物。着交该处豫备。赏赐物件着内务府总管会同理藩院大臣，查例议奏。

据此，乾隆二年（1737）应即在中正殿左近举行过同类筵宴。此处唯未言及“西厂”二字，度其位置则或是一处。那么此西厂只能在启祥宫以西、中正殿以东的区域。

可见至晚在雍正年间，紫禁城已经有了“西厂”（西场、西厂子）。但这个“西厂”的名字在宫廷中确定下来的时间有多早，包含区域与后世是否相同，在新的资料发现前，尚不能究清。

紫禁城内，西厂、西场、西厂子、西场子、中正殿西厂子这几个名称都被后世的档案文献沿用[1]，有时亦写作“中正殿小西厂”“中正殿长街”。而它们的源头，似与圆明园的西厂、西厂子一起，都指向了畅春园西厂。

可以推测，至晚于雍正至乾隆初，圆明园大规模兴建后，清帝需要一块与畅春园西厂同样开阔、能够举行相应的政治活动的区域，于是选择了山高水长；在紫禁城，内廷的核心区域也只有启祥宫、中正殿之间尚有空地可供使用，于是“启祥宫西场”“中正殿西厂子”应运而生。

此外，西厂一词有时亦被写为“西敞”。乾隆帝《上元前赐宴外藩即席成什》诗：

穹窿黄幕宝灯垂，锡宴诸藩取习知。

句下注：

穹庐毡幕，每于园内西敞处张，以赐宴外藩，亦向例也。[2]

大约皇帝心思中，“西厂”也取其“敞”意。与御园相比，紫禁城内的西厂恐怕其敞有限，但政治地位并不较别处为次[3]。

---

1 将西厂、西场称为西厂子、西场子，应是当时的口语习惯。在档案中可以看到一些建筑名字都被缀以“子”字，如箭亭，升平署档案中即称为箭亭子。

2 《清高宗御制诗·第十一册》卷十八，《故宫珍本丛刊》第560册，海南出版社，2000年。

3 本文以下的讨论中，凡未专门说明是畅春园或圆明园西厂者，均指紫禁城内西厂。

二、西厂的位置及形成年代

咸丰五年（1855）升平署《旨意档》记载：

（三月）二十三日　平顺传旨：有差之日进春华门，由中正殿门进永庆门，出咸熙门，由百子门至漱芳斋。以后为例。[1]

同年《日记档》载：

（三月二十三日）仝日，平顺传旨：有差之日进春华门，由中正殿门进永庆门，出咸熙门，由百子门至漱芳斋。以后为例。

总台谕：有差之日进西华门，走西河沿，寿康宫后铁门，进春华门，由中正殿走西厂，进永庆门，出咸熙门，由百子门至漱芳斋，不准走隆宗门。以后为例。着首领传与众人，不准混走。[2]

据此，我们可以画出升平署进宫承差时的路线。可以看出，档案中所提的“中正殿”，指的是包括春华门内雨花阁院落的一个大的区域[3]。“中正殿”与永庆门之间的空间即是西厂（图一）。

西厂区域内一共有六道门：正北建福门（三座），通往抚辰殿、建福宫；东北有永庆门，通往咸福宫；永庆门以南有一道小门，通向长春宫后殿怡情书史院落；东南绥祉门，通往长春宫；正南广德门（三座），通往延庆殿；西南还有一座角门，通往雨花阁院落——即档案所记的“中正殿”，这座角门应即升平署档案中所说的“中正殿门”（图二）。

这些宫门中，建福门南向，广德门北向，永庆门、永庆门以南小门、绥祉门西向，西厂其实是这些宫区之外的区域。只有西厂的西南角门，门向西厂内开，这应当是西厂区域自己的出入口。而这座角门也是春华门内整个“中正殿”区域，向东的唯一通道（图三）。

1 《中国国家图书馆藏清宫升平署档案集成·第一五册》，第7624页，中华书局，2011年。

2 《中国国家图书馆藏清宫升平署档案集成·第一五册》，第7697页，中华书局，2011年。

3 将雨花阁院落算在大的中正殿区域范围内，在清代档案中是常见的。参见王家鹏：《中正殿与清宫藏传佛教》，《故宫博物院院刊》1991年第3期。

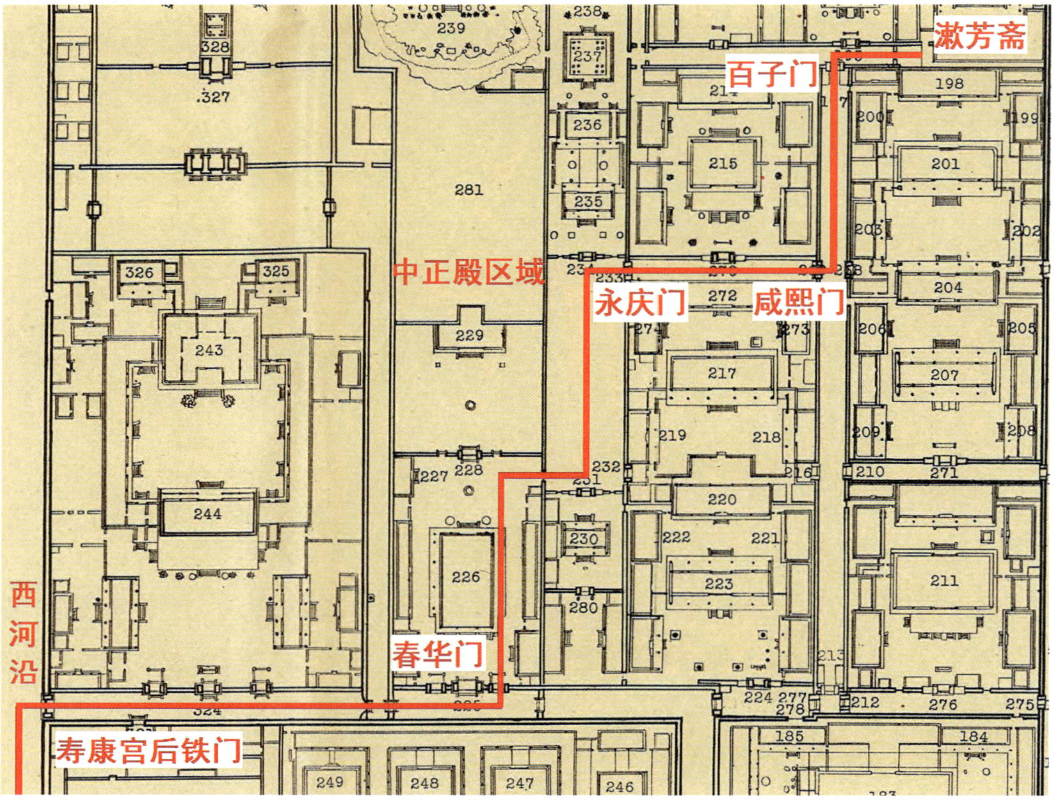

图一　西厂位置示意图（底图为民国《国立北平故宫博物院平面全图》）

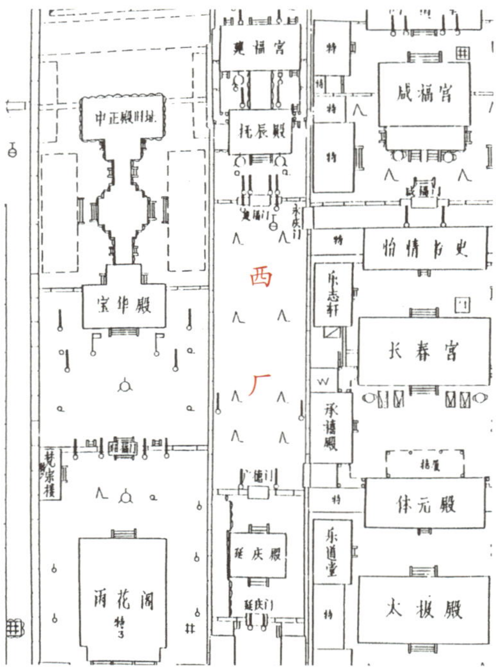

图二　西厂院落与其周边建筑区域的关系

图三　西厂西南角门内景（故宫博物院资料图，彭天地摄）

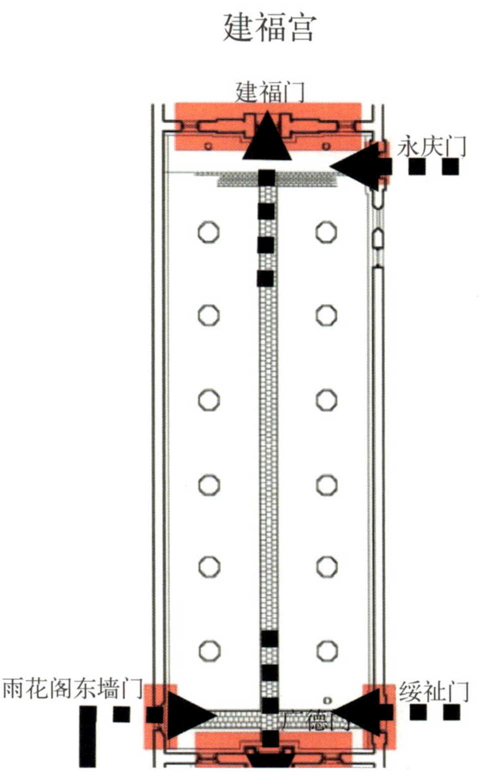

图四 西厂现状示意图（引自杨柳《故宫延庆殿建筑形制研究及修缮》）

西厂院落，东西宽 19 米，南北长 57 米[1]。院内种植两列松树，共 12 棵，无其他古建筑（图四）。

可能正是由于西厂这一区域长年未大规模兴建建筑，其在《酌中志》《明宫史》《春明梦余录》《国朝宫史》《钦定日下旧闻考》等诸多重要宫廷史文献中均失载。于是关于这一区域的形成年代，只能参考其四周建筑区域的兴建时间及过程来判断。

西厂东侧是西六宫区域，六座宫殿整体的院落范围，自永乐肇建后再无变化[2]（图五）。其西侧是中正殿、雨花阁区域，中正殿区域明代已兴建过宗教建筑，至晚于康熙三十六年（1697）已成为藏传佛教活动区[3]，雨花阁竣工于乾隆十五年（1750）[4]。西厂的北侧是抚辰殿、建福宫区域，兴建于乾隆七年（1742）[5]。南侧的延庆殿，据研究推测，其营建与建福宫基本同时，在乾隆七年前后[6]。

包括雨花阁在内的中正殿区域的东墙，即抚辰殿、西厂、延庆殿一系列宫区的西墙，笔直连贯，或是康熙甚至更早时代的遗存。乾隆帝规划建福宫—抚辰殿—西厂—延庆殿这一区域，应当是在此墙至西六宫西墙间的狭长范围内，因地制宜。这在他的《建福宫赋》中可以得到印证：“盖是地也，囿于宫墙而弗加扩，卑于路寝而弗增华，畏炎歊之相偪，乃讬兴于清嘉。俭不至陋，幽而匪遐。”[7]

1 杨柳：《故宫延庆殿建筑形制研究及修缮》，清华大学，2014 年。

2 郑连章：《紫禁城宫殿总体布局的继承与发展》，《中国紫禁城学会论文集》（第一辑），紫禁城出版社，1997 年。

3 王家鹏：《中正殿与清宫藏传佛教》，《故宫博物院院刊》1991 年第 3 期。

4 王家鹏：《故宫雨花阁探源》，《故宫博物院院刊》1990 年第 1 期。

5 周苏琴：《建福宫及其花园始建年代考》，《禁城营缮纪》，紫禁城出版社，1992 年。

6 杨柳：《故宫延庆殿建筑形制研究及修缮》，清华大学，2014 年。

7 《清高宗御制文·第一册》卷二十三，《故宫珍本丛刊》第 569 册，海南出版社，2000 年。

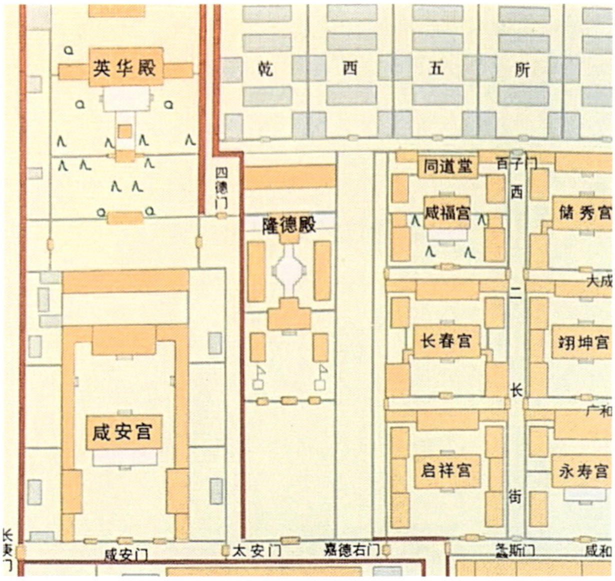

图五 明代西厂区域示意图（引自侯仁之《北京历史地图集》）

约成于康熙中期的《皇城宫殿衙署图》（图六），对西六宫以西区域的描画，比例严重失调，但是可以看出有成型的长条形空旷宫区及夹道。至乾隆十五年《京城全图》（图七），可以看到西厂及其周围区域已经和现在几乎完全一样了。

需要注意的是，乾隆七年，建福宫及其花园陆续营建，此间广德门及建福门之间的西厂区域最终得以确定，是有一个过程的。据现藏故宫博物院的样式雷图档（图八），抚辰殿前最早是没有规划建福门的，那么曾经的“西厂”范围很可能比现在要大，抚辰殿甚至建福宫区域可能都曾是“西厂”的一部分。而最终经过几度修改，抚辰殿、建福门的营造方案才被敲定并实施。

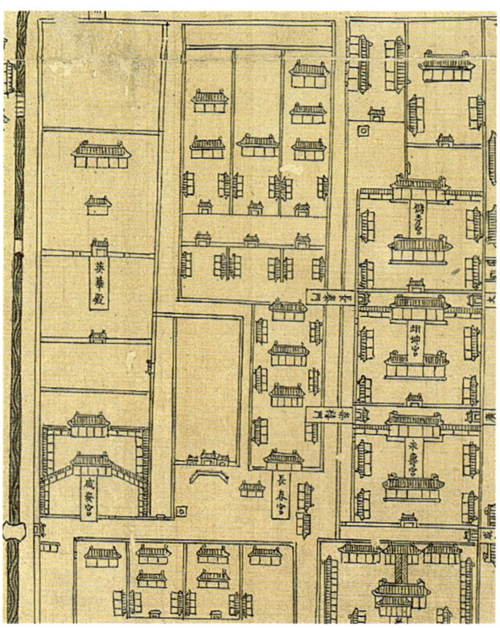

图六 康熙《皇城宫殿衙署图》

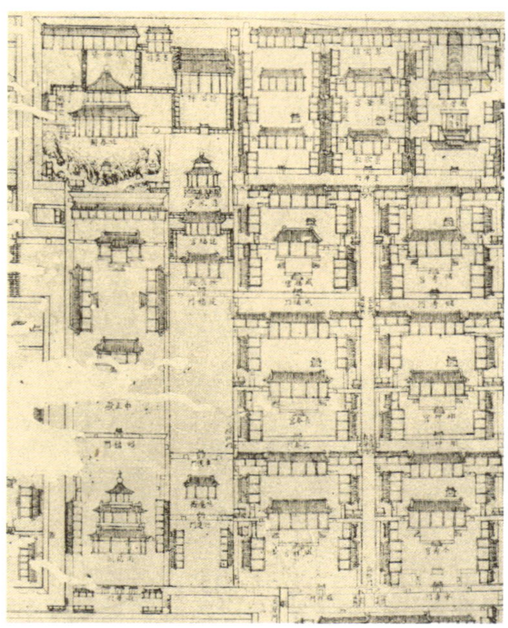

图七 乾隆十五年《京城全图》

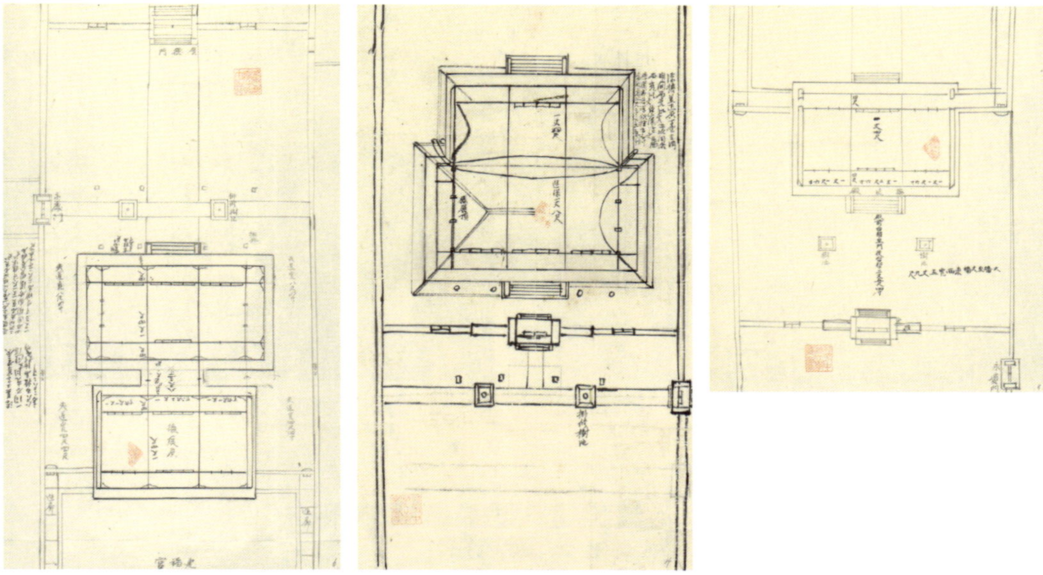

图八 对抚辰殿设计的不同方案（故宫博物院图书馆藏样式雷图档）

图九 约 20 世纪 20 年代的雨花阁 [马尔智（Benjamin March）摄]

至 20 世纪 20 年代末，据美国人马尔智在雨花阁上向东北方拍摄的照片看，当时的西厂院落紧邻东墙尚有两座坡顶小房、一座平顶小房。院中种植两列树木，树龄应不大（图九）。《故宫周刊》同时期刊出的照片也显示了相同的面貌（图一〇）。至 1946 年，美国 LIFE 杂志社摄影师 Dmitri Kessel 在雨花阁上拍摄了西厂的照片（图一一），小房已不见，树木与 20 世纪 20 年代照片基本相同。

西厂内的小房，不知是否即为前文所引雍正档案中的“值房”。查同治元年（1862）八月三十日《查勘本年宫内岁修工程清单》：“西厂子更棚一座，糟朽；铁更灯一个，糟朽。”[1] 可见清代在此区域应长期存在过值更所用的小型建筑。院

1 中国第一历史档案馆藏：《奏销档》694-071。

图一〇 雨花阁上照景山东半部（引自《故宫周刊》1929 年第 11 期）

图一一 1946 年的西厂（LIFE 杂志社 Dmitri Kessel 摄）

图一二 西厂区域全景（故宫博物院资料图，司冰摄）

中旧有石灯座二，不知是否曾为更灯所用（图一二）。

1959 年，故宫博物院拍摄的《建福门远景》照片中（图一三），西厂中已经栽种了新树苗，但看不清树种。

西厂内树木何时换植为现在的油松，尚缺乏准确的资料，不过基本可以认定是在 20 世纪 50 年代之后（图一四）。

综合以上信息，可以判断出：西厂这一空旷院落现在的格局，是在乾隆七年至十五年（1742~1750）对建福宫区域、中正殿区域大规模兴工改建之后形成的。表面上看，

图一三 1959 年建福门远景（故宫博物院，档案编号 19590619z）

这个院落只是各宫区的中转、连通区域，而实际上，在“寸土寸金”的内廷内西路留下这个空院，是有其独特的历史渊源与作用的。

三、紫禁城内西厂举行的各项活动

畅春园西厂、圆明园西厂的主要活动有三：一为阅试军事，一为宴请外藩，一为观赏百戏。宫内西厂由于不及御园广阔，主要的活动以筵宴为主，兼有阅射等其他活动。下面分而述之。

1. 宫内西厂举行的筵宴

宴请外藩，亦称武帐宴，蒙、藏、回各部及外国使臣须按年班朝觐，岁末年初，

图一四 西厂今貌（王琎摄）

清帝则于皇宫、御园中的开阔处搭设蒙古包（幄次）宴请诸藩，观赏灯火百戏，并有赏赉，以示怀柔[1]。

查《高宗纯皇帝实录》，自前文所述乾隆四年在中正殿西厂子设宴后，直至乾隆二十五年（1760），其间记载的各种设幄次宴请外藩，均在丰泽园、山高水长、瀛台及热河万树园等处举行。

《高宗纯皇帝实录》卷六百二十七乾隆二十五年（1760）十二月二十三日：

上御西厂幄次。赐朝正外藩蒙古王公及回部郡王霍集斯等、叶尔羌诸回城伯克萨里等宴。并赉冠服币帛有差。

查实录，前一日乾隆帝的活动是在瀛台及重华宫，本日无幸圆明园的记载，可知此处“西厂”应是紫禁城内西厂。

此后至乾隆四十八年（1783），其间又无紫禁城西厂筵宴的记载。《高宗纯皇帝实录》卷一一九六载，乾隆四十九年（1784）正月初九日：

上御抚辰殿大幄次，赐蒙古王贝勒额驸台吉及年班杜尔伯特公乌呼斯等二人、乌什等处回子伯克塞普拉等十六人、朝鲜国陪臣黄仁点等四人、琉球国陪臣毛廷栋等二人宴。

建福宫、抚辰殿院落根本无搭设幄次的空间，此处所说的“抚辰殿大幄次”搭设在抚辰殿以南、建福门外的西厂，当无疑问。

据实录，本年的正月十四日与十二月二十三日，抚辰殿幄次又举行了两次外藩宴；之后直至嘉庆二年（1797），每年的十二月二十三日，乾隆帝都会在此宴请外藩。其间乾隆五十三年（1788）十二月二十六日的上谕提到“初次西厂小金殿筵宴拟赏各物清单”，这里所说的“小金殿”或指幄次中某种毡房。这个名称也在持续使用，至同治间档案仍可见到。

嘉庆三年（1798）的筵宴，身为太上皇的乾隆帝未参加，很可能是由于身体状况已经相当不好，此次筵宴由嘉庆帝主持。嘉庆四年（1799）正月初三日，乾隆帝驾崩。二十七个月后释服，嘉庆帝于嘉庆六年至二十四年间（1801~1819），如他的父亲一样，

1　张双智：《清朝外藩体制内的朝觐年班与朝贡制度》，《清史研究》2010 年第 3 期。

每年的十二月二十三日在“抚辰殿幄次”宴请外藩。

可以看到岁末西厂子外藩宴的举行，在乾隆朝初期甚至更早，已经开始。乾隆帝在乾隆五十二年（1787）的御制《新正设武帐宴新旧外藩》诗下注：

每岁年班蒙古回部藩部等到京，向例岁底于大内之抚辰殿……锡宴。[1]

然而虽然西厂赐宴自乾隆后期之后举行十分规律，但是乾隆四年“嗣后每年赏给蒙古等饭食之处，临时提奏”的上谕可能仍在执行。将十二月二十三日宫内西厂子宴请外藩定为制度，是在道光朝。

嘉庆帝于嘉庆二十五年（1820）七月十八日驾崩，二十七个月后释服，道光帝于道光二年（1822）开始，每年的十二月二十三日在紫禁城内西厂举行外藩宴。

《宣宗成皇帝实录》卷三百四十三载，道光二十年（1840）十二月二十八日：

谕御前大臣管武备院事定郡王载铨：嗣后每年十二月二十三日，着在中正殿西厂子支搭蒙古包，豫备筵宴。

其间，据《宣宗成皇帝实录》卷二十七，道光元年（1821）西厂子筵宴虽然停止，但道光帝仍分配了是否按例赏物的情况：

外来蒙古王公暨呼图克图喇嘛等，本年中正殿西场子、紫光阁两次应行赏给瓷器、玻璃器皿、貂皮、氆氇等项，着仍照旧例赏给。索特纳木多布斋等，均受厚恩，况在京年久，与朝觐蒙古王公不同，此次着毋庸赏给。

至道光二十八年（1848），赐宴再次开始暂停。据《宣宗成皇帝实录》，道光二十八年十二月十八日：

谕内阁：向例十二月二十三日，蒙古王公等皆在西厂赐食。现当斋心祈雪，着本年暂行停止，其赏件仍照例发给。所有应行引见之年班来京外边行走之蒙古王公等，

1 《清高宗御制诗·第十六册》卷二十八，《故宫珍本丛刊》第565册，海南出版社，2000年。

着俟明年紫光阁筵宴时，再行带领。

次年，《实录》仍未见西厂筵宴的记录，这应当是因为当年十二月十一日恭慈皇太后驾崩，筵宴暂停。转过年的道光三十年（1850）正月十四日，道光帝驾崩。二十七个月后，在咸丰二年（1852），西厂筵宴又发生了新的变化。

据《文宗显皇帝实录》卷八，咸丰二年十二月二十三日，本应在宫内西厂子举行的外藩筵宴，不知何故，改在了中南海勤政殿举行。

咸丰三年（1853）正月，旧例于正月在圆明园山高水长举行的筵宴及演艺活动，被改在宫内西厂举行，时间定在正月十九日。正月十四日，皇帝已朱笔圈示应预备事项，御前大臣处行文内务府，咨请赴内侍卫处抄出[1]。十五日，负责“贯跤”等项节目预备的掌仪司收到变更演出地点的知会[2]。十七日，内务府又收到御前大臣处知照，要求撤掉“上绳爬桅”一项表演[3]。

由这次十分仓促的变更开始，西厂筵宴的新模式逐渐开启。咸丰五年（1855）正月十九日、八年（1858）正月初九日、九年（1859）正月十四日，都曾在宫内“抚辰殿幄次”宴请外藩。而十二月二十三日西厂的筵宴却有三年、五年、七年（1857）三次暂停。推测这或与咸丰年间时常紧急的战事有关。

咸丰十年（1860）八月，咸丰帝奔热河，他生命中最后三次宴请外藩均在热河万树园举行。同治帝登基服满后，三山五园早已不复存在，于是每年正月、十二月两次外藩宴，全部于紫禁城西厂举行，正月的宴期援咸丰三年、五年例，定于正月十九日。

在同治朝的13年间，西厂外藩宴举行十分规律，直至同治十三年（1875）十二月初五同治帝驾崩。光绪帝登基服满后，《实录》未再有“西厂”或“抚辰殿幄次”筵宴的记载。查诸内务府各项档案，至光绪十八年（1892），西厂外藩宴仍在按例举行，皇帝下旨为蒙古王公安排座次[4]。十五年（1889）时，还有过改期的通知[5]。至光绪二十七年（1901）十二月十六日，“二十三日中正殿西场子赏蒙古王公等饭食奉旨停止”[6]。

1 中国第一历史档案馆藏：档号05-13-002-000732-0003。

2 中国第一历史档案馆藏：档号05-13-002-000195-0010。

3 中国第一历史档案馆藏：档号05-13-002-000195-0011。

4 中国第一历史档案馆藏：档号05-13-002-001759-0018。

5 中国第一历史档案馆藏：档号05-13-002-000293-0115。

6 中国第一历史档案馆藏：档号05-13-003-001761-0075。

自此再无西厂活动的记录，西厂从此逐渐退出了历史舞台。十年后，清朝覆亡。

时至今日，知道西厂这个名字的人已是寥寥无几。故宫博物院的老职工们口耳相传，称此院落为“松林”。

2. 西厂举行筵宴时的演艺活动

西厂之外藩筵宴，其间有演乐献艺活动，主要负责机构为内务府属下的掌仪司与升平署（初名南府，道光七年改为升平署）。

乾隆对宴席上的演艺颇为自矜，《高宗纯皇帝实录》卷之二百八载：

乾隆九年正月初四日“幸瀛台，御大幄次。赐准噶尔使臣图尔都宴。……复传谕旨：因尔台吉噶尔丹策零恭顺，遣尔来请朕安，尔亦诚敬可嘉，故特加恩赐宴。尔于宴所，可随意醉饱，以尽尔欢。勿以大礼所在，致生拘束。所演各艺，尔详细观看，俟回时告知尔噶尔丹策零可也”。

乾隆帝显系将宴间演艺当作了文化怀柔的手段。

据现在可查阅到的内务府档案，宫内西厂的演出任务分归多个衙门，计有掌仪司、乐部和声署、蒙古音律处，以及一部分“回人技艺”等。

如咸丰八年十二月二十九日，怡亲王载垣等所上的《奏为紫光阁等处宴赏蒙古王公预备乐曲技艺事折》。其中详载了次年正月初四日，因要将原设紫光阁的外藩宴移在“地势较窄”的西厂子，而对旧例做出的修改意见。折后附“西厂子筵宴应行预备各项乐曲技艺清单”载当日节目：

满蒙乐曲 贯跤 高丽筋斗 粗缅甸乐 回子乐 大郭庄 舞狮子[1]

这其中满蒙乐曲由蒙古音律处承应，高丽筋斗和舞狮子由掌仪司承应，粗缅甸乐、回子乐、大郭庄由乐部负责。比较特殊的是贯跤，此项是宴请外藩的重要节目，由善扑营承应。此次其他武技如马技、刀、矛等在西厂未承应，仅保留了贯跤。此外当天还有丹陛大乐，应由和声署承应。另，前文述及“上绳爬桅”等类似今天的“杂技”

1 中国第一历史档案馆藏：《奏销档》679-154。

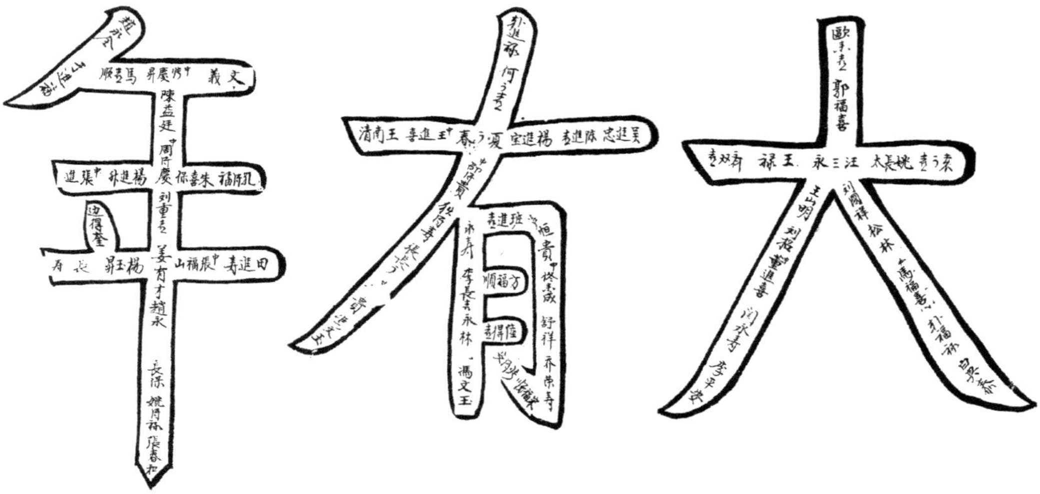

图一五 《万年如意灯》演出场面示意（引自《故宫珍本丛刊》）

节目，一般由回人演出。掌仪司则有时还负责很多戏法类节目。可以看出表演规格很高，高丽筋斗、粗缅甸乐、回子乐、大郭庄、舞狮子五种，都是大典时太和殿丹陛上承应的节目。

除上述各项之外，另有升平署档案，自成一体。但升平署档案所见筵宴当天的演出，记载并不算多，如同治十一年（1872）《差事档》：

> 正月十九日，漱芳斋伺候《圣母巡行》《孝廉报》。西厂《万年如意灯》（二刻五）。[1]

《万年如意灯》是一出灯戏，由几十名伶人持灯往来穿梭，摆出“大有年”（图一五）、“囍”等字样和图样，唱《点绛》等八支牌子。故宫博物院现仍存有咸同间此戏的戏本数种[2]。

可以想见西厂的演出，场面应是十分热闹。以至于西厂筵宴时，不得不下令“禁止看热闹”。

同治八年（1869）升平署《知会档》：

1 《中国国家图书馆藏清宫升平署档案集成·第二四册》，第 12548 页，中华书局，2011 年。

2 张小李：《清宫灯戏、火戏戏目研究》，《故宫学刊》2012 年第 1 期。

（正月）十八日知会：奉总台话，钱粮处、内学、中和乐，十九日西厂子有热闹不准去看。又知会：三处应穿蟒袍之人，十九日备代上去。[1]

同年十二月二十二日又载：

知会：中和乐、内学、钱粮处，十二月二十三日……西厂子不准看热闹，以备查出，重责不恕。[2]

同治十年（1871）《知会档》载：

（正月）十八日知会：十九日内、钱、中三处，万岁爷西厂子看玩艺，不准看热闹。[3]

同治十一年《知会档》：

（正月）十八日知会：钱粮处、内学、中和乐，正月十九日四五六早，外边人卯正二刻（即6:30）进门，有筵宴不准走西厂子。十九日承应万年如意灯，领三两八钱重白蜡二百四十五支，十两重黄蜡十四支：散内学白蜡二百十九支，黄蜡六支；钱粮处白蜡十四支，黄蜡四支；档案房白蜡六支；盔头作白蜡二支，黄蜡二支；二处看单箱，白蜡四支，黄蜡二支。[4]

这里对西厂演出时的纪律、着装、进宫的时间路线，以及应备用的物品都有详细的记录。

关于筵宴演出时间，另有同治五年（1866）正月十九日奏事处档案，“奉旨更改西厂子伺候时刻转传掌仪司并回人技艺即刻预备”，时间定在了未正（14:00）[5]。

需要注意的是，档案中所说的“玩艺”，一般指掌仪司等处负责的节目，而不指戏目。

1 《中国国家图书馆藏清宫升平署档案集成·第二五册》，第12596页，中华书局，2011年。

2 《中国国家图书馆藏清宫升平署档案集成·第二五册》，第12615页，中华书局，2011年。

3 《中国国家图书馆藏清宫升平署档案集成·第二五册》，第12619页，中华书局，2011年。

4 《中国国家图书馆藏清宫升平署档案集成·第二五册》，第12645页，中华书局，2011年。

5 中国第一历史档案馆藏：档号05-13-002-000795-0011。

至于升平署虽在筵宴当日曾有传进，但从演出时间上看，其演出活动是否与筵宴有相关性，尚需进一步考察。

3. 西厂除外藩宴以外其他时间的演艺活动

西厂除外藩宴之外，也在其他时间举行演出。

道光二年南府《恩赏日记档》载，岁末，因为恭慈皇太后尚在，升平署总管太监禄喜奉旨查询了乾隆十九年崇庆皇太后在时，新年演剧的安排并上奏。道光帝得到上奏后，做出了安排：

> 禄喜面奉谕旨，西厂灯不必预备，正月初二日皇太后擦连用里边绰罗哆蜜、瓦尔喀、跳狮子、高丽筋斗。再明年正月西厂仍用十番学、中和乐吹打。钦此。[1]

可见按例在新年间，西厂除演灯外，还有十番学、中和乐作乐（然查道光四年南府《恩赏日记档》，正月间在宫里，只有养心殿承应过十番学，并未见西厂承应记录）。

咸丰三年，西厂的外藩宴是在正月十九日。据当年升平署《恩赏日记档》载：

> （正月）十八日，常禄传旨：着内学鼓、笛、随手，中和乐首领带伴至西厂，申正一刻蒙古包前内学伺候吹打《水斗》等。酉正一刻，中和乐伺候《四海清晏》。赏肉吃。
>
> 二十一日，杨如意传旨，二十五日西厂伺候戏法，带耍熊猴、十不闲。午初至申正。钦此。
>
> 二十五日，西厂伺候戏法带耍熊、十不闲。[2]

可见除筵宴正日子之外，皇帝也在此日前后利用一下这个小空场。上演的有吹打牌子、戏法、什不闲（即后世所称什不闲莲花落），以及耍熊、耍猴。熊猴在升平署档案记录里极少出现，尚不确定耍熊猴艺人是否为内学（太监伶人），抑或是外招的。这种表演上演既少，当然与戏台的限制不无关系，利用西厂是再合适不过的。

另外值得注意的是，在西厂的演出时间着实不短。戏法、耍熊猴、什不闲三场，居然能连演五个小时，这在后世是难以想象的。虽然宫中戏法花样较多，较外界演出

---

1 《中国国家图书馆藏清宫升平署档案集成·第一册》，第 462 页，中华书局，2011 年。

2 朱家溍、丁汝芹：《清代内廷演剧始末考》，第 272、273 页，故宫出版社，2014 年。

时间为长，但也难以支持如此长的时间。可能上演了什不闲莲花落的几场小戏。

咸丰五年升平署《恩赏日记档》记载：

（正月）二十四日，全环传旨，今日着中和乐上去伺候吹打……西厂子伺候《德胜令》。[1]

同治十一年升平署《恩赏日记档》：

十二月初一日在西厂子、养心殿、钟粹宫、长春宫、永和宫，中和乐伺候丹陛乐。[2]

光绪十二年升平署《日记档》：

正月十二日、十三日，长春宫承应戏。晚间　西厂子承应。十二日　万年长春富贵灯。十三日　万年如意灯。

十五日，长春宫承应戏。晚间　西厂子承应福禄寿灯。

十六日，长春宫承应戏。当日赏元宵。乾清宫午宴承应戏《海不扬波》。晚间　西厂子承应富贵灯。[3]

这些都是年终岁末，西厂筵宴前后的演乐安排。特别是光绪十二年元宵前后，连演四晚灯戏，《万年长春富贵灯》《万年如意灯》《福禄寿灯》《富贵灯》，这些都是排场极大，数十伶人穿梭舞灯摆样，并唱牌子的热闹戏目[4]。

4. 西厂的阅射

紫禁城西厂，虽远不及畅春园、圆明园的西厂开阔，无法举行大型校射，甚至行围、阅兵的活动，但小规模的习射校阅还是在此举行过的。这些活动的时间集中在咸丰、同治朝。

1 《中国国家图书馆藏清宫升平署档案集成·第一五册》，第 7525 页，中华书局，2011 年。

2 朱家溍、丁汝芹：《清代内廷演剧始末考》，第 360 页，故宫出版社，2014 年。

3 《中国国家图书馆藏清宫升平署档案集成·第三三册》，第 17314 页，中华书局，2011 年。

4 张小李：《清宫灯戏、火戏戏目研究》，《故宫学刊》2012 年第 1 期。

《文宗显皇帝实录》卷二十九：

咸丰元年三月十四日“上御抚辰殿，陈帝帐步射，并阅王大臣侍卫等射”。

《文宗显皇帝实录》卷八十九：

咸丰三年三月二十七日“御抚辰殿，阅侍卫等步射”。

据档案载，同治四年（1865）五月初二至初六日：

在西厂子看视步箭，并派惇亲王与御前大臣择日看视马箭。[1]

随后五月二十三日，领侍卫内大臣出知照内务府外挑侍卫人员届期引见，在西厂子阅试骑射，应行预备[2]。自当年闰五月初三日起，在西厂子看箭。

另《穆宗毅皇帝实录》卷三百七十载：

同治十三年八月二十八日，“上御黄幄次，阅御前王大臣乾清门侍卫等马射”。

5. 守制时西厂的使用

以建福宫一带作为皇帝为先皇或太后守制的苫次，其实是乾隆帝对建福宫区域改造的初衷之一。

乾隆帝在乾隆四十四年（1779）御制的《建福宫题句》中注：

昔皇考大事，常居养心殿二十七月，后始居御园宫内，凡经两夏。彼时年力正壮，虽烦暑不甚觉也。后葺建福宫，以其地较养心殿稍觉清凉，构为邃宇，以备慈寿万年之后，居此守制。然亦不忍宣之于口。前岁圣母大事，于畅春园九经三事殿安奉，本

1 中国第一历史档案馆藏：档号 03-18-009-000104-0006-0050。

2 中国第一历史档案馆藏：档号 05-13-002-000791-0031。

欲以无逸斋为倚庐，而王大臣敦请，以居御园之九州清晏，与养心殿无异，不得已而从之。予亦自揣春秋望七，实不能如初元之耐热，即欲居建福宫之初意，亦未得遂，每为抱歉。[1]

这里点明修建建福宫是预备崇庆太后死后，年高的乾隆帝可以有一处清凉的宫殿作为倚庐守制。但是最终乾隆帝也未能按计划用上他的建福宫。

嘉庆四年（1799）正月初三日，已经是太上皇的乾隆帝驾崩。嘉庆帝即以建福门外的西厂子作为苫次守制。日常引见大臣，也安排在西厂。

嘉庆四年正月上谕：

本月十九日，在西厂子，搭四方毡房一座。前搭布棚，周围设黄布城。办事不必设床，止铺白毡。用灯草褥两块，设座布棚前。东西配搭蒙古包各一座，着军机大臣办事。如有引见，布棚下安设小床。军机大臣及引见官员出入，由中正殿门行走。二十三日，住咸福宫，不必设床，仍铺白毡灯草褥。俟二月初三日初，满月大祭礼毕，再行设床。四方毡房内，亦照常安设床褥。引见时，布棚下更换大床。[2]

《仁宗睿皇帝实录》卷三十七载嘉庆四年正月初十上谕：

自二月初一日起。至朕百日内释缟素止。所有各部院衙门应行引见人员。俱着于中正殿夹道门外豫备。在西厂内幄次带领引见。

《仁宗睿皇帝实录》卷三十九嘉庆四年二月初一日：

上始御西厂幄次。引见官员。

中正殿夹道，据笔者以往所见内务府档案，似即图一六所红色圈框范围。旧在春华门前左右各有一道门，今已不存（图一七）。此处言及的“中正殿夹道门”，与之是

1 《清高宗御制诗·第十三册》卷六十一，《故宫珍本丛刊》第562册，海南出版社，2000年。

2 章乃炜等：《清宫述闻》，第602页，紫禁城出版社，2009年。

否有关，在考察西厂的地理信息时，是需要注意的。

嘉庆帝驾崩后，道光帝沿袭了成例。嘉庆二十五年（1820）九月十一日旨：

各衙门应行引见人员，着于九月十七日起，至百日释缟素止，每日俱光在中正殿雨花阁东北角门外预备，于西厂幄次带领引见。百日后再候谕旨。钦此。

《宣宗成皇帝实录》卷五：

嘉庆二十五年九月十七日“（皇帝）始御西厂幄次引见官员。

道光帝驾崩后，未见咸丰帝使用西厂的记载。同治、光绪、宣统三帝均是冲龄继位，此三朝也均未见有在服期内使用西厂的情况。

6. 西厂的其他使用情况

西厂除上述数种例用之外，亦有其他使用情况。

（1）丧仪集结

乾隆朝《大清会典则例》卷八十八：

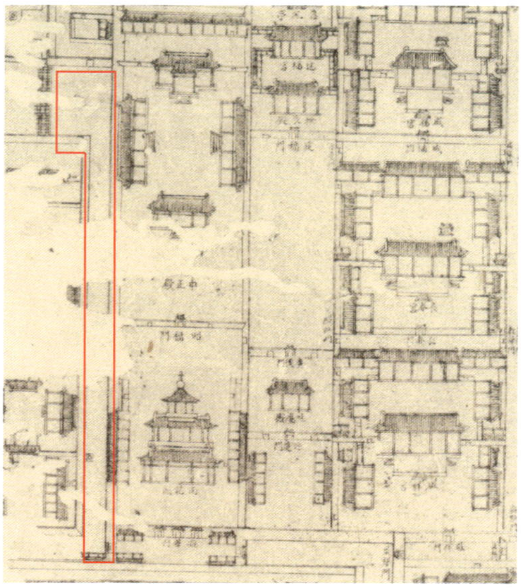

图一六 “中正殿夹道”示意（底图为乾隆《京城全图》）

图一七 远望春华门前东西两道过门（故宫博物院档案编号 19590619z）

近支福晋公主郡主姻戚内之近支妇女，于长春宫内齐集；诸王公福晋以下、乡君奉恩将军恭人以上，民公侯伯一品夫人以下、侍郎男夫人以上，于长春宫西门外按次齐集；内府佐领内管领下官员护军领催等妻，在福晋等后齐集。亲王以下、二品大臣以上，于长春宫外角门外、中正殿二门外齐集举哀。

这里记载的是孝贤皇后的丧仪。这里所说的长春宫西门外，显然就是绥祉门外的西厂院落。那么长春宫外角门，应是西厂西南的角门，即上文所引嘉庆二十五年九月上谕中的“中正殿雨花阁东北角门”，中正殿二门则是雨花阁北的昭福门。

（2）作为建福宫区域正门——建福门外的通道

《文宗显皇帝实录》卷五十九：

咸丰二年四月十六日“己亥，皇贵太妃幸重华宫。上跪迎于崇敬殿外。奉皇贵太妃御延春阁，侍膳毕，诣抚辰殿外，跪送皇贵太妃还宫”。

既在抚辰殿外跪送，皇贵太妃一定是出建福门，通过西厂还宫。这也是主位临幸建福宫区域时路线的重要资料。

（3）升平署伶人进宫承差的通道

本文开头处引咸丰五年升平署《日记档》记载：

二月二十三日，同日，平顺传旨：有差之日进春华门，由中正殿进永庆门，出咸熙门，由百子门至漱芳斋。以后为例。总台谕：有差之日进西华门，走西河沿，寿康宫后铁门，进春华门，由中正殿走西厂，进永庆门，出咸熙门，由百子门至漱芳斋，不准走隆宗门。以后为例。着首领传与众人，不准混走。

但是这种路线在不同时期是有变化的。同治十年升平署《知会档》：

（三月）二十四日知会：钱粮处、内学、中和乐俟后有差之日，里边人走隆宗门后铁门，不准走中正殿门。[1]

1 《中国国家图书馆藏清宫升平署档案集成·第二五册》，第12625页，中华书局，2011年。

升平署经西厂进内承差，一般是至漱芳斋或长春宫。所以隆宗门后铁门，似应指建福宫花园东北侧北大墙上铁门。

（4）长春宫演戏时的扮戏处

同治十一年升平署《知会档》：

（九月）十六日知会：钱粮处，十七日慈宁宫宴毕，长春宫接唱，如若有头出西厂子扮戏。[1]

可以看到，以上几种不同时期的用途，都是由其四通八达的地理位置所决定的。

整体来看，西厂在紫禁城内的产生，可以认为是清帝在宫内需要一块较为宽敞的区域，以延续御园中搭设幄次宴请外藩的活动，而内廷西部恰恰有明代遗留下的空地。所以对它的规划似是在乾隆帝的计划内的。在之后各朝，西厂又兼备了守制引见、演艺、阅射等诸多功能。

西厂的产生有独特的历史渊源和背景，在后世的沿革中，也有着独特的历史作用与地位。针对紫禁城内西厂相关史事史料，做一些梳理，应该是必要的。希望能对相关领域的学者提供一些帮助。

成文仓促，讹漏必多。望乞同志们批评帮助。

1 《中国国家图书馆藏清宫升平署档案集成·第二五册》，第12664页，中华书局，2011年。

后　记

本文集是本所同人对考古、历史、宫廷建筑史等相关问题的思考与探讨，为方便学者查阅收入部分已发表文章，只略做修订。

本文集由故宫考古研究所李季所长和王光尧、徐海峰副所长策划，徐海峰具体负责组稿和编辑，根据“故宫考古”专刊系列出版计划，此文集为丙种第一号。故宫出版社刘辉总编辑给予大力支持，宋小军副总编辑具体统筹组织编辑工作，梅婷女士、骆艳女士倾力编辑，考古部邢增锐、苏天敏积极协助编辑，在此一并致谢。

编者

2020 年 4 月 30 日